A Brief History of Space-time
时空简史

Theoretical Model of Space-time Quantum Grand Unification
（Volume I）Unification of Space-time and Matter
时空量子大统一模型（第一卷）时空和物质的统一

宋彦佑 著

南京

图书在版编目（CIP）数据

时空简史 / 宋彦佑著．—南京：东南大学出版社，2020.12
　ISBN 978-7-5641-9386-7

　Ⅰ.①时… Ⅱ.①宋… Ⅲ.①时空观－通俗读物 Ⅳ.① B016.9-49

中国版本图书馆 CIP 数据核字（2020）第 264067 号

时空简史
Shikong Jianshi

著　　者	宋彦佑	责任编辑	陈　跃
电　　话	025-83795627	电子邮箱	chenyue58@sohu.com
出版发行	东南大学出版社	出 版 人	江建中
地　　址	南京市四牌楼 2 号	邮　编	210096
销售电话	（025）83794121/83795801		
网　　址	http://www.seupress.com		
经　　销	全国各地新华书店	印　刷	南京迅驰彩色印刷有限公司
开　　本	700 mm × 1000 mm　1/16	印　张	15.25
字　　数	273 千字		
版 印 次	2020 年 12 月第 1 版　2020 年 12 月第 1 次印刷		
书　　号	ISBN 978-7-5641-9386-7		
定　　价	80.00 元		

*本社图书若有印装质量问题，请直接与营销部联系。电话：025-83791830。

内容简介

  本书使用通俗形象的语言讲述时空的特性，通过物质湮灭的现象、质能方程以及研究中被忽略的细节，引出时空的本质和相关特性，并提出全新的物理模型和宇宙观念，以及众多已知和未知现象的本质原因。时空特性的引入使物理模型高度简化统一。

  爱因斯坦的质能方程 $E=mc^2$ 揭示了质量和能量的关系，简单的公式中似乎隐藏了一些秘密。质量、能量和物质之间是什么关系？时空是什么？神秘的暗物质、暗能量又是什么？什么原因导致了宇宙的膨胀？等等，这一系列问题在本书中您将会找到确切的答案。

  物理学深入发展的今天，仍存在众多无法解释的问题和现象。这表明对宇宙仍然需要不断深入研究和更新观念。时空的性质是物理学和宇宙观缺失的最重要的一块拼图。

  本书适合所有想了解新物理模型及宇宙观的专业学者和普通读者。

前　言

　　当今的很多事物从不同角度观察分析，有可能会对同一件事物或者现象得到不同的解释，并且都是正确的解释。这很像两个顽皮的小孩玩对碰游戏，目标是撞倒对方而自己不被撞倒，游戏中一个小孩得出撞到了对方的答案，另一个小孩也会得出撞到对方的答案。游戏的两个主角和观察者都会得到不同的解释，并且都是合理的解释。这是物理学力的相互作用，从不同角度观察得到不同的正确解释。最具代表性的例子是光，可见光是小范围频段的电磁波，但光子具有粒子性质也具有波动性质。波动实验证明光是波，而证明粒子性质的实验中，光又显现出粒子性质。两种性质同时存在，区别是选择了不同的验证实验。光波动性质的实验中光的粒子性质依然同时存在。这是物理学中同一件事物显现出不同性质的最典型例子，但是物理学中很多事物并没有多角度的解释。目前物理学中有唯一解释的事物，是否能找到另一种合理的解释？从另一个角度看待事物，寻求物理学中事物的另一种合理解释是本书的出发点。如果寻找到同一件事物的另一种合理解释，或许会使物理学中很多谜团一样的事物，将从另一角度的解释中被破解。这是哲学教给我们的要从多角度看待和分析问题的方法。

　　本书从另一角度观察分析爱因斯坦的质能方程，并且从另一角度获得质能方程中对质量和能量关系的解释，得出对物理学中很多谜团事物具有合理解释的时空量子理论模型。从另一角度合理地解释质能方程和其他相关未解的现象，以及对现有理论进行更深入阐述。使用更简单的模型，将微观和宏观事物通过更简单的机制统一在一起则是我写作本书的目的。或许你会认为从另一角度解释质能方程是一件很有挑战性的事情，因为很多人对质能方程中能量和质量的关系本身就很难理解，本书却要从另一角度去寻找答案。更多的人会认为我疯了，即使不认为我疯了也会给出我一定错误的答案。从另一角度对质能方程的解释只是寻求从不同角度看待问题的方法。给出我一定错误答案的人可能忽略了光子所呈现的多重属性，或者认为物体是实实在在由原子构成，而原子是真实的粒子吗？当深入到亚原子领域时，构成原子这样真实粒子的基本微粒又呈现出波的性质。科学是在怀疑和不同角度分析问题的基础上获得进展。当然，从另一角度去看待质能方程，将使当今物理学中很多的谜团得到合理的答案，一个更简单统一的合理解释。未知事物有全新合理的解释，胜过让事物处于未解之谜的状态。从另一角度解释质能方程所引出的对物理学未知事物的解释，相比其他目前无法实验验证的理论模型而言更有实际意义。同时本书统一了物质和时空之间的关系，为更深远意义的大统一理论奠定第一步也是最为重要的基础理论和模型，有些人将这样的理论叫做万有理论，时空的性质是物理和宇宙观发展最重要的一块缺失的拼图——时空和物质的统一。

　　物理是人类文明千百年以来认识自然规律而感悟总结出道理（悟理）的正式叫法。地球上的每个人都在感悟宇宙中地球这个世界的道理，都有感悟出真理的可能，不仅仅限定于必须成为知名学者以后才能去感悟。每个人在感悟世界的同时也在创造，或多或少地改变自己周围的世界。但只有将感悟的道理分享，并经得起不断的实验验证，才具有真正的意义和更广阔的实用价值。如果感悟的道理只能被少数人知晓或者感悟出道理的人掌握，那就太可惜了。因此感悟的道理能让更多的人知晓和传递，这样的道理一定可以让所有人懂得并可以使用简单语言描述传递，而不是只能让少数人理解的公式。现在对自然本质的认识，基本上都是根据现象去拟合方程，再根据方程应用这些原理。或者根据现象拟合得到的方程预测可能存在的现象再去实验验证。然而我们发现，我们的思想似乎被禁锢在这些条条框框的公式之中，因此极难引入新的观念和事物。人类的创新意识正是这些方程无法做到的事情。人类是高智慧生物，所以一直在突破和创新。

　　很多人看到物理就会自然地想：那是十分高深的东西。高深是因为很多人会想到物理学中那些难以理解的古怪的符号和公式，很担心自己看不懂更别说学会。事实上物理中的很多事物都可以用语言进行描述。像计算机语言、数学、英语和汉语，以及其他任何语言，都是语言的一种，都是由符号构成。唯一区别是有的语言抽象不容易理解，有的语言形象易懂。只要您懂得一种语言，就可以去探索和学习您想知道的任何事物。语言的目的很简单，就是将别人大脑中抽象出来的事物清晰容易地传递给他人。你不用担心不懂数学语言，因为本书中涉及数学语言的地方很少，就是涉及数学的地方也都是简单的公式。并且本书使用最通俗形象的语言进行描述，使用全新的时空量子模型描述从微观到宏观宇宙中热门和神秘现象的机制，并使之完整统一在一起。

方程是对宇宙规律的精确表达，可是很多人却不需要知道如此精确。多数人仅仅想知道宇宙规律的解释，或者只想知道这些现象的本质是什么。例如我们想知道摩天大楼是由什么构成的一样，很多人想知道的答案仅仅是钢筋、水泥和砖这几样事物。我们不想知道使用多粗的钢筋是最佳匹配，使用什么标号的水泥才能满足楼层强度的要求，使用多大尺寸的空心砖才能达到最佳数量和重量。很多人仅仅是关注科技发展和科学进展。如今很多私人建筑以及古建筑也没有按照严格的设计公式进行建造，但是由有经验的建筑师设计的古建筑经过千百年依然屹立不倒，所以公式不是描述事物本质的唯一表达形式。这也像我们学习知识所打下的基础，很难去精确地表达某个人掌握知识的程度和在未来的工作生活中所能发挥的作用。事实上每个人的第一个启蒙老师是父母，包括以后在学校的深造学习。每个科学事实和真理第一次都是用语言向接受知识的人传递。如果没有语言的描述，将不会有后面的公式，公式也将因不可解释变成谜团。没有人从生下来就开始只接触或使用公式交流，也没有人必须先严格的学习语法，然后才能学习一门语言。公式是事实的精确表达，而语言是真谛传递的载体，可以精确也可以粗略表达。所以把专业条条框框的东西留给专业研究的科学家去解决，而我将使用通俗的语言将感悟出的时空特性以及未解现象的机制，写给所有想知道答案的专业学者和爱好者。

可能有人会问：为什么要写本书，而不是写论文。最初我构建完成模型的时候发现，新的物理模型用几篇论文很难表述清楚。论文都是单一方向深入地研究某个课题。因为物理包含的事物太多，如果拆开将使本模型不完整从而变得荒谬。所以我决定完成本书，一本通过简单机制将所有事物联系在一起的书。论文无法在广义跨学科的统一和单一学科深入之间平衡。如果是论文则失去语言生动的比喻和通俗易懂的特性。很多人认为我写本书是在和现在的物理学作对，并且没有必要写。我和很多老师探讨过写本书以及对宇宙机制的观点，很庆幸的是能得到他们的支持，而多数人则是持非常不乐观的态度。正是这些不乐观的态度，让我一步一步地去完成本书。受到打击是行动最好的动力。就像当初发明火车一样，有些人看好火车强大的运输能力，而有些人却在一旁说"绝对跑不动"一样。写书给我的感觉要比写论文难很多，特别是这样前沿包含众多未知事物的新物理模型。因为读者可能是专业学者，也可能是业余感兴趣的读者。专业论文是写给专业人士阅读的文件，而一本通俗易懂的书既可以供专业学者阅读，也可以供业余感兴趣的读者阅读。写书的目的是表达作者的想法和让更多的人明白并参与思考本书的内容。物理学包含的内容太多，如果打算开始写关于物理的内容，假如写一篇关于新的宇宙模型的文章，你会发现文章只能写一个提纲，如果扩展一下内容，那就需要写一本书，可能几本书也不够。有可能几本书也只能描述时空量子宇宙模型的一部分，本书也是如此。本书仅仅概述了物质和时空的一些简单机制，以及当今物理学模型无法解释的现象在时空量子模型中的合理解释，尽可能简单、尽量包含更多的事物。其中多数都是现有物理模型中的内容，仅有小部分不同于当前物理模型。本书的内容是时空量子模型中关于时空和物质模型的描述部分，是时空量子大统一模型的一部分，也是重要的衔接部分。

我写时空量子模型这本书的另一个简单的理由是，假如当今的物理学都是正确的，那么物理学中早就不会存在如此多的谜团，也不会有许多的国内外物理学家坦言需要新的更为简洁的统一模型。正因为如此我决定将我的想法描述出来。写书的好处是可以让我用比较通俗的语言去描述宇宙的运行机制，让更多的人可以探讨宇宙运行更为简单的新机制，而不仅限于少数的专业科学家。

很多人会想为什么将书名定为《时空简史》，这和斯蒂芬·威廉·霍金（Stephen William Hawking）的《时间简史》有什么区别？这是很多人看到本书的第一感觉。既然有《时间简史》，我为什么要再写《时空简史》，很多人看《时间简史》是一头雾水，再写《时空简史》是否多余。实质上《时空简史》和《时间简史》内容完全不同。

阿尔伯特·爱因斯坦（Albert Einstein）的名言："科学的基本观念本质上大都很简单，通常都可以用人人皆知的语言来表达。"

本书从宇宙运行机制更为简单和高度统一的角度出发，推测出时空量子模型，并用以描述宇宙运行机制。时间和空间构成宇宙的时空，时间和空间是不可分割的统一事物。万物在宇宙的时空中演变，时空意味着不存在单独绝对的时间，也不存在单独绝对的空间；也意味着万物不能脱离时空只在时间里演变，同样万物更不能在空间中静止而停止演变，这也是为什么本书叫做《时空简史》，而不叫时间或者空间简史的原因。

《时空简史》从时空的本质角度去揭示宇宙的奥秘。本书章节划分详细，语言内容生动形象、通俗易懂，更符合万物起源于简单的事实，内容高度压缩精简。与书的名字一样，时空简史描述的是与时空相关的话题。时空是宇宙的容器，宇宙的演变是宇宙时空中事物的演变，然而我们对宇宙时空的本质和特性却了解甚少。本书使用时空量子模型描述宇宙的时空和时空中事物演变的机制，将微观和宏观通过"物质"和"能量"把时空性质引入并联系在一起，从而实现统一，因为仅含有少量简单的公式，所以书名叫做《时空简史·时空量子大统一模型（第一卷）时空和物质的统一》。

写本书的另一个目的和很多物理学家或科普作家的目的一样，宇宙应该起源于一个简单的开始，像数学中的数字1，不断加1可以构成复杂庞大的数字，这些复杂的数字之间又存在着一些内在关联。宇宙是否也与数学中的1相同，由一个简单的事物构造而来？通过简单的现象和公式得出，宇宙和数字存在着极其相似之处，构建宇宙的数字1则是本书描述的时空量子。我的想法和出发点很简单，就是弄清宇宙中的万物之间是什么样的关系，宇宙如何运作，当今物理学中是否存在矛盾，物理学中不可解释的现象是否能得到更加简单合理的解释，等等。

很多时候爱因斯坦的质能方程被解释或理解为质量到能量的互换，这样的理解似乎是物质等于能量？还是质量等于能量？质能方程中是否还隐含着什么不被我们知道的秘密？正物质和反物质湮灭是怎样的详细过程？宇宙中最大的天体黑洞在辐射什么，看不见的黑洞是否会减小质量？暗物质和暗能量的本质是什么？宇宙的膨胀是怎样的机制？等等一系列问题，将在本书的时空量子模型中有确切和统一的答案。本书提出的新模型对当今一些物理学不可解释的现象做出了合理的解释，同时还预测了一些有待去探索验证的新机制。本书的内容是物质和时空统一的部分，也是本书副标题叫《时空和物质的统一》的另一个原因。不久的将来时空量子模型将包含场和更高度的统一。这是十分让人期待和兴奋的事情，也意味着还有许多艰苦的工作等待完成。现在的生活或许会因为新物理机制的揭晓发生一些重大的变化。

物理学家以及很多人都在思考如何统一场论，我发现不仅物理场的统一包含在时空量子模型中，而且物质和时空的统一也包含在时空量子模型中。当前解决宇宙膨胀的机制以及暗物质和暗能量的模型更为重要，所以统一物质和时空比统一场论更为优先。物理学家在想如何用精确的数学语言表达，而我在想怎么把时空量子模型用通俗的语言让更多人理解以及让更多的人参与分析宇宙的运行机制。

地球这个世界是庞大的，宇宙更庞大到难以想象。或许永远只能看到它很小的一部分，而无法看到它的全部。当今物理学有了长足的进步，不论是理论还是实验，均已经达到很高深的境界。理论物理形成了很多分支，每个分支都试图解决场论未统一的问题，同时每个理论中面对很多无法解释的现象却束手无策。谁也不敢保证谁的理论完全正确，包括当今物理学的几个统一理论和本书的模型，只有经过无数次实验验证的理论才是正确的理论。写作本书的目的是完善物理学的一个可能，让更多的人去分析这种可能。虽然改变不了宇宙的运行机制，但是可以尽量地靠近本质，用更简单的机制去描述它。本书中的内容不是毫无根据的猜想更不是科幻。物理学一直以来都在寻找更简单的模型描述宇宙事物之间的相互作用和机制。牛顿时代如此，现在不论职业物理学家还是业余爱好者亦是如此。

宇宙中的一些迹象都表明物质释放能量后质量并没有消失，并且诸多现象表明这是事实。时空量子理论是非常大胆的想法，但这样的理解有根有据。本书从质能变换中的细节着手，根据已知的现象和质能变换过程中质量不会被消灭的事实得出结论，从而引出时空量子模型。当前也有很多专业学者怀疑现有模型中存在的问题，国际上也多次举行过试图打破现有物理模型思维限制的学术会议。

要进步就不能停留在原地，要前进就要放弃现在所停留脚步的地方。

爱因斯坦曾指出：逻辑上简单的东西，也许不一定是物理上真实的东西，但物理上真实的东西一定应当是逻辑上简单的。

思考是人类感悟自然总结规律以及文明进步的源泉，此书献给所有不断思考和创新的人。

目录 CONTENTS

内容简介 / 1

前　言 / 1

第一章　时空概念的发展
1.1　时间 / 2

1.2　时空和维度 / 5

1.3　以太论 / 6

1.4　狄拉克之海 / 9

1.5　相对论和时空 / 10

1.6　光速不变 / 11

1.7　希格斯场 / 13

1.8　弦理论 / 14

1.9　正视时空概念 / 15

1.10　总结 / 19

第二章　时空、物质和能量
2.1　当今对物质、质量和能量的认识 / 22

2.2　引力质量和惯性质量 / 23

2.3　反物质 / 26

2.4　湮灭 / 28

2.5　湮灭现象引出的疑问 / 32

2.6　质能方程 / 34

2.7　质能转换误差 / 36

2.8　质能方程引出的疑问 / 37

2.9　质能方程和湮灭现象引出物质的构成 / 40

2.10　物质和能量转换中的动能载体粒子 / 43

2.11　质量的来源和去处 / 48

2.12　时空量子 / 49

2.13　能量 / 51

2.14　守恒定律 / 54

2.14.1　能量守恒 / 55

2.14.2　质量守恒之物质不灭定律 / 56

2.15　暗物质 / 58

2.16　暗能量 / 60

2.17　暗物质的本质 / 61

2.18　深入了解时空的性质 / 64

2.19　时空流动是暗能量的本质 / 66

2.20　深入时空、物质和质能转换 / 68

2.21　深入时空和物质的概念 / 71

2.22　光子的特性 / 74

2.23　物质与时空的验证实验 / 76

2.24　本章小结 / 80

第三章 时空和运动

3.1 相对参考系和绝对参考系 / 85

3.2 时空参考系 / 86

3.3 哈勃定律和哈勃半径 / 88

3.4 绝对运动和绝对静止 / 90

3.5 相对运动和相对静止 / 91

3.6 视像运动状态 / 93

3.7 深入物体运动的本质 / 96

3.8 时空相对运动的体现 / 98

3.9 时空运动隔离现象和原理 / 100

3.9.1 行星时空运动隔离现象和原理 / 103

3.9.2 恒星时空运动隔离现象和原理 / 106

3.9.3 星系时空运动隔离现象和原理 / 107

3.10 展望和总结 / 108

第四章 时空和运动的相关实验和现象

4.1 光谱移动变化的原理 / 112

4.2 多普勒红移和蓝移现象 / 113

4.3 引力红移 / 114

4.4 引力和时空导致的特征谱线变化 / 115

4.5 哈勃红移本质 / 117

4.6 绝对运动侧向红移现象 / 118

4.7 光速差实验 / 122

4.8 运动光速差实验 / 126

4.9 绝对运动波峰差实验设计与原理 / 127

4.10 时空运动隔离现象对探测器轨道的影响 / 134

4.11 展望和总结 / 136

第五章 时空和天体

5.1 恒星 / 138

5.2 恒星时空风 / 141

5.3 恒星冕层能量的来源 / 144

5.4 太阳风 / 148

5.5 太阳光谱和临边效应 / 149

5.6 时空与射电现象 / 151

    5.6.1 时空激波现象 / 152

    5.6.2 行星时空激波层 / 155

    5.6.3 恒星时空激波层 / 157

    5.6.4 星系时空风和时空激波层 / 159

5.7 行星与时空 / 160

5.8 磁重联 / 161

    5.8.1 地磁层的磁重联现象 / 162

    5.8.2 恒星的磁重联现象 / 165

5.9 黑洞 / 167

    5.9.1 引力透镜与视界 / 170

    5.9.2 黑洞辐射 / 173

        5.9.2.1 静止状态黑洞的黑洞辐射 / 174

        5.9.2.2 活动状态黑洞的黑洞辐射 / 175

    5.9.3 一些关于黑洞疑问的解释 / 178

5.10 天体坍缩和伽马射线暴 / 180

    5.10.1 伽马射线暴的发现 / 180

    5.10.2 天体坍缩和伽马射线暴的形成 / 181

5.10.3 伽马射线暴的能量强度 / 183

5.11 时空波动和引力波 / 184

5.11.1 时空波动的特性 / 186

5.11.2 引力波地面天文台 / 190

5.11.3 激光干涉空间天线（LISA） / 192

第六章 时空和宇宙

6.1 宇宙的构成 / 195

6.2 宇宙的起源与演变 / 197

6.3 宇宙的膨胀 / 201

6.4 宇宙的膨胀与速度 / 205

6.5 微波背景辐射 / 208

6.6 宇宙空洞和超低温区域 / 212

6.7 宇宙边界 / 214

6.8 总结 / 215

第七章 大统一理论和未来 / 217

关键词汇和新词汇释义 / 222

第一章
时空概念的发展

　　人类从远古时期的结绳记事开始便有了记录事件的方法，逐渐演变为简单的空间和时间的概念以及度量方法。在中国古代，就有"上下四方曰宇，往古来今曰宙"。这里的"宇"和"宙"则是空间和时间的概念由来，也是最原始的空间和时间的概念，和宇宙紧密联系起来。空间和时间是人类文明中最古老的概念，也是宇宙这个词的起源。

　　时空是十分抽象的概念，抽象是因为时空不像声、光、冷、热等，可以去感知。将时空这个抽象的词汇用独立的时间和空间两个词来表示，很多人会更容易理解。时空虽然抽象但是万物却在时空中存在、生息和演变，我们处于时空中却很难感受到它的存在。这与很难感受到空气的存在极为相似。时空抽象到让很多人无法理解。时空的字面意思是时间和空间的缩写。时空将时间和空间作为整体，从古至今人类一直在不断地更新时空观念，不断地更新时空定义。

　　我们生活在物质的世界里，这是经常说的一句话。提到生活就离不开各种演变的事物，人的活动、生物繁衍生息等，都是实实在在物质构成的实体以及演变的过程。提及演变、需要有衡量演变的量，这便产生了时间的观念。物质的存在与演变过程都脱离不开一个范围，包括物质的同时也包括物质的变化，这样的范围则被称作时空。要知道什么是时空，需要知道什么是空间。物质在空间中存在，没有空间无从谈及空间中存在的物质变化，空间中事物的变化便引出时间的问题，那么时间又是什么？事物的发展变化离不开时间和空间。接下来分析人类对时间和空间的认识。

1.1 时间

人类从远古时期开始便有了结绳记事的方法，记录发生过的事件大小以及事件之间过程的长短。现在我们看着时钟秒针跳动显现出的时间流逝过程，不禁会问到底什么是时间（图1-1）？翻阅字典和查找各种资料，你会发现"时间"是很难给出准确定义的事物。然而人们更加关注的是如何去测量时间，以及使用测量时间的方法去描述和记录这个过程所发生事件的确切时刻。

图1-1　什么是时间？

时间是抽象的概念，表达宇宙中万物变化和生灭连续排列的序列。时间的内涵是无穷无尽永远不间断向前，时间的扩展含义是一切事件过程长短和发生顺序的度量。无穷无尽指时间没有起始和终结，也意指时间的增量总是正数。时间是正数的原因是到目前为止时间不可逆转和倒流（物理、化学中有些事件和现象可以逆转并不意味时间的可逆），广义的时间不停顿也不会间断。这里不过多地介绍和讲解时间，这个词在不同学科都有着不同的概念和定义。在本书中时间表达的是事件发展的过程和顺序，随后续模型的完善和物理学的发展，对于时间还会更新观念和认识。

说起时间，我们更在乎的是时间的测量，那时间又是如何测量的呢？从古至今度量时间的任何一种装置都是将一种周期性的过程作为测量时间的标准，如：太阳每天规律的东升西落、月亮圆缺的规律变化、地球一年四季的交替、摆钟钟摆的往复运动、石英晶体在电路中的振动周期，以及目前最精确的原子钟等。人类正是利用这些准确的周期循环或重复次数的现象作为时间变化的测量方法和标准（图1-2）。

很多人认为时间因宇宙的存在而存在，这是所能接受的事情。宇宙以大爆炸的方式诞生演变到现在是大多数学者支持的观点。

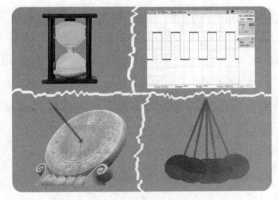

图1-2　周期变化的事物是测量时间的方法和标准

宇宙在大爆炸以前是极高密度的质点或奇点，这时宇宙还没有膨胀开来，时间在宇宙没有诞生之时没有任何的意义。没有诞生宇宙时的高密度质点或者宇宙在诞生之前仍然存在变化，那么一定存在计量宇宙诞生之前变化的标尺，这也是时间的范畴。时间的概念依然适用于宇宙诞生之前的状态，所以对时间的概念和理解仍然需要扩展。时间的概念没有扩展的原因是，现在不知道是什么原因导致了宇宙的诞生。如果脱离宇宙也就无法标定和测量时间，因为需要宇宙内事物的周期变化才能度量时间。脱离了宇宙也就无法度量时间，所以只有研究到宇宙诞生之前的事件，才会将时间扩展到宇宙之外的领域。时间不因宇宙存在而存在，也不因为不去测量而不存在。但没有宇宙就失去了测量时间的工具，也就无法记录和测量时间。当然没有宇宙就不会有人类，没有高智慧生物的存在，就不会有记录时间的仪器和设备。设备必须在宇宙时空中以精确的周期变化为基准才能记录时间。因此宇宙中必须有实体物质的周期性演变才能体现出时间变化序列的存在，从而体现出时间。所以时间的概念仍需要适当扩展。

一直以来人类认为宇宙的诞生是时间的开始，而本书的观点则是时间不依赖宇宙而存在，即不因宇宙没有诞生就不存在时间。这点可能和当前时间的观点不太一样，本书时间的范围和意义大于现在的定义。宇宙存在起点和终点，但是时间却没有起点也没有终点，宇宙的变化只是时间长河里的片段。宇宙的起点到终点，这个时间片段之间包含了宇宙的演变过程。时间也不会因为宇宙是否诞生和演变而不存在，当然没有宇宙的演变则不会有人类，也无法体现文明发展和存在。一直以来人类认为时间开始于宇宙的诞生，实际上宇宙的诞生是时间长河里面的一个事件，宇宙的诞生是空间变化的体现。生命的开始，它开始了自己的演变过程，生命结束时也结束了它的演变。但生命诞生前和结束后，生命的物质依然存在，宇宙的演变和生命有着类似的演变过程。新生命诞生的时刻是它时间的开始，时间不会因为它的诞生而重新开始，时间也不会因为未诞生新生命而不存在。时间的体现和时间是两个不同的概念。钟表上秒针每一秒的走动，是体现事物演变的过程。如果钟表不存在，时间不会因为不使用记录设备而不存在，也不会因为不去记录和体现而停止或消失。假如宇宙只是记录变化和体现时间的装置，那么时间不会依赖宇宙存在，时间是宇宙演变过程的集合，时间独立于三维空间（图1-3）。

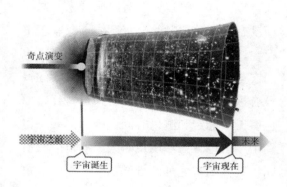

图1-3 宇宙的演变只是时间长河的片段

从古至今人类生活的宏观世界，时间感觉是一种向前永不停息的事物。不论现实生活的世界，还是物理学中的各种定律，时间像永远指向前方的箭头且只有一个方向。没有任何现象可以区分时间流向，为什么这样说？在物理、化学中似乎存在很多可以逆转的事情，如：在水中放置两个电极，通电的条件下构成水的H_2O分子会被分解，在两个电极表面会分别产生氢气和氧气，如果产生的氢气和氧气相遇燃烧，氢元素和氧元素又会重新组合生成水分子。这在化学公式上是可逆过程，除了反应条件不同外，没有时间箭头方向的限制。有一些学者相信这是可逆的过程，以此寻找时光机器的可行性。化学反应的可逆或者物理中粒子之间的相互转换，与生活中摘下眼镜擦拭干净又重新戴上的过程相同。只看动作似乎是电影中的镜头回放，但在时间上已经不再是时间长河上的同一点。本书后面将详细分析时空的本质。粒子的创造和湮灭虽然可以重复和逆转，从时空的角度来看和端起放下茶杯相同，但是构成粒子的最基本微粒可能已经不再是曾经的微粒。无论怎样重复和逆转这个过程，时间在时间的长河中一直向前流动。不论如何重现粒子的过程，每一次的重现在时间的长河中都是不同的时间点，曾经呈现的粒子事件已经成为过去的事件。由后面章节的物质构成可知，此粒子已非彼粒子。

时间看不见摸不着，只能通过物质演变间接体现时间的存在。如果没有物质的变化，时间如何体现？时间又是什么呢？当时间脱离宇宙物质的变化，时间的顺序变化序列的意义就变得不是那么重要了。时间似乎是虚化的事物而又有现实的体现。时间时时刻刻展现着它的存在，对时间的合理理解是它不存在于三维空间中，是三维空间内物质演变体现出所有汇集的集合。

1.2 时空和维度

土地面积以及房屋高度和面积的丈量，使用三个方向的长度即可解决。这便是三维空间概念。使用长、宽、高就可以表达事物的大小范围。空间内涵没有边界，是一切物体所占大小和相对位置的度量，不包含事物的演变过程。

说起对宇宙的认识，最根深蒂固的就是三维空间。很简单的长、宽、高三个属性，已经能够描述所有的可以看见和不能直接看见的宇宙中物质的大小范围。如果再引入演变过程，三维空间的长、宽、高三个属性就不足以描述。例如：正在吹起的气球，使用长、宽、高可以描述气球的大小，由于气球的体积在变化，就必须引入体积随时刻变化的量，才能描述气球的变化。所以事物要在三维空间中演变，就需要增加另一个物理量，描述变化的这个物理量就是时间。长、宽、高和时间属性已经足以记录下宇宙中所有事件的范围和过程，这就是四维宇宙的概念。空间和时间的结合则是时空，时空是承载物质的空间和物质变化的容器。事物在时空中永不停息地发展变化，虽然时空可以拆开为时间和空间两个独立的词汇，但是时空是时间和空间这两个属性构成的整体事物。宇宙的真空则是宇宙的时空，万物在时空中永不停息地演变，所以宇宙中不存在独立于时间的空间，而时间只在宇宙的空间中体现出演变过程瞬间的快照。

近代科学的发展，必然涉及空间和时间更深入的概念认识及其测量方法。

近几个世纪以来，力学、物理学和天文学对空间和时间的认识大体上可分为相互交织的两条线索：一是以艾萨克·牛顿（Isaac Newton）力学和詹姆斯·克拉克·麦克斯韦（James Clerk Maxwell）电磁理论为代表的空间和时间概念，经过狭义相对论和广义相对论，发展到现代宇宙论；二是从经典力学到量子论、量子力学和量子场论，再到量子引力、超弦和M理论等。物理学对于空间和时间的认识，还有一些基本问题有待解决，因此也在不断地发展。有不少知名学者提出更多维度的时空理论，试图来解释宇宙。虽然多维时空可以获得完美的解释，但实际可验证性变得很低，甚至不能实现，能理解的人也更少，不能被实验和众人理解也就失去了创造它的意义。如果宇宙的运行机制真是这样复杂，那大可不必去研究了。因为模型中不断增加维度以及现在超出三维其他维度之间的不可跨越性，可能会导致永远无法深入探索宇宙的运行机制，更不知道宇宙到底由多少维度构成。当遇到无法解释的事情就会继续提出新的维度而轻易解决，跨越维度的实验从现在来看更是不现实。现在维度理论的发展将所有的时间、演变和可能等容纳其中。多维宇宙的模型对于科幻电影、计算机领域和计算科学等更具有实际意义。多维时空理论的问题也逐步体现出来，除时间外，现在没有任何证据表明超过三维空间其他维度的可跨越性实验，这意味着必须要寻找新的理论和模型才能推进文明进步。

1.3 以太论

在古希腊，以太是指青天或上层大气。在宇宙学中，有时也用以太表示占据天体空间的物质。17世纪的勒内·笛卡尔（René Descartes）是对科学思想的发展有重大影响的哲学家，他最先将以太引入科学，赋予它某种力学性质。在笛卡尔看来，物体之间的所有作用力都必须通过某种中间媒介物质来传递，不存在任何超距作用。因此，真空的空间不可能是空无的事物，它被以太这种媒介所充满。以太虽然不能由人的感官所感觉，却能传递力和能量的作用，如光、磁力和月球对潮汐作用的力等。以太是现代生活中很常见的词汇，例如：以太网等。电磁波可以在真空中的空间中传输，这便引出对真空的本质认识和探索过程。

1654年，马德堡市长奥托·冯·格里克（Otto von Guericke）在雷根斯堡向皇帝展示他所设计的半球实验。他制造了两个直径约 50 cm 的铜制半球，半球中间有一层浸满油的皮革，使两个半球可以完全密合，接着他用自制的泵，将球内的"东西"抽掉，此时两个沉重的铜制半球在没有任何胶黏剂的作用下紧密地合为一个完整的球体，这个现象让人十分得惊讶。但是格里克实验的高潮才刚刚开始，格里克为了证明两个半球的结合是多么紧密、结实，他拉来 16 匹马，分成两队以相反的方向使劲拉，结果在一声巨响中，两个半球被拉开。这就是物理学史上著名的"马德堡半球实验"。马德堡半球实验证实空气和大气压强的存在。空气是声音的传递介质。光在真空中也可以传播，这便引起人们的思考，真空中是否有什么介质让电磁波在真空中可以传播，或者电磁波的传播是否也需要介质？而生活中的波大多需要传播介质，如：声波的传播需要借助于空气，水波的传播借助于水等。

19 世纪，科学家们逐渐发现光也是一种波。受经典力学思想影响，科学家便假想宇宙到处都存在着一种称之为以太的物质，正是这种物质在光的传播中起到介质的作用。光的波动说是由罗伯特·胡克（Robert Hooke）所提出，并由克里斯蒂安·惠更斯（Christiaan Huygens）进一步发展。由于光可以在真空中传播，惠更斯提出荷载光波的媒介（以太）应该充满包括真空在内的全部空间，并能渗透到平常的物质当中。以太除了作为光的荷载物质之外，惠更斯也利用它解释引力的现象。牛顿虽然不同意胡克的光的波动说，但又和笛卡尔一样反对超距作用，并承认以太这种物质。

随着引力的平方反比定律在天体力学方面的成功，以及探寻以太的实验并未获得成果，使得超距作用观点得以流行。光的波动说也被放弃，而光的微粒说却得到广泛的认可。到 18 世纪后期，科学家证实电荷之间（以及磁极之间）的作用力同样与距离的平方成反比关系。于是电磁波在以太中传播的观念被抛弃，超距作用的观点在电磁学中占据了主导的位置。从笛卡尔的角度来看，物体之间所有的作用力都必须透过媒介来传递，不存在所谓的超距作用。

1881—1884 年，阿尔伯特·亚伯拉罕·迈克尔孙（Albert Abraham Michelson）和爱德华·威廉姆斯·莫雷（Edward Williams Morley）为测量地球和以太的相对运动速度，进行了著名的迈克尔孙-莫雷实验（Michelson-Morley Experiment）。这个实验将在后续章节详细分析。在迈克尔·法拉第（Michael Faraday）心目中，以太的作用是逐步传递力场的看法有着十分牢固的地位，他引入力线来描述磁和电的作用。在他看来力线是现实的存在，空间被力线充满，光和热可能就是力线的横振动。他曾提出用力线来代替以太，认为物质原子可能是聚集在某个点状中心附近的力线场。他在1851年又写道："如果接受光的介质以太的存在，那么它可能是力线的荷载物。"但法拉第的观点未被当时的理论物理学家们所接受。后来光的波动说在物理学中确立了它的地位。

1887年，海因里希·鲁道夫·赫兹（Heinrich Rudolf Hertz）发现光照射到金属上时，金属会发射出电子，这个现象被称为光电效应。1902年，物理学家菲利普·勒纳德（Phillip Lenard）指出光电效应是金属中的电子吸收了入射光的能量而逸出的现象，并发现逸出电子的能量高低与入射光强度无关，其随着光的频率增加而增高。这个发现没法用光的波动理论来解释。但是如果将光看成是由粒子组成的能量流，就可以解释光电效应。这样光就可以当成是具有波性质的粒子，粒子不需要靠媒介传播，光波的传播也就不需要介质。爱因斯坦发表的有关光电效应的研究结果，从另一方面解决了以太的问题。爱因斯坦的狭义相对论给出的信息是，以太既然检测不到，也没什么用处，就没有再寻找的意义。但是在不断破解已知宇宙谜团的过程中却还在变相地寻找这种特殊的介质，这种寻找一直没有中断过！现在的科学进展不再使用这个词汇，并赋予了众多新的词汇，如：真空能、真空中存在的场、真空量子起伏等。

19世纪末是以太论的极盛时期。但是在亨德里克·安东·洛伦兹（Hendrik Antoon Lorentz）的理论中，以太除了荷载电磁振动之外，不再有任何其他的运动和变化作用。这样，以太已失去所有其他的物理性质和意义，这就导致以太论的衰落。在经过多年的实验和辩论以后，物理学家们才逐渐有了比较一致的看法，既然无法检测到，也难以解释它奇怪的性质，不如抛弃这个概念，即"不应无必要地增加实体。"爱因斯坦则大胆抛弃了以太学说，认为光速不变是基本的原理，并以此为出发点之一创立狭义相对论。虽然后来的光速差实验结果证明以太"确实"不存在，为什么光速差实验没能证明以太的存在，本书后面的章节还会进行详细的分析。

电磁波在真空中传播，是否需要介质呢，真空中到底有什么？今天，理论物理学家进一步发现，真空具有更复杂的性质。真空态是场的基态。真空中存在某种真空能等。真空中弱相互作用和电磁相互作用的电弱统一理论已获得很大的成功。这样看来以太论虽然已经灭亡，但以太概念的某些精神，如：不存在超距作用，不存在绝对空虚意义上的真空，"以太"仍然活着，并具有旺盛的生命力。同时也直接证明真空不空，真空的时空中确确实实存在还没有认知的新事物，并且真空中存在现在无法完全掌握的事物。正因为以太遗留的这些精神，真空不但不空而且真空中存在更为复杂特性的事物，这些新的事物现在物理学中也不再称为以太。

以太是曾经假想的电磁波传播的介质，这个词并不具体和确切。以太是充满宇宙时空假想的物质，且作用单一。真空即宇宙的时空，时空的概念和作用要远超过以太，如果继续分析研究了解时空的本质，那么可以完全忘掉这个词汇，但是不能抛弃物理学在真空中所发现的众多新特性。

1.4 狄拉克之海

1928 年，保罗·阿德里安·莫里斯·狄拉克（Paul Adrien Maurice Dirac）提出描述电子运动的方程，这个方程的解有两个，可以理解为正能量和负能量。为了解释负能量的问题，狄拉克提出"负能态"的概念。当电子获得能量而跃迁时，电子的自身电荷不发生变化，这就使得获得能量的电子需要获得两个单位的电荷，这是不现实的事情。于是他开动脑筋解决负能量的问题，提出自然界中有无穷多个负能量位置，负能量位置被均匀地填满在宇宙存在物质的真空中，这种负能量察觉不到也检测不到。真空中如果一个负能量的电子被扰动，这个负能量的位置就变为一个空穴，缺少一个负能量的空穴位置不足以表现为正电荷，空穴概念的引入，使得狄拉克的方程可以避免多出负能量而得到合理的解释。这样真空中的负能态，构成了具有负能量的粒子海。只要有足够的能量，就可以在真空中形成物质。在狄拉克的理论中，真空便不再是空无的事物。

宇宙的可见物质浸泡在这样的负能量海洋中，也是狄拉克之海的来源。狄拉克之海的概念意味真空不能再被看作是完全空虚的空间。真空的各种特性理论和实际探索如今一直在继续，后续实验表明真空确实不空。虽然目前都使用新词汇以避开以太这个词，但是没有统一合理的理论，所以有必要提出揭示真空本质特性的统一理论。

1.5 相对论和时空

现在的时空观念完全基于爱因斯坦的相对论。爱因斯坦注意到每一次对以太的实验均获得失败的结果，于是他的做法是，既然检测不到，也没有什么用处，没有道理再去寻找。如果光的传播可以看作是介质的波动，那么麦克斯韦发现的电磁场，同样可以看作是能量依照麦克斯韦方程在真空中的传递。爱因斯坦说："电磁场不是一种（以太）介质的状态，不隶属于什么承载者，电磁场是独立的存在，无法再简化成任何东西……"这种主张得到无法检测到以太的众多物理学家的支持。经过多年的实验和辩论，物理学家们才逐渐达成比较一致的看法，既然以太无法被当时检测到，也难以解释它的奇特性质，还不如抛弃这个概念，即"不应无必要地增加实体"。爱因斯坦的答案是：没有绝对空间那样的东西，也没有绝对时间那样的东西。牛顿的物理学基础完全崩溃。至于以太，那是不存在的。不论爱因斯坦是否承认以太的存在和现代人认为其存在的不必要性，在真空里仍然存在着不被现在所了解的未知"东西"。以太的概念已经过时，但是探索真空中的未知事物却仍在不断地继续。这意味着虽然现在不承认特殊介质的存在，但是真空中一些奇怪的性质是真空不空的自我证明，对真空中事物的探索事实上也是变相对介质的默认，且比以太有更加重要的意义。现在物理学认可的是真空中存在场，并且是一个极为重大的发现，实质上也是对真空性质的逐步探索和认可。

电磁场的应用以及其他众多现象的物理应用，不需要深入了解时空性质，如果要寻找每个事物的各种联系，那就要更加深入地研究任何看似简单的东西。一旦深入研究它，那它绝对不简单，继续深入的研究也许会发现两种或者多种不相关事物之间可能存在未知的内在关联。

爱因斯坦的理论中放弃"绝对静止"的观念，这样的理论自然就成为相对论。爱因斯坦把伽利略（Galileo Galilei）的相对理论扩大，使相对论不只是包含古典力学定律，而是包含一切物理定律，尤为重要的是电磁辐射定律。爱因斯坦引入"相对"和"本征"的概念。相对论的核心就是相对，时间为相对时间。我们以我们自身所在的测量环境去测量得到的测量值是本征数值，如：长度、时间和质量，本征的数值自己看来这些数值永远都是正常的，在本征的测量下无法发现异常。假设我们是静止的状态，而其他物体处于高速运动的状态，其他物体的状态便是和我们处于相对状态。如果一个人高速运动，他自己看自己也是本征，自己的长度没变，自己的表走时也正常，重量也没有发生变化。如果我们观察运动者的手表，他的身高和宽度，以及他的重量则是相对的，我们在静止状态观察运动者的表就是相对时间，你会发现他的表走时要慢。如果一个人坐在火箭上，头部向前运动，火箭外静止的人去测量这个人的身高，身高要比火箭静止的时候短。这常常出现在科幻电影中，弟弟坐在能接近或者超越光速的飞船上，回到地球后，发现他的哥哥已经比自己大了几十岁，而自己的年龄并没有发生太多的变化。科幻电影显得非常夸张。事实上空间站上的宇航员也受到这种影响，宇航员和空间站在地球轨道上高速绕地球公转，宇航员的时间确实变慢，但是不会夸张到数十年。宇航员在空间站停留数年所引起的时间相对地表减慢远远小于 1 s，与我们浪费的时间相比，微不足道。

　　本书不深入探讨相对论，这里仅仅说明其对宇宙实质的认识过程。相对论证明空间和时间的结构决定宇宙的规律，或者相对论间接地说明时空的部分物理特性。相对论让我们对宇宙的认识从牛顿时代往前进步了很多，虽然认识了宇宙的很多现象，但是却没有对这些现象的产生机制做出完美解释。面对众多的现象，仍然需要不断探索这些现象产生的机制以及本质。

1.6　光速不变

　　爱因斯坦解决问题的本意是想将复杂问题简单化。介质在光传播的过程中并不起作用，因此爱因斯坦抛弃了光传播介质的观念。同样爱因斯坦对迈克尔孙－莫雷实验的结果得出的结论是：光速是恒定的事物。光速不变的现象是不论观察者运动状态如何，光速永远约为 3.0×10^8 m/s。爱因斯坦提出的命题就是光速恒定，光速恒定是实验上无法反驳的事实。光速不变原理是狭义相对论的基石。

　　可能有人会提出一些疑问，不管什么时候，无论相对于光是运动还是静止，只要测量光速，结果是光速完全不变？很多人会提出相对的光速数值而得到叠加的数字，可以使叠加的光速数值远大于真空中的光速，但这却不是从观察者本征的角度观察。迈克尔孙－莫雷实验就给出了这样的结果，至今世界各地仍然有人在水平方向进行更精密的迈克尔孙－莫雷实验，但是结果还是一样。光速差实验将会在本书后面做详细分析，并提出有待验证的实验和无法测出光速差的原因。

光在时空中以不变的速度传播。光是电磁波，而声波在空气中传播就不具有这样的特性，空气中声音的传播速度会随着温度改变而变化，而光速度始终恒定不变。

假设从地球表面光源发出的一束光 L_1 以光速 c 传播，一架飞机以速度 v 沿着光源的方向飞行，飞机前面的光源也发出一束光 L_2，那么这束光的速度仍然是光速 c。不论观察者在地球表面还是在飞机上观察测量光束 L_1 或者 L_2，只有光速 c，都是 3.0×10^8 m/s。地面上发出的光 L_1 以光速 c 传播，这个速度并没有疑问，最让人难以理解的是，按照经典物理，飞机上测量的光速应该是光速减去飞机的速度，即 $c-v$。但是却忽略了一个重要的条件，如果要知道光的速度，必须借助仪器测量。初中或者小学就已经学过速度的定义，速度是一定时间内经过的路程，即 $v=s/t$，v 表示速度，s 表示距离，t 表示时间。要测量光速需要知道光经过一定距离所需的时间，需要已知两个物理量，距离和时间。测量距离一般会使用标准物体的长度作为标尺，而时间的测量会选择十分准确的时钟。但是如果尺和时钟发生变化，将影响到测量的结果。在地球表面 25℃ 是常规条件，尺的长度和时钟走时都认为不发生变化。但是测量误差不可避免。每个人用同样的测量条件得到的结果均会存在些差别，同时每个人的表走时也会有差异，仪器设备也存在这样的问题，只能使误差无限地减小，而不能消除误差。测量光速所用的尺和时钟如果存在误差，那么会直接影响光速的测量结果。测量工具尺和时钟在常规条件下不会变化，很难想象其在某些条件下会发生改变，但是这样的条件是真实存在的。

在地表和飞机上测量光速的差别是，一个是静止状态，另一个是运动状态。通常在地表认为是静止。运动恰恰是很难想到的会改变尺和时钟的条件。美国科学家做过实验，将两个非常精密的原子钟在地面校准同步后，一台放在飞机上，一台放在地面。飞机在飞行一段时间后回到地面，再次对比这两台原子钟的时间，结果发现飞机上的原子钟变慢。但如果用飞机上的原子钟测量飞机上的光速，会得到和地面上测量到的光速相同的数值。经典物理中认为飞机上的光速是光速减去飞机的速度，这里忽略了时间和标尺可能会改变的情况。如果用地面的时钟去测量飞机的光速，或者用飞机上的时钟去测量地面的光速，那么测到的光速将是不同的数值。但是这却忽略了光速不变的前提，就是对任何观察者而言，也就是本征的状态，不能用其他观测者的角度去测量另一个观测者。上述分析以及科学实验证明，真空的时空中光速是不会变化的物理常量。

1.7 希格斯场

希格斯机制（Higgs Mechanism）是苏格兰物理学家彼得·希格斯（Peter Higgs）和其他理论物理学家同时发现的一种物理机制。希格斯机制假设存在一个奇特的场，其可以作为建立宇宙的基础。希格斯场机制允许粒子做出一些非常规的事情，它能够使真空打开一条缝隙，爱因斯坦的理论（真空中应该是空无的事物）开始转变。但是现在的物理学家认为真空中并不空，而是真空中充满着微小的量子波动，这些波动中隐藏着能量。一个粒子能够借助希格斯场，打开这些能量的通道，并把这些能量吸引到粒子自己身上来并显现出质量。希格斯粒子被认为是生成基本粒子的"质量"之源。粒子物理的标准模型引进了一个具有两分量的复纯量场，即希格斯场，它共有4个自由度。希格斯场独立于希格斯机制，是标准模型中的假设，这个假设在2013年获得了诺贝尔物理学奖。

2013年3月，物理学家证实希格斯玻色子的存在，其质量大约是质子质量的126倍，符合标准模型的预测。标准模型在粒子物理学中居于主导地位，描述了强力、弱力与电磁力3种基本力的粒子理论。在标准模型中，希格斯玻色子与希格斯场存在关联。根据标准模型预测，希格斯场存在于宇宙空间中，一种基本粒子都会对应着与之相适应的量子场，而希格斯玻色子对应的量子场就是希格斯场。2015年，升级后的大型强子对撞机将获得更多的能量，科学家将寻找不同质量的希格斯玻色子。

希格斯场的提出使得对于真空本质的认识有了一定的进步，希格斯场并没有将模型引向简单的机制，因为希格斯机制更加复杂。但是希格斯机制解释了亚原子的构成，也为动摇真空绝对"空"的理念做了相关的理论准备。当然每个理论也都使用新的词汇和机制避开古老的真空中的以太问题，那就是真空并不空，也需要进一步揭示真空的性质。

 1.8 弦理论

20世纪60年代末，物理学中出现了新的概念和模型，物理学家认为世界以至整个宇宙或许是由细小的线构成，或者说由能量构成极小的细线。有构成线闭合或敞开形式的细线形式，这些细线在时空中旋转和振动着，是构成物质的基础单元。这种理论被称为弦理论。弦理论中构造宇宙的原始微粒为弦，有些学者认为弦理论可能把物理进行部分统一。

20世纪80年代初期，理论物理学家把弦理论推向繁荣，标准模型中处理基本粒子基本上都是把粒子作为奇点看待。如果一个粒子无限小，那么粒子的质量和电荷都将集中在这个点上，这导致粒子需要有无穷大的质量和电荷密度。弦理论避开奇点的问题，微观的领域看起来都是由一个个小的弦构成，而不再是点。这样处理基本粒子的构成是弦，虽然弦很小，但还是具有有限的数值。弦的振动构成了基本粒子，弦理论成为20世纪重大的物理学理论之一。同时弦理论也让物理学家看到了能够结合爱因斯坦相对论的统一理论。

目前弦理论获得了一定的成果，但是仍然不能作出决定性的结论。目前弦理论仍然是假说。弦理论的很多反对者认为，该理论中存在很多疑点。另外一点，弦如此的微小，以至于实验物理学家不能像夸克或者其他的粒子那样，在加速器中对其进行行为观测。天体物理学家希望，能用弦理论去揭露最不为人知的黑洞奥秘。弦理论创建者之一的霍金，对黑洞相关理论也持保守态度。

难以让人理解的是弦理论将维度扩展到更多维，而不是四维时空。超出四维时空的三维空间外的维度目前根本无法实验研究。目前为止谁也不知道，哪一种是可行的模型。虽然弦理论通过一些迹象尽量建立一个实际上包括一切的理论，但是弦理论还无法解释一些不能理解的自然现象，如暗能量和宇宙膨胀现象等。弦理论无法解释为什么氢原子核比电子要重2 000倍，为什么由构成原子的顶夸克计算得出的质量却和金原子相同。这表明弦理论存在缺陷。

弦理论认为，宇宙的最小粒子是弦，现在一致认为粒子都是球形的，而弦理论认为粒子是由微小的细线构成，细线像琴弦一样，宇宙则是由这些细线的震荡形成的。很多物理学家也将弦理论称为宇宙的音响。不过弦不是弹奏音乐，

弦弹奏出来的是物质。构想出这样的一根根微小的细线，这些细线能连接、旋转、存在张力，频率乘以普朗克常数可以构成基本粒子质量的能量。这样的弦理论需要在至少十维空间里振动，才能满足构造宇宙的条件，这也经常被称作超弦理论。

随着理论的发展，弦理论有几个版本，每个版本都包含复杂的数学原理，还包含一些目前很难或者根本无法去验证的事物，最重要的是弦理论缺乏实验支持。虽然弦理论很完美，但是如果理论无法被实验验证，这个理论假说更多的是幻想。实验物理必须进行理论和相关推论的实验。弦理论构造得很巧妙，包含了基本粒子、量子和相对论，在试图大统一的道路上取得了一定的成就，但是弦理论不是万能的，仍存在着许多无法解决的问题。粒子的质量则是弦理论比较难以解释的问题之一，当然弦理论无法解释的还有很多，比如存在的维度问题，等等。

一个靠近事实的理论应该可以用实验反复地去验证，准确地说一个模型不仅限于物理的理论，而是模型和理论能转变为被众人理解和周知的事实。这样的事实不是掌握在少数人手里，而是尽力让众人知晓并了解，即虽然每个人不可能都是数学天才，不可能都有着十分强大的空间思维能力，也没有几个人可以准确计算地球和太阳之间的引力，但是却可以用简单的语言描述模型的内涵和道理，就像太阳的引力场体现时空扭曲使地球绕太阳旋转，所有地球上可见的物质都由原子构成，等等。如果刻画出一个完美复杂的理论和道理，事实又不能被人们用简单的语言传递，那么怎样才能有效地使知识让更多人理解和传递，这是面临的另一个棘手问题。

 1.9 正视时空概念

古人对于宇宙的认识是"天圆地方"，这是在科学技术不发达的情况下对于地理结构的认识。古人很难认识到自己处于一个自转的球体上，且该球体同时围绕太阳旋转，因此地心说的观念占据了很长一段时间。经过前几节分析，可以肯定的是真空中存在着某种当前所未知的"东西"。后面的内容将分析真空中神秘未知事物的特性，其在未知现象和已知现象中发挥怎样的作用，实质问题即真空的本质到底是什么。

宇宙是一部复杂而特殊的机器，一直以来人类都在努力地寻找这部机器的运行机制，然后去运用这些机制。如果不是写科幻作品，那么提出的新模型一定要更靠近客观事实。三维空间和时间构成宇宙的时空，时空完全可以描述宇宙中的任何物体和事件。不存在绝对的空间和绝对的时间，存在的是绝对的时空，宇宙的时空在不断地演变。现在物理学的理论对时空和本质的相关描述比较少。爱因斯坦认为时间和空间不是独立的事物，存在的只有时空。时空是连续体，连续是指如果有间隔，这个间隔也极其小，小到普朗克尺度时空才会出现间隔。现在所说的空间忽略了时空的时间维度，不考虑时间只有长、宽、高3个维度，但目前时空事实上为4个维度。世界所处的空间永不停息地变化，时间和空间无法分离，同时存在。四维时空是连续状态，可以将空间理解为时空中普朗克时间连续快照的一个片段。狭义相对论中，时间和空间不可分割地结合在一起。

牛顿认为他的理论是正确的，爱因斯坦用实际的现象和公式证明他的理论才是正确的。爱因斯坦和牛顿的理论都有相同的特性，那就是两者都只能在特定领域使用，都不是完整的理论，也不是物理学最终的理论。故而仍需要集合众多理论的优点，提出新模型来加以完善，在逐步接近宇宙运行的机制中发展。

历来对时空中的以太是否存在的争论就没有停止过。但是光传播的过程中似乎并不体现介质的作用，为什么介质不起作用？不起作用是否意味介质不存在？每个物理模型中存在真空不空的事实，现有的实验证明真空不空是物理学有史以来最重大的发现。下面几个例子是生活中存在的不起作用的事物。

大米是使生命延续的主要食物，水稻收割后需要运输，运输就离不开盛装容器。盛装的容器有多种形式和大小，最常见的是米袋子（编织袋）。一旦大米到达终点，那些米仓、米袋子等盛装容器便失去了作用。各种容器是大米的载体，没有载体大米无法运输和传递。承载大米的容器在大米到达终点后就失去作用，在称重时还要把容器所占的质量刨去。

你一定知道造成白色污染的塑料袋，它是现代石油化工工业的一种产物。很大一部分塑料，都用来生产塑料袋。但是塑料袋最终的命运都是被扔掉，并造成白色污染。既然无用，为什么还要制造塑料袋这个东西呢？

现在的生活离不开电能。电能来源于发电站，然后通过电缆输送到千家万户，很多人并不了解中间传输的过程。无数的输电线路、电压调节、断路器、保护装置、变电装置、功率因数校正设备，等等。如果只从产生和最后的能量使用者角度观察，一般非电学专业的人，他可能永远不会知道，从电站经过无数的设备与发电机直接到负载有什么区别。从电能产生、传递到负载，那些位于电站和负载之间的无数设备和以太的作用相同，是否可以说这些设备是不存在的？这里不考虑输电的损耗，那么大部分接受过初等教育的人，都会使用计算器计算功率和消耗电能之间的关系。但是在计算的公式中无论如何也找不到电线载体、断路器等相关设备的位置。虽然从负载角度观察和光一样不需要中间未知环节传导介质的介入，但是却忽略了极为重要的细节，即载体在能量传递过程中不起作用，我们从能量的最终环节也无法检测中间环节载体的存在。

言归正传，大米的容器、塑料袋和电力设备，都是从能量传递的最终角度观察和以太一样不但不起作用，反而还会造成很多麻烦。似乎这些实际的物品并不符合物理学所认为"不应无必要地增加实体"的做法，而且这些增加的物品从最终角度观察，载体不但没用还会因这些物品的处理问题带来使用后处理的困扰。如果不考虑电磁波传播的过程和影响，并且统一现有的和未知的事物，那么假想的以太或真实的时空中电磁波传输的介质也毫无存在的必要。生活中很多事物和设备，若只观察产生和结果，不考虑中间的过程，都没有存在的必要。人们也很难意识到这些中间过程和环节的存在，并且很多不了解的人也会认定这些中间过程和环节没有存在的必要。

载体是极为特殊的事物，特殊在载体一旦完成承载，就不再具有用途。承载的过程中载体并不消耗承载的物品或能量。这似乎和假设的以太具有同样的作用。上述这些载体与以太不同的是，到目前为止检测不到以太。但是现在普遍承认真空中存在着已经发现的多种事物的事实。同样，也无法知晓大米经过了多少运输工具和盛装容器，电能使用者也不知道经过多少输电塔和电缆。容器和电缆等所有的载体在终端都无法检测到。

这些容器和承载物，最终都会被抛弃，就像抛弃以太观念一样。承载物和以太被抛弃的原因，是否具有相同的特点呢！不同的是生活中的承载物是可见的实物。目前电磁波的介质未被有效实验检测到，所以要从载体和被承载物发展过程的中间环节着手，才能体现载体的真正意义和本质，而不能从最终环节去研究载体的意义。处理公式就是简化公式，去除不起作用的参数项。

载体却是很重要的概念。这引出很多人关心的问题，电磁波的载体是什么？电磁波可以在宇宙真空的时空中传播，有待验证的宇宙的时空是电磁波的载体。这样会面对更多的问题需要寻找。时空中光子（电磁波）如何产生和消灭，在时空中又如何传递？现在以太的概念以及存在与否已经不重要，重要的是宇宙时空是存在的事实。同时时空中一定存在未被现在了解的事物，也是事实。电磁波如何在时空中传播，并且是怎样的传递过程，如何才能知道这些被隐藏的细节才是下一步研究的关键问题。

时空是一切物质和能量的载体，物质在时空中演变，电磁波在时空中传播。提出时空的概念不只是要解决光的传播。光到底怎样在真空中传播以及对能量本质的理解，还包括其他已知和未知的事物，自19世纪以来就有一场从未停止过的争论。但是现在对宇宙的理解却越来越违背以太的理念，有些科学家喜欢把宇宙中无法理解的事物拓展到其他维度中，这便诞生了超时空的理论。也属于"不应无必要地增加实体"。维度的增加使得越来越多的事物变得更加不可解释和验证。超时空的研究也在更深入发展中，其思想概念在计算机图形方面常常有较多的应用。所有的未知现象，是因为对其本质不了解，一旦知道其本质，也将找到它神秘原因的答案，将这些现象机制合理应用，为人类文明的发展做出重要的贡献。

笔者不支持超过四维的更高维度的时空理论。原因很简单，超时空的理论不可实验，更重要的是无法用简单的语言传递宇宙运行的原理，而多数人希望能了解宇宙运行的奥秘。这很像走路到岔路口，虽然有几条路，但还是有可以选择的余地。多维时空理论，相当于岔路不是二维平面的路，而是通向不同方向的立体管道，并且不知道路在何方。这更像是到达一座峭壁，有人拿出激光手电，希望别人能沿着光束向上爬！虽然不是不可行，但这种解决方案让普通人很难理解和做出选择，更重要的是远超现有科技的能力。超时空理论在实验室中很难被实验所证明，甚至无从着手，即使是三维空间中的事物也有很多的未解之谜，物理学家也意识到超时空理论证明的极为困难之处。

历史上对宇宙每一样新物理本质的认识都是充满着曲折和艰难的过程。艰难在于前人的理论或多或少看到一些正确的现象。如果不站在更高和更远的角度，就没有提出新事物的必要。这很像是稳定的生活和冒险的生活。前人的稳定生活思想在脑中根深蒂固，对于每个人来说放弃这样的理念去接受新的概念才是最艰难的。正如某位物理学家所说：物理的理论不是在新理论中寻求发展，而是在旧理论灭亡时发展。如果不需要天文和宇宙学以及正在紧锣密鼓进行中的深空探索活动，那么古代的天圆地方和地心说的理论又何尝不可呢！如果不扩展到天文和宇宙学,夜空完全可以当作一幅画卷,一块宇宙的显示屏!

当今的标准模型包含一项宇宙学常数,是用来描述宇宙恒定影响的常量。宇宙常数在物理上的意义等价于真空的事物。无论如何当今研究和标准模型中的定义,都意味着宇宙真空的时空存在着某种迫切需要知道的事物。真空如果除去已知的基本粒子,那么真空就是宇宙的时空。认识宇宙和推进文明进程就需要物理模型包含时空的特性。

通过上面各种时空观和对时空中事物的认识,到这里你可能会想:时空的概念和本质如此抽象,时空到底是什么?简单地说,将宇宙看作特殊容器,或者想象成装着特殊"东西"的瓶子,那么容器或瓶子内部的"东西"就是时空。宇宙中的所有物质在这个特殊的容器内演变。下面章节将详细阐述时空的构成和时空的性质,及其常见、特殊和未解的现象。

1.10 总结

本章回顾了人类对于时空的认识过程,如果你不曾了解物理的发展,现在至少知道了一些新的名词和对宇宙本质认识过程中的曲折道路。认为以太不存在理论最主要的支持者是爱因斯坦,关于真空中是否存在以太的争论从提出以来就没有停止过,现在也没有停止。但是爱因斯坦并没有明确否定真空中完全不存在任何未知的东西。现在物理学的发现也在逐步对真空的各种性质进行肯定,这便是时空本身。爱因斯坦对以太否定的态度,使得很多物理学家否定电磁波介质理论,这也是众多物理学模型的拓展者均不再使用"以太"这个词汇的原因。众多实例表明,载体和被承载物是现实中存在的事实。物理和生活中载体最终被销毁的处理方法也相同。此外,爱因斯坦给出太多正确的理论,使得现在不得不放弃电磁波载体和传播介质的理念,导致近代物理学引入了众多新词汇来继承以太的功能,如:真空场、真空能、负能量海、希格斯场等,以避开伟人所反对的词汇。

已有物理学的各种理论不但不是走向合并,而是各种模型在自己独立的立场下越走越远,走向统一的反面。最重要的是每个理论都多多少少避开了时空这个棘手事物的本质。每个理论的支持者都有着正确和不足之处,感兴趣的读者可以查看相关资料。这些复杂的模型见证了人类思维已经到达前所未有的高度。在复杂理论及科研设备的支持下,限制当前探索宇宙运行机制脚步的并不是当前的思维抽象能力和复杂程度，而是一个更合理更加简捷的模型。用简单的几句话便可传递宇宙的运行原理，同时开拓新的实验方向，这样才可以将知识更快捷地传递、更有效地探索。可以肯定现在对宇宙这部特殊机器的认知还在不断深入，其过程体现人类文明正向前发展。

当你看到上面的理论，可以感觉到物理学对于时空和物质的认识似乎处于混乱的局面。上述仅仅是当今物理学的一部分理论。本书描述的模型抛弃了其他理论中难以实验和难以理解的多维度，唯一引入的概念就是时空。准确地说，时空是所有关于真空各种词汇的统一。总之，物理学家都期望找到宇宙的万能公式，能够囊括一切的理论。

下面章节是新理论模型的开始，当然新模型也是踏着前人的足迹。这个理论从简单的事实开始，即宇宙的本质起源于一个极简单的单元。像 DNA 一样，由 4 个基本的碱基构成，其复杂的组合体现出多样的生物。宇宙也应该如此。当前物理理论可以说较混乱，都试图统一，但是每个理论都有自己无法解决的问题。物理学对真空的争论从来就没有停止过，争论意味着目前对真空的时空观点不统一，说明当前还没有了解时空的本质，这也是当前所有理论中薄弱的环节。当对时空不再有争论的时候，就是对宇宙时空的本质认识的新起点。

现在可以启动大脑机器去思考，如果真空中真是完全空虚，那么时空的三维将如何体现？宇宙的膨胀是时空的膨胀，是各个方向距离上的膨胀，时空如何运作产生各种现象？这就是当今模型出现的无法应对的问题，时空到底是否具有其他的属性？如果宇宙有边界，那么宇宙边界内外的区别则是虚无和时空。如果时空完全空无，那么无法谈及宇宙膨胀和宇宙加速膨胀的本质原因。所以时空一定是身处我们当中，离我们最近，且最不了解的事物。

人类不仅在地球上建造起无数的观测站，还将各类型观测站搬上太空。这些观测站在聆听着微波波段，凝视着可见光波段以及高能粒子事件，期望发现一丝一毫的能解释当今物理学谜团的现象。我们在期待着、等待着……

时空和质能方程是本书提出新模型的出发点，并以全新的视角和模型解说。本书从实际的现象和简单的理论出发，正如爱因斯坦所说，复杂现象其机制一定是简单的。本书模型是集各模型优点提出的，是各个模型之间一块缺失的最重要拼图，也是认识时空本质模型踏出的重要一步。随着对时空认识的不断深入，很多谜团将从原理上迎刃而解。

第二章
时空、物质和能量

　　前一章回顾了人类知识文明的发展对宇宙本质以及真空认识的过程和相关理论。时空是物质的载体，物质可以将能量释放到时空中并在时空中消失，那么物质和时空到底存在着怎样的关系呢？时空是否像常规物质一样有构成时空的粒子呢？这一章将分析已知的现象和当今物理学研究中被忽略的重要细节之间的联系。综合这些现象和细节，就可以合理怀疑，是对物理学中众所周知的常识进行怀疑，而且怀疑的对象是爱因斯坦的质能方程对能量和质量的解释。质能方程的原理展示了物质中蕴含的巨大能量，但是是否有可能存在对质能方程的另外理解呢？原子能转换总是存在着那么一点点极少的误差，这点误差的能量或质量去了哪里？暗物质和暗能量是什么，和质能方程又有怎样的关系？

　　在这一章里将通过简单的方程式给出确切解答。本章是本书最重要的部分，同时提出质量粒子（时空量子）的实体粒子这一概念。什么是质量粒子，质量粒子和时空又有什么关系？物质可以通过释放能量的现象后消失，但是质量真的消失了么？一切问题归根到底还是物质和能量本质之间的关系问题，相信很多人都想知道问题的答案。本章阐述当今物理标准模型中更合理的模型以及对其更为合理的解释。同时本章中一系列的问题都将通过合理怀疑得到结果，并给出合理的答案。

2.1 当今对物质、质量和能量的认识

要了解本书中对能量和物质的新看法，先要回顾当今物理学对能量和物质的观点及认识。物质的含义远不止物理学中对物质定义的范围。本书中物质所包含的范围要小得多，是指由基本粒子构成的实体物质。现在物理学发现真空中存在场，是否意味真空也是某种特殊的物质呢？下面将逐步揭示真空的性质，本书暂不对基本场进行探讨。

物质在物理学中的定义比较广，包括：所有原子构成的事物、电磁波、场等，也包括未被了解的暗物质等。其中有些物质在物理学中具有质量，如：所有原子构成的事物、暗物质等。有些物质在当前物理学中却不具有质量，如：场、光子等。质量在物理学中指的是物质多少的度量，从物理学中对物质的定义可知，场、静止的光子等也是物质，却无法用质量来衡量。

本章所指的物质是具有质量可以满足质能方程变换的物质，如：由原子构成的物质，和构成原子的亚原子粒子。那么物质是由什么构成？从质能方程以及原子弹爆炸现象分析得出的结论是：物质中包含有大量的能量。中学物理学习过构成物质的基本粒子有分子、原子等，其中原子由原子核和围绕原子核外"旋转"的电子构成，这表明原子依然由更小的粒子构成。构成原子的粒子叫做亚原子粒子。如果将原子放大看更像是一个微缩的太阳系，太阳是原子的原子核，行星相当于围绕原子核运动的电子。太阳和围绕太阳的行星不但公转，同时也在自转，正是行星的自转产生白天和黑夜。旋转似乎是宇宙所有事物具有的特征，那么微观世界是否也具有这样的特征。电子围绕原子核"旋转"是没有争议的事实，实际上电子也是在自旋的粒子。自旋是亚原子粒子普遍的特性，地球自转一周是一天，速度恒定不变。亚原子粒子也具有自转速度恒定的特性，如果构成亚原子的所有粒子的自转或自旋同时消失了，那么这个粒子就可能不存在了。

爱因斯坦在1905年建立了一个新理论，亚原子粒子就是能量，没有质量这样的东西。根据量子物理的看法，构成世界的是无处不在活跃的能量，它从一种形式转换到另一种形式。爱因斯坦发表质能方程的理论后，美国在第二次世界大战期间研制成功了原子弹，让整个世界都见证了释放物质中蕴含的巨大能量所体现的威力。说物质蕴含能量可能是不确切的说法，或者准确地说物质是

宇宙中存储的能量。但是释放能量让物质消失是十分艰难的事情，因为绝大多数物质的原子十分稳定，数百亿年也不发生变化。宇宙中源源不断稳定释放原子中能量的场所主要为恒星，恒星向外释放巨大的电磁能量，使恒星自身质量不断减少。

在亚原子物理领域里，质量和能量存在相互的转换关系。如今粒子物理学家非常熟悉或者极其了解质量转变为能量和能量变为质量的现象，能够用能量单位来测定一些粒子，确切地说是量子的质量。在爱因斯坦的相对论中，质量即是能量，能量即是质量。也许你是资深的粒子物理学家，非常精通相对论。质量和能量的互换现象已经被无数次的验证，所以并不会对质量和能量互换的过程有任何疑问。但是当今对质量和能量转换的过程却知之甚少。构成物质的亚原子粒子永不停息地像陀螺一样旋转，同时也绕着一定的轴旋转。与现实中陀螺不同的是，构成物质的基本粒子在没有外部干预的前提下总是以恒定速度旋转。如果基本粒子停止旋转，表明它即刻将被销毁。陀螺可以反转也可以正转，基本粒子也有相似或相同的反旋和正旋，而且旋转的速度非常快。到底是什么构成了亚原子？至今仍然是未解之谜。构成这些亚原子的最小粒子将在后续进行详细探讨。旋转的物体会用转速来描述，再精确些可以用旋转的角动量计算。自旋物体角动量的大小与物体大小、质量和旋转速度存在一定的关系。这3个属性中任何一个增大，角动量都会随之增大。构成原子的亚原子粒子，这些基本的微粒都有固定明确和已知的角动量。那么基本粒子是否真的有实际的东西在旋转？很多物理学家认为没有，到底有没有东西在旋转，只能继续深入研究探索才能揭示粒子的更多奥秘。

需要不断用加速器去敲开基本粒子，才能分析其内部是什么样子或由什么更小的粒子构成。可以确定的是，自旋的粒子中蕴含和束缚着巨大的能量，到底是什么在旋转才能将能量束缚，可能实际情况要复杂得多。这需要粒子物理学家继续探索和提出新物理模型。

2.2 引力质量和惯性质量

谈到物质就不能不谈及质量，说到质量可能立即会想到称量物品的质量。这里说的物质质量要比市场商品的质量有更多和更重要的意义。质量是物质的一个属性，因此质量不是物质。质量在物理学中分为引力质量和惯性质量。

谈及引力质量，就不能不说引力。印象中最深刻的例子是苹果掉落到牛顿头上引出的结论。苹果熟透时脱离树枝后会逐渐加速落到地上，这是因为地球存在引力。引力是两个有质量的物体间产生相互吸引的力，任何两个有质量的物体都会产生这样的力，并呈现出随距离平方成反比减少的关系。有质量的物体其周围产生的这个现象叫做引力场。在引力场中的物体会被施加一个相互靠近的力。要产生引力就需要有一定质量的物质。引力的大小随着质量的增加而增大。物体在另一个物体周围体现出的力叫做引力。物体含有物质的多少决定了引力场的大小，物质的多少也决定了在引力场中受力的大小。物质决定引力场大小的性质，称为引力质量。

一百多年前国际上为标定标准质量定义了标准千克原器。标准规定一个高度和直径都为 39.17 mm 的铂铱合金的质量为 1 kg。这个世界的标准砝码被一直锁在保险柜中，世界各地使用同样的复制品，每隔 40 年进行一次比对，以确定世界上的质量都是同样的基准。由于一些原因，这样的基准却被发现存在几十微克的误差，这也是实物的质量基准存在的缺陷。为了解决这样的问题，物理学中许多的基本单位均使用常数去定义，而千克却是最后一个使用非常数的物理基本单位。现在标准单位（kg）使用普朗克常数来进行重新定义。这里依然使用 1 kg 的铂铱合金在某点能产生的加速度大小。用其他的物质替代这个 1 kg 的铂铱合金，测量替代这个 1 kg 的铂铱合金所产生的加速度。测量质量与加速度之比获得的比例系数是一个固定的数值，这个系数为引力常量，标记为 G，数值为 $6.67 \times 10^{-11}\,\text{N}\cdot\text{m}^2/\text{kg}^2$。这个数值表示时空中一个物体施加在另一个物体上的作用力的大小。现在使用扭秤来测量这个数值。可以看到引力常量是一个非常小的数值。虽然引力场的相互作用很微弱，但是引力在宇宙的时空中无处不在。引力是施加在具有质量的物体上的力，平常会使用更简便的方法，即用天平来测量物体所具有的质量。

惯性是物体为抵抗外力而改变原有运动状态所表现出的一种性质。惯性是有质量物体的一种固有属性。引力是同时作用于两个物体之间相互吸引的力。但是也可以向物体人为施加力，将一个固定的外力作用在物体上，物体在外力作用下会产生一定的加速度并改变物体原有的运动状态而做加速运动。用惯性的性质测得的物质的质量则为惯性质量。根据牛顿的第二运动学定律，物体在受到一个固定不变的外力作用时，物体的质量与加速度成反比。所以只要测定作用力的大小和物体的加速度，即可得到物体的惯性质量。

惯性质量和引力质量是否存在一些关系呢？测量物体的引力质量越大，其惯性质量也越大。两种测量方法下测得的物体质量越大，要改变它的运动状态就越困难。科学家精密的实验证明，任何物质的惯性质量和它本身的引力质量存在极其严格的正比关系，只要选择合适的单位，就可以使引力质量的数值等于惯性质量的数值。现在很多情况也是这样处理的，用天平测得物体的引力质量，那么也就知道了物体的惯性质量。

引力质量和惯性质量的测量方法不同，将未知质量的物质和已知质量的物质在引力作用下分别测量受力，比较所测得的数值，就能测出未知物质的质量。这种方法用于天文学，比较可见物质在银河系中的数量和运动状态，得出有一种神秘看不见的物质存在，暗物质就是基于这种原理被发现的。爱因斯坦的广义相对论指出，物体的惯性质量和引力性质产生于同一来源。惯性质量和引力质量在牛顿时代的精确度为 10^{-3}，现在的精确度为 10^{-12}，且验证得出 $m_{引}/m_{惯}=$ 常数。目前科学界普遍认为惯性和引力性质是物体的两种不同属性，惯性和引力性质是同一物质不同测定条件下关联性质的表现，惯性和引力性质来源于物质的同一本质。

惯性质量和引力质量都是物体在时空中的性质体现。从时空的角度出发，物质的质量起源于物质在时空中的性质。如果按照当今其他理论将质量的机制引入到其他维度，那么这样的机制将很难认识并进行物质和质量相关性质的后续研究。现在除了三维的空间，还没有探索和操作其他维度的理论与可行性实验。所以从时空的角度去寻找物质质量的根源和机制是最可行有效的方法。这将使质量和物质本质根源的实验可行性大为提高。三维中关于物质和质量的性质和起因机制有待新理论来突破与完善，这是物理学迫切需要解决的问题之一。

细心的读者可能会发现在惯性质量和引力质量的描述中，有的地方用"物质"，有的地方用"物体"，说明具有质量的物质并不都会具有实际存在的物体形式。暗物质虽然是具有实际质量的物质，但却无法用惯性质量的方法测量，只可以通过引力间接计算暗物质的存在。所以物体一定具有惯性质量和引力质量双重性质。在现有理论中体现出引力质量的物质不一定都能在其上施加作用力而直接表现出惯性质量。

2.3 反物质

第一次听说反物质这个词能使人激发出无限的想象力，也会提出疑问到底什么是反物质？早在 1898 年，一位英国物理学家提出：存在与物质一样，有一个镜像对应的反向物质。受当时科学水平和实验条件的限制，反物质概念没有一点事实依据，所以在那个时代反物质的概念没有实际的意义。1928 年，英国物理学家狄拉克预言，每一种粒子都应该有一个与之相对的反粒子，因此把反物质的概念归功于狄拉克。狄拉克根据负能量海得到启发，1931 年提出如果空穴存在的话，就是一种实验物理还不知道的新粒子，它与电子的质量相同并且所带的电荷相反，并将这样的粒子称作反电子（正电子）。狄拉克经过几年思考之后，大胆的假设质子应该也存在类似的双面性质，即可能存在带负电荷的质子。正负电荷之间有种完美的对称性，如果自然界是对称的，那么任何一种粒子的电荷都可能反过来，这意味着带正电荷的正电子和带负电荷的反质子存在。正粒子和反粒子一旦相遇就相互抵消。狄拉克注意到，在相对论方程和量子电动力学的方程中，质量都是成平方出现的，也就是说 $m^2=(m)(m)=(-m)(-m)$，那么负的质量是什么意思呢？于是反物质被狄拉克轻松地从理论上推导出来。1933 年 12 月 12 日，狄拉克因此获得诺贝尔物理学奖。由此看来，诺贝尔奖有时候是如此简单，只是都视而不见或胆量不够。狄拉克为此也曾一度被众多科学家们讥讽为疯子。

1932 年，第一个用实验观测到反物质的是卡尔·大卫·安德森（Carl David Anderson）。他使用的装置是云室，即一个密闭的瓶子一侧安装有活塞，瓶内充入含有甲醇或者酒精等物质，拉出活塞，云室内的气体膨胀并冷却形成过饱和状态。这个过饱和状态的时间很短，不到四分之一秒，任何穿过云室的粒子会留下一条轨迹，就像是巡航飞机在万米高空留下的一条轨迹。喷气式发动机排出的气体含有大量水蒸气，在高空低温下水蒸气凝结，发动机排出的尾气使高空中过冷的水蒸气受到扰动凝结形成云，这个现象常叫做飞机拉线。云室的情况和飞机在空中拉出一条白线的情况非常相似。早期的物理学家会在云室外施加磁场，带电的粒子在磁场中的运动会发生偏转。根据偏转方向可以观测到进入云室的带电粒子是正电荷还是负电荷。安德森从云室中观测到几条微弱的具有电子特征的轨迹其方向与电子的方向相反。安德森发现这更像电子而非质子这样大质量粒子留下的轨迹，另一种可能是，这些轨迹是某种未知带正电荷粒子留下的类电子的粒子。安德森去欧洲旅行演讲交流看法，欧洲的科学家认为是电子轨迹。这样的预测与狄拉克的预言相同，后续的几年这种粒子被确认为正电子。

如今科学技术的发展使得探测器实现了电子化，出现了丝室、锗探测器、穿越辐射探测器以及其他半导体探测器等。半导体探测器的出现使得探测器的灵敏度和速度大幅度提高，探测器和测量仪器综合应用了电学、信息科学以及众多学科，感兴趣的读者可以查阅相关探测器或传感器的具体工作原理。粒子探测器的电子化和数字化可以灵敏、高速地测量粒子的轨迹，并捕捉这些粒子在磁场中的行为。测量仪器采集粒子行为产生的大量信息数据被存储在服务器，人们可以根据数据进行后期实验现场的重建，通过分析得出实验结果。

反物质看起来是什么样子，这可能是人们更关心的问题。反物质能被肉眼直接看见吗？如今最强大的加速器所制造的反物质还不能直接去观看。反物质只能放在真空中的容器中被磁场束缚在容器的中央，一旦和构成容器的正物质接触，就要发生湮灭现象。如果有足够多的反物质则可以进行肉眼观测，不过不会与元素周期表中正物质构成的物质看起来有多大的差异。肉眼观测不会脱离可见光谱范围，更不会像科幻电影中液态金属或者某种有思想的物质那样奇异。

自然界缤纷多彩的宏观物体放大到微观领域都由原子构成。原子由原子核和电子构成，原子核又由中子和质子构成。这些粒子被称为基本粒子，基本粒子是构造出世上万物的基本单位。但事实上基本粒子世界远没有这么简单，质子和中子仍然由更小的亚原子粒子夸克构成。在可见的世界中原子核带有正电荷，电子带有负电荷，电子围绕着原子核运动。当今反物质对我们来说依然是很陌生的一种物质形态，反物质原子核的质子带有负电荷，围绕原子核运动的电子带有正电荷。因此反原子构成的物质与我们周围的物质正好相反。到目前为止，已经发现了300多种基本粒子，这些基本粒子都是正反成对的存在。可以说任何粒子都可能存在与其对应的反粒子，对应元素周期表中的每个元素。这些基本元素是由原子构成，和正物质对应的反物质原子，构成原子的质子、中子和电子都存在与其对应的反质子、反中子和反电子（正电子），而构成质子和中子的夸克，同样存在对应的反夸克。图2-1为氢和反氢示意图。

图 2-1　氢和反氢示意图

粒子的研究和发现基本都离不开粒子加速器。有时候为了证明物理学家的想法，往往需要借助各行各业的工程人员和高校的力量，粒子加速器的设计和制造基本包含了所有的科学领域，如：基础建筑施工、材料科学、自动控制、传感器技术、网络信息处理等。加速器是人类智慧和科技的结晶，是伟大的实验设备。

可见的宇宙都由正物质构成，假设构成世界正物质内部的亚原子粒子都是正旋，那么构成反物质的亚原子粒子则可以理解为反旋，反旋的亚原子粒子构成的物质是反物质。基本粒子就像各种旋转的陀螺，正转的陀螺构成正物质的粒子。当然陀螺也可以反转，反转的陀螺则构成反物质的粒子。正转和反转只是为了方便理解而列举的更形象的比喻，实际上基本粒子会由更复杂的机制构成。在粒子物理学里，反物质是反基本粒子概念的延伸，反物质和物质是相对立的物质体现形式。粒子实验已证实，正反粒子的强作用和电磁作用性质完全一样。反质子和反中子也能结合成带负电荷的反原子核，反原子核和正电子结合在一起能组成反物质原子。正物质世界有多少种原子，理论上也相应存在有多少种反原子，而且它们在构成结构上完全没有区别。从宏观来讲，如果存在大量反原子则可以构成反物质的星系。

现在已知的能探测到的宇宙区域，反物质是极其稀有的事物，是否存在这样的反物质星系，至今仍然是个谜。

 2.4　湮灭

物质分为正物质和反物质，这里所说的物质不包括暗物质。两种物质一旦

相遇，所携带的能量就会完全释放出来，同时两种物质在时空中消失，这种现象叫做湮灭。湮灭是一种极其特殊的现象，当正物质和反物质相遇，物质中所包含的能量基本上完全转换为高能伽马射线光子。光子携带了几乎全部的正物质和反物质（按照质能方程计算得出）的能量。湮灭会有极少的能量未转换为光子，在一定条件下这部分损失的能量呈现出一定的规律，后续将分析损失的这部分能量。

正物质和反物质的湮灭很像高压直流电的正极和负极。正负电极不能靠近或连接在一起，一旦靠近或连接在一起，就会激烈的释放强大的能量和耀眼的电弧光芒。虽然这样比喻不是很恰当，因为电流是电子流动产生的能量，但可以帮助我们更好地理解正物质和反物质相遇时发生的现象。或者将正物质和反物质相遇比喻成两辆相向而行的车，相遇导致瞬间释放大量能量而使两车相互毁灭。正物质和反物质相遇可以理解为物质中基本粒子的自旋相互抵消。但正物质和反物质中基本粒子所携带的能量却无法抵消，能量在正反物质相遇过程中被急剧地释放。正物质和反物质相遇抵消的过程是十分壮观的现象，正反物质湮灭过程中的能量以高能光子形式释放。

我们身边的物质是由原子构成，原子由更小、数量更多的亚原子粒子构成，这些基本粒子都像陀螺一样高速自旋，除自旋方向不同外，连接自旋粒子的胶子也不同。这是构成正物质和反物质原子中亚原子粒子的区别，亚原子体现的核力、场等这里暂不分析。一旦正物质和反物质接触就会发生正反物质亚原子粒子的旋相互抵消。陀螺需要大量的能量才能使其转动，陀螺转速越快，所具有的能量就越多。基本的亚原子粒子则是在狭小时空中以光速或接近光速传递能量构成的旋。或许你会疑问为什么亚原子粒子不是在狭小"空间"内高速自旋？因为空间只包含长、宽、高3个维度，粒子是运动状态，是变化的过程，这样的过程体现则是时间。有些亚原子粒子很特殊，只有大小却不具有体积。空间和时间构成时空，单独的空间无法表现粒子变化的过程，所以更恰当的说法是粒子必须在时空中演变存在而不是在空间。

我们可以用正转和反转的陀螺相互抵消其旋转。在抵消对方的过程中发生激烈摩擦释放出各自旋转携带的能量。那么如何阻挡住亚原子粒子的自旋呢？我们可以用手指按住阻止它旋转。而构成物质的亚原子粒子极其微小，小到粒子会钻进构成手指原子的时空中或者电子和原子核之间的时空中。太阳核心的

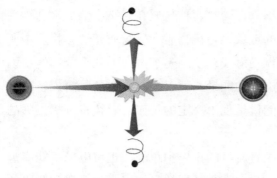

图 2-2 正负电子相遇湮灭产生一对纠缠的伽马射线光子

核聚变反应会释放大量的中微子，这些中微子会毫无阻碍地穿越整个地球。这些粒子虽然小，内部包含的能量却非常大。正物质和反物质相遇时在十分短暂的时间内剧烈地释放能量后在时空中消失。正反物质发生湮灭的时间虽然短暂，但仍然存在一个过程。

正负电子对撞始终是粒子物理热门的实验。正电子和负电子相遇会湮灭生成两个相互纠缠的伽马射线光子（图 2-2）。

湮灭过程按照质量的多少（根据质能方程）释放出巨大的能量。释放的能量基本全部以高能光子（伽马射线）形式释放，然后物质在时空中体现出的质量"消失"在时空中，这样的解释和当前物理解释并没有什么不同。质量是物质的一个属性，物质湮灭时在时空中体现出物质"消失"，而质量是否也随物质同样"消失"，后面会详细讲述。正反物质相遇湮灭转换为能量的示意图如图 2-3 所示。根据正反物质相遇湮灭的现象，物质这里使用符号 M（Matter）来标记，可以得到如下简单的现象方程。

$$M_\text{正}+M_\text{反}=E \quad (2.1)$$

其中：$M_\text{正}$ 是正物质，$M_\text{反}$ 是反物质，E 是能量。正物质和反物质相遇湮灭完全转换为能量的现象是爱因斯坦质能方程最理想的应用，也是经过无数次实验验

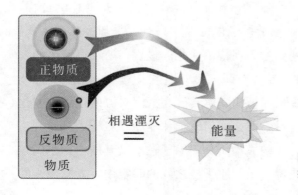

图 2-3 正反物质相遇湮灭转换为电磁形式能量

证的现象。当今已知物理现象中，除了正反物质相遇湮灭现象外，其他任何形式的化学能都没有如此高的转换效率，就连核聚变是恒星的能量源泉，氢元素聚变为氦元素的过程，也仅有很小一部分物质释放能量，绝大部分物质的质量由转换后的氦元素所携带。正物质和反物质相遇湮灭，质量消失转换为能量，是当今物理学对物质质量就是能量的实例。

物质在常温常压条件下具有十分稳定的状态，除了湮灭现象外，让物质释放能量并在时空中"消失"是一件艰难的事情，只有在极端的千万摄氏度以上和超高压环境下，一些常规物质才能发生原子核聚合反应释放能量。反物质如果不和正物质相遇，那么其和常规物质一样十分稳定。物质中蕴含能量的多少不会因物质的稳定性而发生改变。如果正物质与反物质不相遇，那么正物质和等量的反物质仍然具有没有释放掉的能量。物质中蕴含的能量根据能量守恒定律并不会因没有进行原子能反应或者湮灭而不存在。

前面分析了世界的物质由假设正旋的粒子构成，反物质由假设旋转方向相反的粒子构成。假设并不是因为粒子不存在自旋，而是粒子远不像陀螺自旋那样简单。除了旋转方向不同外，正物质和反物质中的基本粒子都具有实际的质量。所以无论正物质和反物质都是具有质量的实际物质，这里将正物质和反物质统称为物质。上面的方程中正物质和反物质（$M_正+M_反$）统称为物质（$M_{物质}$）（图2-4）。不仅仅是正物质和反物质相遇可以放出能量，正物质通过聚变或裂变依然可以放出物质中蕴含的能量，反物质也可以通过聚变或者衰变释放能量。这样可以根据

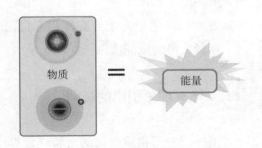

图2-4 当前理论中物质就是能量，按照现象物质和电磁能量等同，只是体现形式不同

正物质和反物质相遇转换为能量的现象得到如下更简化的方程。

$$M_{物质}=E \qquad (2.2)$$

从物质湮灭得到的方程可以得出物质等于能量，这与质能方程以及当今对能量和物质认识的结果一致，"物质"等价于"能量"。

反物质对于科学界的吸引之处在于，和正物质相遇湮灭释放的能量巨大，这种反应除了释放强大的伽马射线外没有任何不利副产物。举个最简单的例子，

要将人类送上火星，使用传统火箭的技术需要化学燃料千吨或者万吨以上，如果使用湮灭释放的能量，仅需要几十毫克。湮灭提供的大量能量使得登上火星的时间大为缩短，可能只需要 6 周或更短。

科学家首次捕获的几十个反氢原子存在的时间约为五分之一秒。这些反物质和物质湮灭所释放的能量不足以让一只 100 W 的灯泡发光二十亿分之一秒。由于反物质的稀少，人们对反物质的性质了解也不够深入。有些人为了增加其神秘性进行了夸大宣传，讹传数千万分之一克的反物质即可摧毁大型设施，以及几克反物质摧毁地球的说法。假如有五千万分之一克反物质与正物质湮灭，在物理学中能够释放约 1.8×10^6 J 能量，将这些能量完全转换为电能也仅能让一台 1 kW 的电器工作半个小时左右，或使 40 L 电热水器中水的温度提高十几度。加热 40 L 热水的总能量仅能烧毁几个小型的电器设备，更别说用来制造威力巨大的炸弹。制造收集反物质需要到毫克数量以上才有实际的应用价值和意义，瞬间转变为能量相当于数百吨当量的炸弹。一克反物质释放的能量相当于 20 万吨当量原子弹的能量。

负电子和正电子相遇时同样会发生湮灭现象，负电子和正电子会完全消失，消失时刻电子的能量被完全释放。正电子和负电子从消失的地方转换为两个高能量光子，这两个光子会立即相互背向"飞走"。如果大量正物质和反物质相遇，则释放出大量高能伽马射线光子。

2.5 湮灭现象引出的疑问

上一节根据物质湮灭的奇特现象得出一个简单方程。正物质和反物质都是实际的物质，因此可将方程简化为物质等于能量的方程，这与当今对物质和能量的认识一致。也许你可能发现物质等于能量的方程 $M_{物质}=E$ 并没有携带物理单位。物质和能量从等式观察似乎并不相等，现实中的体现形式更完全不同。没有物理单位的方程在实际中不多见，本节仅仅通过现象分析问题所在，在实际物理应用中物质的多少使用千克（kg）进行衡量。

物理化学中使用摩尔（mol）表示物质的多少。摩尔的定义是：$6.022\,14 \times 10^{23}$ 个原子或者分子的物质。这些基本粒子可用另一种方式表示，那就是这些粒子所包含的能量，在高能物理等领域用电子伏（eV）表示。电子伏表示的是一个带电量为 1.6×10^{-19} C（库仑）的电子，在 1 V 电场的作用下加速运动所获得的动能。高能物理和微观领域应用中，能量会与质能方程联系起来。根据质能方程中质量和能量可以互换的关系，也可使用 eV/c^2 来表示质量，这里光速不具有单位，如：$1eV/c^2 = 1.783 \times 10^{-36}$ kg。

能量的物理单位常使用焦耳，焦耳是公式推导得出的单位，是一个复合的国际物理单位，但焦耳不是物理基本单位。例如 1 焦耳的表示方式有：1 J（焦）= 1 N·m（牛·米），1 J（焦）= 1 kg·m²/s²（千克·米$^{-2}$·秒$^{-2}$），1 J（焦）= 1 W·s（瓦·秒）等，当然也可以表示为电子伏（eV）。但是这里精确的公式并不具有太多意义，物质和能量常用千克和焦耳作为单位。

将物理单位标注于所得到的 $M_{物质}=E$ 方程中，这样得到如下包含完整物理单位的方程。含有标准单位的方程看似有些奇怪，实际上这个方程很简单，就是物质和能量等价（图 2-5）。

$$M_{物质}（\text{kg}）=E（\text{J}） \qquad (2.3)$$

方程 $M_{物质}=E$ 是根据正反物质湮灭的现象得出的，或者说只看外表现象总结出的结论。但实际微观是怎样的湮灭和转换过程，从现象的观测似乎不能知晓。这个现象和相对论中物质就是能量的结论一致，即质量和能量等价，也可以说物质和能量等价。假如质量真的等于能量，或者说焦耳等于千克，那么以后别人问你体重的时候，你如果想委婉回答，可以告诉他你有多少焦耳，但事实真的可以这样么？

按照现有物理方法，光速不标注单位，方程 $M_{物质}（\text{kg}）=E（\text{J}）$ 看起来比较奇怪。物质等于能量的方程根本不是在数值相等的条件下建立的。如果使用合理的物理单位，可使 $M_{物质}=E$ 成立，那么方程是否会遗漏什么，或方程中是

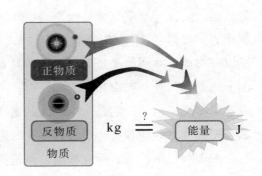

图 2-5　通过湮灭现象得出：物质和能量等价

否存在没有被认知的细节呢？物质和能量被认为是等价的关系，物质具有质量，那么能量具有质量么？物质转换为能量后质量因素去哪里了，或者物质转换为能量后质量因素如何被隐藏？接下来逐步分析这样的问题和细节过程。

正物质和反物质相互的旋转抵消，那么从相互抵消到释放出光子是怎样的详细过程？旋转的飞轮（陀螺）是能量的载体，正反物质湮灭后物质中的载体去了哪里？正物质和反物质从相遇到转换为高能光子，如果能拍到湮灭的慢镜头，也许能观测到更丰富的亚原子粒子转换为光子的细节。但是亚原子粒子太小太快现在的科技还无法做到，只能通过分析大量的现象和资料来推测。湮灭过程能量的释放至少要遵循能量守恒和质能方程。那么接下来将继续分析质能方程和能量守恒所能引出的线索。

2.6 质能方程

质能方程（$E=mc^2$）是物理学史上最重要的方程之一，因为光速 299 792 458 m/s 很大，所以极小的物质质量也蕴含了庞大的能量。爱因斯坦发现的这个奥秘，解释了恒星释放巨大能量的来源。质能方程是人类对宇宙物质本质认识的一个伟大的进步。恒星通过聚变反应将物质中蕴含的能量释放出来，恒星因此可以持续发光发热数十亿年。消耗一定量具有质量的物质可以获得极高的能量。原子弹和氢弹的威力也是质能方程应用的体现。这里只关注物质、质量和能量的相关现象和问题。

一枚载有探测卫星的运载火箭静止在发射台上等待发射，火箭点火后燃料燃烧推进火箭加速远离地球并向太空飞去。火箭的燃料燃烧是推进火箭运动的能量来源。一次火箭发射需要消耗数百吨的化学燃料，如果按照质能方程换算为质量，则仅需要毫克数量级别的物质。火箭燃料的燃烧使化学能转换为火箭的动能。我们可以阻挡对面快速跑过来的人，却无法阻止一辆低速开动的汽车，所以只有速度并不能衡量运动物体所具有的能量。汽车和人以相同的速度在路面上行走和行驶，汽车和人之间还有一个不同的物理量，那就是质量。汽车和人都具有惯性，不同的是汽车和人的惯性质量不同，惯性质量和物质的质量是具有相同含义的物理量。质量和速度的乘积表示物体具有的动量。以同样速度前进的人和汽车，虽然速度相同，但是汽车的质量要远大于人的质量，因此汽车的动量远大于人的动量。物体运动具有的能量叫动能。火箭的发射需要将化学燃料燃烧释放的能量转换为火箭的动能。动能是有方向的矢量，能量却是没有方向的标量，能量可以向动能转换。电池中存储的电能流过电动机（马达），电能被转换为电动机旋转的动能。电动机可以推动电动汽车在公路上行驶，这是最常见的能量转换为动能的例子。

按照牛顿物理学的理论，给物体施加一个固定的力，这个物体将以一定的加速度开始前进。在力的作用下物体的速度逐渐增加，物体的速度将逐渐接近光速。如果不撤销对物体施加的作用力，物体的速度最终将到达光速，然后超越光速。但事实上，用加速器加速粒子，不论多强大的加速器也不能将粒子加速到光速。粒子开始加速的时候速度增加得很快，随着速度越来越接近光速，速度的增加却越来越慢。在对粒子施加力没有改变的条件下，粒子的速度却受到光速界限的限制。那么输入到粒子上的能量去哪里了？加速器中的粒子无法到达和超越光速，这证明了相对论的预言。如果施加在粒子上的力不变，粒子的速度在接近光速时，粒子的速度增加会越来越慢。导致这一现象的答案只有一个，粒子的惯性质量随着速度的增加而增加，接近光速时这种质量增加的现象更加明显。物体的温度是内部粒子随机运动的体现。温度越高，物体内部的粒子运动速度越快，物体会向外辐射电磁波，这个现象叫热辐射。热辐射电磁波的频率随着温度的增加而增加。粒子被加速到高速时具有额外的能量，这些粒子也会向外辐射电磁波。运动粒子辐射电磁波的频率随着粒子速度的增加而增加。加速器中被赋予巨大能量的粒子向外辐射能量和热辐射并无本质差异。粒子在加速器中接近光速时被继续赋予能量加速，粒子体现为质量的增加，也会因向外辐射而损失能量。这里不考虑以辐射形式损失的能量。由此引出一个问题，运动物体的一部分质量是能量，那有没有可能物体全部的质量都是能量呢？静止的物体质量是否也可以全部转换为能量？事实上存在这样的情况，也是 $E=mc^2$ 的诞生原理。大当量原子弹和氢弹仅仅有几克的物质转换为能量，少量物质转换释放巨大的能量而形成爆炸。

正物质和反物质的湮灭以及核聚变现象等，不同于化学反应的前后质量不变，原因是爱因斯坦的质能方程只有一侧有质量参数，而另一侧只有能量。质能方程揭示了质量和能量的关系。用爱因斯坦的话讲："能量拥有质量，质量代表能量。"全世界最著名的物理公式莫过于质量和能量之间关系的公式。

2.7 质能转换误差

原子能是指原子核发生变化时释放的能量。人类已经掌握可控核裂变的技术，如今核电站使用原子核裂变释放的能量进行发电。核聚变是恒星释放能量的方式，科学家也在向可控核聚变的方向努力。无论聚变还是裂变都是原子核发生变化时释放的能量。原子核释放能量后质量减少，按照质能方程的关系释放质量减少部分的能量。$E=mc^2$ 这一等式关系实际情况是否真是如此？为此科学家对质能方程进行了很多的验证实验。如今任何理论和物理公式都要经过严密的科学验证才能成为正确的理论。质能方程是对还是错，这是很难回答的问题。$E=mc^2$ 既然是等式，就要经得起实验反复的验证，等式前后要符合严格相等的关系。但是众多验证实验表明，质能方程左右两侧都或多或少存在着一些细微的误差，也有科学家叫做"质量亏损"。最关键的是不同的实验验证方法所测得的质量误差或者质量亏损数值并不一样，这是巧合还是规律？

最近一个 11 人的国际研究组织，测得的实验结果证明 $E=mc^2$ 的误差为 0.000 04%，也就是千万分之四的误差。检验工作由两个研究小组合作完成。第一个小组来自法国格勒诺布尔的劳厄－朗日凡国际研究院（ILL），它的任务是测量由硅 29 原子（比普通的硅 28 原子多一个中子）衰变而释放出的 γ 射线，从而获取左侧能量的数据。另一个小组美国麻省理工学院（MIT）的研究人员测量同一过程中硅原子的质量 "m"。两国研究人员可以无须考虑实验样本是否一致。验证进入最后一个步骤：比较实验数据。结果发现爱因斯坦公式完全正确，等号两边的前 7 位数字一致。这个实验之前的误差大约为 0.4%。

科学界以及现有物理模型对原子释放能量后的这个微小误差并没有做出合理的解释。因为现在并不清楚物质原子在转换为能量的过程中发生了怎样的详细过程，也没有质量因素转换为能量瞬间过程的模型。不论误差的大小，根据能量守恒定律可以得出，反应前后应当严格守恒，不应该出现能量存在细微减少的现象，如果是误差所致，则应有增有减，而不应该总是在释放能量侧出现减少。质能转换前后存在这种误差意味着质能转换过程中，存在着不为现在所了解的现象和过程，携带着物质转换为能量后极少的那部分能量。细微的误差也意味着质能方程的正确性，仅仅是对误差的能量去处不了解。质能转换误差在各种测量方式下的数值也不相同。这部分能量又是如此得少,以至于没有引起足够的重视并去深入研究。这点微不足道的质量误差无法用当今物理学理论解答,现在的物理学似乎走到了末端仅有一扇门的巷子,等待打开这扇神秘的大门去看清内部奥秘。而质能转换误差可能就是打开这扇神秘大门的钥匙。

对比原子能释放能量的前后数据发现,与理论值总是存在一定的细微误差,这不足为奇的百分之几到千万分之几的能量误差,给当今的物理学带来了一个巨大的疑问,却没能引起科学家足够的重视。到底是什么现象携带着那部分细微的能量?到底这部分能量又去了哪里?这部分能量看似细微,但在恒星等大质量天体进行的聚变反应释放的总能量中,这部分细微误差数值将不再是一个小数字,宇宙中所有恒星质能转换误差数值的总和将是一个十分庞大的数字。在宇宙中质能转换误差将不再细微,现有研究发现宇宙由暗能量、暗物质和可见物质构成,却不包含这部分庞大的质能转换误差数值。质能转换误差是宇宙对标准模型中存在不足的证明,以及在宇宙构成中的重要性证明。因此揭开质能转换误差神秘的面纱势在必行。

质能方程两边是等式,质能转换误差现象表明存在有未知的、未能被现有仪器检测到的能量或质量体现形式。暂时把这部分损失或误差的能量归为暗能量和暗物质,在后续章节会详细分析。

2.8 质能方程引出的疑问

宏观世界的物质普遍存在静止的状态。例如:一个杯子放在桌子上,如果不去移动,那么这个杯子放上几年几十年,杯子仍然还是杯子,它自己不会改变形状和移动。但是微观世界里,构成杯子的原子,时刻不停地在活跃跳动着。构成杯子的亚原子世界更是一幅繁忙的景象。那些构成原子的亚原子粒子基本以接近或者等于光的速度在运动。或许你不相信微观世界原子的运动。这里有个实例,将一个金块和一个铅块的接触面磨得光亮如镜,使金块和铅块的平整镜面紧密地贴合在一起,金块和铅块之间的贴合面开始会有明显的原子分界面。在宏观世界里观看金块和铅块并没有发生运动。如果放上几十年后,金块和铅块之间是否还会保持明显的分界面呢?几十年后金块的原子由于运动的原因从接触面向铅块中扩散,而铅原子通过接触面向金块中扩散。铅块和金块的接触面相互扩散是微观世界粒子在运动的宏观现象。中学化学书中使用硫酸铜和水作为扩散的例子进行演示。生活中扩散是十分常见的现象。相信大部分人吃过咸鸭蛋，将鸭蛋放入盐水中浸泡几十天，盐分会扩散到鸭蛋中，将蛋壳完整的鲜鸭蛋加工成咸鸭蛋。扩散是证明原子或者分子运动最好的现象。众多的例子也说明物质随时间变化紧密地联系在一起。这些现象都证明粒子在微观世界里不停歇地运动。

质能方程是根据运动物体需要或具有能量原理推导得出的。虽然原子弹证明了物质中具有能量，但是质能方程却不是所有物质的构成方程，也不是包含所有能量形式的方程。现在处于谜团状态的暗物质和暗能量，虽然也是具有质量的物质和推动宇宙演变的能量，但却不能用质能方程来理解暗物质的质量和暗能量的能量。$E=mc^2$ 中的参数 m 是物质的质量，而不是物质。所以质能方程不是物质的构成方程。因为在质能方程中，始终找不到物质在其中是哪一项参数。也许你可能认为质能方程是物质的构成方程，但是下面的分析会让你放弃这样的想法。

质能方程是根据物体动能和能量的关系推导得出的，仅能说明可见物质中蕴含有大量能量。原子弹和氢弹证实了物质中永不停息的运动与粒子中包含着巨大能量之间的关系。原子弹和氢弹以及正反物质湮灭释放能量，符合质量和动能之间的关系，即质能方程。或者说在一定条件下，基本粒子里运动的粒子静止下来，物质中的基本粒子从运动到静止状态过程中释放能量的过程。但是质能方程中没有包含携带动能的粒子参数项，那么什么是可见物质中携带能量的"陀螺"？

爱因斯坦说："能量拥有质量，质量代表能量。"仅从文字上分析，能量也可以不拥有质量，那么能量不拥有质量时是什么？质量也可以不代表能量，那么不代表能量时的质量又是什么？很多人把这句话理解为能量等于质量，质量等于能量，以及物质等于能量等。这似乎是对物质质量和能量关系的误解。或许爱因斯坦说这句话也隐含仍然需要对质量和能量各自独立的本质继续研究之意。质量是物质的一个属性，而物质不仅仅有质量这一属性，还有密度、体积等众多属性。这引出的问题是物质消失是否代表质量消失，或质量消失是否代表物质消失？从暗物质角度分析，其处于"消失"的状态，但又体现着质量。可见物质质量属性转换为能量后，物质其他的属性和质量之间又有什么关系？

所以质能方程仅仅是可见物质质量和能量的外在关系，并不是物质（物质的一切属性）消失转换为能量和其他未知事物的方程。质能方程在核物理领域用来计算单位质量物质所能释放的能量。原子能的应用使得质能方程得到验证，应用在可见物质构成上获得了巨大的成功。

这里先了解一下质能方程的物理单位。在质能方程中能量的单位是焦耳（J），质量的单位是千克（kg），光速在使用中被记作单位1。那么质能方程为

$$E(J) = m(kg)c^2 \qquad (2.4)$$

此方程的表面含义与前面物质湮灭得出的方程并没有什么不同，仅仅是一侧相差了光速数值，仍然是质量等价于能量。这样的结果与正反物质湮灭现象得出的结论及其所引出的疑问不谋而合。似乎可见物质和能量转换之间隐藏着一些重要的细节等待去破解。质能方程和湮灭方程所表示的是日常生活中少见和特殊的现象。

$E=mc^2$ 从方程角度可以理解为左侧能量与右侧质量和光速平方的乘积等价。式中 m 是物质的质量。也许有人会疑问，为什么不能将质能方程解释为能量等于物质乘以光速平方呢？公式和语言同样严谨。但是这样解释物质似乎有些滑稽。如核电站铀原料释放能量而损失的物质质量，却不能将这部分物质的其他属性代入到质能方程中进行计算，例如：比热容、密度和电导等。所以质能方程只能说明可见物质的质量和释放能量的关系，绝对不能说明能量和物质的构成关系。在实际的理解中却常常混淆，这是不妥的。

物理学认为，场具有能量也是物质的一种体现形式。处于电场中的电子，可以不断被赋予能量，在电场中被加速。有些场可以符合质能方程中的能量参数，如电磁场；有些场具有能量，但是无法应用质能方程中的能量参数，如电场、引力场和引力波等。如果将引力场、电场等引入质能方程，那么通过质能方程得出的质量，以何种形式体现？质能方程使用的是可见物质的质量，这里重点为可见物质。在当前物理学中，场、电磁波等也是物质并具有能量，但是这些物质形式在物理学中被定义为0质量的不可见物质，故不适用于质能方程中的参数。物理中物质和能量所包含的范围极广，质能方程仅仅适用可见物质和电磁波形式能量之间的关系。能量和质量有众多体现形式，虽然有些可以通过换算代入质能方程，但有些却不能，只要不是全部，就不能用质能方程去表示全部的物质和能量之间的关系。所以质能方程在理解自然中存在的事物和构

成方面，有相当大的局限性。

根据能量守恒定律，物质未释放能量时同时具有内在的能量和体现出的质量。物质、能量和质量是不同的概念，质量不是物质，而是衡量物质多少的一个属性。但是可见物质的质量消失，意味着可见物质不可见了。质量代表物质的多少，$E=mc^2$ 中 m 是物质的质量，而不是物质。如果将参数 m 视为可见物质的构成，则得到如下方程：

$$m=\frac{E}{c^2} \qquad (2.5)$$

质量如果是物质，那么质量由什么构成？用质能方程去解释，可见物质体现出的质量是能量和光速的组合还是能量除以光速平方？这不是让所有人都能接受的合理解释。重要的是质能方程中没有物质这项参数。根据式（2.5）中 m 即质量可以得到解释：质量由光子形式的能量分配至光速平方数值机制构成。更确切的解释是，光子不失去能量在时空中失去光速"静止"后可体现出质量形成可见物质。如果光子不静止，那么光子就以光速运动。不失去能量的静止"光子"构成的事物是物质体现质量的关键。那么光子由什么构成？

质能方程的出现揭示了可见物质中巨大的能量，质能方程似乎也在一定程度上限制了思维的拓展，限制了对质量和能量本质的深入认识，以及对物质构成的深入研究。

2.9 质能方程和湮灭现象引出物质的构成

核裂变、核聚变以及正反物质的湮灭，都是物质转换为能量的现象。原子能反应中只有少部分物质转换为了能量，但是正反物质相遇湮灭的现象，却是百分之百的质量转换成为能量，与此同时物质在时空中消失。根据湮灭现象得到方程 $M_{物质}=E$，得出可见物质等价于能量的结论，其结论与当今对物质和能量的认识一致。湮灭放出能量的现象和原子能应用中物质可以放出能量的事实已被实验多次验证。

根据质能方程和物质等于能量的结论，E 等于没有释放能量的物质，即 $E=M_{物质}$ 因此可导出如下方程：

$$M_{物质}=mc^2 \qquad (2.6)$$

方程中一侧仅含有参数 $M_{物质}$。$M_{物质}$ 与方程右侧 mc^2 构成的事物等价。物质在方程中的解释为：物质由质量和光速平方数值构成。方程中的物质构成结论违背了当前的物理常识。质量是物质的一个构成因素，质能方程中 m 强调的是物质的质量而不是物质。同样也不能用物质的其他属性，一定要用物质质量的属性。质量是物质在时空中量的体现，方程中质量参数为0，并不能说物质不存在，而是不可见。质量和物质的概念不同是以往研究中所忽略的重要细节。

很多人可能很难理解物质转换为能量这一事实，难点在于物质释放能量后质量到底到哪里去了或者如何消失？质能方程中的能量为光子，但是现有理论中光子的静质量被"假设"为0。需要注意的是，光子的静止质量为0是标准模型中假设的条件。标准物理模型中光子为正负电场的交替传递，而真空中存在场。光子的构成依然是时空或真空的特性，光子的构成需要用真空中场的本质去揭示。标准物理模型中真空中场的机制是未被解决的一大难题。为什么要假设光子的静止质量为0？在生活和工作中，常常会人为地标定或设置一个0的基准点，如：将水库一定的水位设置为0水位，摄氏温度的0℃等。有些设备上的指针形式的仪表，在仪器没有通电工作前，仪表下方的调节旋钮可以将不指示在0刻度的指针调节到0刻度，这个操作也叫调零或归零。有些测量需要设定一个0基准，以直观地测量参数的增量变化。在整个测量的过程中基准的存在并不起任何作用，这也是为什么爱因斯坦假设光子的静止质量为零的原因。假设光子静止质量为零的方法可以有效计算光子具有能量的质量增量，这种做法可能导致标准模型忽略了一个宇宙中主要构成部分的质量来源。标准模型假设的条件可能会导致模型存在缺陷。

物质转换为能量后在现有理论中，将质量因素以置零的方法处理。因为对光子和光子所在的真空的质量因素进行了置零，所以质能变换的实际过程是：物质释放能量，物质质量归零的过程。因为人为地将质量因素用归零的方法处理，所以质量因素始终未被消灭。

观察 $E=mc^2$，mc^2 的含义是质量携带光速平方构成的事物，与方程左端假设静止质量为0的光子可以携带的能量等价。更确切地说是，定量质量可携带光速平方数值体现方程左端 E 形式的能量。

再看极端的情况，$E=mc^2$ 中如果质量参数为0，那么方程左端 E 也为0，得到 $0=0\times c^2$。这是小学所学的0乘任何数都得0的常识。从方程的含义角度去分析却不是这么简单！方程左端为现有模型假设的静止质量为0的光子，光子可以一直存在，但是光子不具有能量的增量，也就不体现出光子。静止的光子还存在，等同零基准的设定原理。光子不具有增量前，静止光子0基准的质量因素一直存在。将光子比喻成赛跑的运动员更合适，如果运动员没有接收到起跑的发令声，那么运动员随时待命。光子就在时空中随时待命准备接受能量起跑的运动员。现实中，假设光子质量为0而实际具有质量的特殊事物体现。接下来看接力运动，这项运动的目标不是运动员，而是传递接力棒。假设质能方程中光子的能量增量是接力棒，则运动员就是光子本身。如果运动员的接力棒不来，也就不会体现传递接力棒的能量传递过程，运动员则一直处于等待接力棒的状态。接力棒是有效传递的事物，即能量。接力运动员则是等价静止质量为0的因素。再看方程右侧$0 \times c^2$，其结果是0，含义却是如果没有质量，那么光速平方的事物就没法被承载，再多的光速平方数值也没有意义。通过方程极端情况得出结论：光速平方依赖质量存在。

上述是假设质能方程的质量为0。现在如果假设方程左侧的能量E为0，那么从方程的角度分析，光速c是固定的数值，从方程右侧解出m也为0与从方程左侧出发得到的结论相同。没有物质的质量因素也就不会体现出光子。这仅仅是用假设光子静止质量为0的模型来解释质能方程，所以对光子静止质量为0的假设从现有方程角度分析并不合理！如果不假设光子静止质量为0，就会出现购物时秤盘没放物品，秤的屏幕即显示一定的质量示数，这种情况估计任何顾客都不会满意！必须要将秤的示数置零，顾客才会认同称量的结果！秤盘与能量传递一样，秤的托盘绝对是增加的无必要事物，但是方程中却可以简化掉，只考虑增量。在实际应用中，秤的托盘却不可缺失，没有秤盘，拿什么承载物品称重？但秤盘的存在我们却始终视而不见。同理，方程中没有质量，使用什么承载能量？

从数学的角度观测方程$E=mc^2$的右侧mc^2，质量和光速平方是乘数和被乘数的关系，二者相辅相成，相互独立，缺少任何一方，都不能体现出最终的结果构成。

综合现有模型和实际生活的例子得出结论，能量传递的过程中，质量是绝对不可缺失的重要事物，但是质量不起作用。

质能方程中每一项参数都是独立存在的事物，3项参数分别是：能量、质量和光速，不能再被化简。能量项为电磁波形式的事物体现，电磁波是最简化的事物。质量也是独立存在，光速亦是如此。等式就是方程两侧等价，左侧由右侧构成，右侧构成体现左侧形式。方程中每一项参数都不能相互抵消。

现在物理学假设光子静止质量为 0 的模型与秤的示数置零具有相同的道理，但是却忽略了质量这个最重要的因素始终存在。购物时可以无视秤盘的存在，而质量是真实存在的事物，如果忽略质量，那么必然会导致模型中存在很多不可解释的事物和疑点。

物质和能量转换中的动能载体粒子

核工业应用验证了可见物质释放的能量符合质能方程的规律。原子是构成物质的粒子，是具有质量的可见物质。基本粒子的单位质量和能量符合动能的关系，其从可见物质状态到释放能量消失的过程中，必定存在某种极小粒子以"动能"构成的物质，与电磁波不同体现形式之间的转换。所以可见物质基本粒子中存在以动能形式承载能量的某种粒子。物质释放能量消失的过程是具有极小质量的粒子所具有的动能转换为光子形式并失去动能在时空中停止的过程。这样的推论才符合根据动能推导得出的质能方程，且与实验结果完全一致。

相信你还记得上一节爱因斯坦的话："能量拥有质量，质量代表能量。"物质和能量之间的界限如何划定，这样的问题不断促使粒子物理学家去探索，他们使用加速器分割粒子，以寻找构成宇宙物质的最小单元。质能方程中质量承载光速平方这一庞大的数值，构成物质的基本粒子在常规条件下坚固稳定。要打开粒子就需要使用比粒子构成更强大的能量，使其进行对撞，这样才有机会撞碎构成基本粒子的亚原子粒子，分析其内部的构成。

既然物质是由粒子构成并且可分，那么完全可以根据实际，分析得出构成宇宙最小单元的粒子，并符合已知的现象。在质能方程一节，我们了解了爱因斯坦得到质能方程的原理。质能方程并不是研究物质构成得出的方程，实际上它是建立有关光和运动理论的一部分，并不包含光和质量的构成。那么物质中携带动能的载体是什么粒子？这个粒子必须具有释放动能后在时空中消失的特性。宇宙中构成物质的最小粒子又是什么？根据质能方程得出质量和能量之间存在转换关系。物质具有质量的特性，因此这个粒子也具有质量的特性。因为物质不可能无限制地被拆分，物质中的质量因素亦是如此，所以质能方程中的

质量 m 是由最小且不可分的具有质量的粒子构成。那么具有质量的最小粒子就是运动能量的载体。质能变换是将质量携带能量因素量化体现基本粒子的过程。构成物质需要有能量和一定数量的具有质量的不可分割的最小粒子。虽然现在还不清楚构成世界的最小粒子是什么，暂时叫做质量粒子。这里用符号 P（Particle）标记，得出如下方程：

$$m = nP_m \tag{2.7}$$

式中：m 是物质的质量，P_m 是单个质量粒子的质量，n 是粒子的个数。方程的含义为：物质的质量是由一定数量的具有质量的粒子构成。

物质到能量的转换从量子力学的角度观察，能量的传递不是连续的过程，因此物质到能量的转换也不是连续的过程。不连续说明物质释放能量并不是从物质直接到能量瞬间就完成了。这个过程虽然很快，但还是有转换的过程，并且物质在释放能量的过程中，存在质量粒子携带的动能到光子形式（电磁波形式）能量变换的过程。变换过程预示质量携带的动能如何逐步转变为光子，这个转换的过程是可以计算的，更确切地说是一个可以量化的过程。物质是由这些携带能量的具有质量的粒子或者叫做质量量子构成，现在的物理学并没有给出物质的最小单元是什么，各个模型也没有实现统一。当今科技制造的粒子加速器还完全没有达到能把物质拆散为最小构成单元粒子的能力，为此，欧洲核子中心也在不断升级对撞机的能量。但是物质湮灭释放能量后并没有释放出多种不同的事物，只释放出光子形式的能量以及极少的未知形式的误差能量。

根据上面得到的物质构成方程 $M_{物质}=mc^2$，可变换得到：

$$M_{物质}=nP_m c^2 \tag{2.8}$$

此方程要比上一节的方程更加细化，其含义为：物质由一定数量具有质量的粒子和光速平方构成。

由于正反物质湮灭体现了物质和能量之间存在相互转换的现象，故方程左侧的物质也等于能量。

$$E=nP_m c^2 \tag{2.9}$$

式（2.9）的含义为：（可见物质转换至）电磁波形式的能量由一定数量具有质量的粒子和光速平方数值构成。根据方程得出光子形式的能量和（可见）物质都是相同的事物的构成，都是由一定数量的具有质量的粒子和光速平方数值构成。

通过上述能量和物质的构成方程可以得出，物质和能量都离不开两个事物，质量粒子和光速数值平方的事物。经过上面研究和论证，质量是构成物质的必要因素，同时质量也是构成电磁波形式能量的必要因素。物质不释放能量具有质量的性质同时也蕴涵能量。物质转换为光子形式的能量体现能量传递的性质却不显现出质量的性质。质量粒子构成的物质和光子形式的能量在时空中体现出不同的性质，并且质量粒子是不可缺少的构成因素。那么光速平方是什么呢？上面分析的方程均不含有物理单位，现在物理学很多应用都将光速的单位记为1，而光速的实际单位是m/s，下面将物质具有质量和能量的特性标示出物理单位，得出如下含有物理单位的完整的方程。

$$M_{物质}(\text{kg} \cdot \text{m}^2/\text{s}^2) = nP_m(\text{kg})c^2(\text{m}^2/\text{s}^2) \quad (2.10)$$

式（2.10）为物质的构成方程，也是本书研究的关键。根据方程的含义：物质是一定数量的质量粒子聚集并存储能量的形式，这里可以清楚地得出，物质构成必须有两个因素，质量粒子和能量。物质的单位是千克和光速平方数值在时间上的复合，表明物质是同时含有这两种属性的事物，由于时间项的存在，故必须在时空中演变体现。光速平方表现出庞大数值的能量本质。

普朗克奠定了量子学的基础。未进行上述研究前纯能量是光子，而光子形式的能量并不是连续的传递。能量的传递在宏观尺度上看来是连续的状态，但是小到一定尺度后，能量是一份一份的传递。光子在量子物理中为光量子，能量的吸收和释放在极小的尺度下体现出量化的本质。能量一份一份的传递可能难以理解。换成宏观实例来观察，会发现很多能量都是一份一份的传递。一个打开下部舱口的谷仓，稻谷会源源不断地从舱口流动出来并下落，稻谷的势能被释放出来。远处观察稻谷从舱口连续流动，但是靠近放大观察到的每个谷粒就是连续流动稻谷的最小能量单元。或者打开灯，电流流动使电能在灯丝转换为电磁波能量。电流是连续的流动，但是从微观角度观看，电流细化到电缆中的电子则不再连续进行，电能是由电子逐一传递。每一份的能量并不是固定的数值，可能有高有低。量子携带的能量很像下雨，大雨和小雨同样能使地面变湿，但是小雨和夹杂冰雹的大雨所包含的能量不同。声波亦是如此，振动的物体会通过空气的疏密将能量传递出去，但是小到空气的分子，能量的传递则不再连续，同时声波的强度可以有高有低。

式（2.10）中 $nP_m(\text{kg})$ 的含义是一定数量的质量粒子。一定数量的质量粒子构成表示的是什么？这似乎并不难回答，一定数量的质量粒子构成代表了物质的多少，含有物质的多少即是量化的过程。物质多少的单位依然是千克。而 m（kg）$= nP_m$（kg），即物质的质量是由一定数量的质量粒子构成，这里不要与当今寻找的质量子和引力子等概念混淆。

式（2.10）中 $M_{物质}$ 可以是任何单个基本亚原子粒子，如电子、夸克等。通过分析物质构成单位 $kg·m^2/s^2$ 的 m^2/s^2 项可知，m^2 表示三维空间中的二维平面；s^2 在二维平面的演变体现为时间。由物质构成的单位可知，任何亚原子粒子均是四维挖三维的事物。它在空间中只占有 2 个维度，所以亚原子粒子只有大小，没有体积。在几何中，点动成线，线动成面，面动成体。时空是空间变化演变的事物，空间是时空的演变快照，也是冻结的极短时间的时空。亚原子粒子是三维空间中二维空间构成的事物在时间上演变的体现，是质量粒子由能量在四维时空中连续演变体现出空间中三维的大小，是不具有三维体积的事物。物质转换为能量的过程中，很多人会对携带动能的最小粒子转换为光子能量的过程感兴趣。光子看似是粒子但是却不是一个严格意义上的粒子，光子具有波的属性，波动特性是时空特殊形式不体现质量的能量传递形式。

如果将量化的能量转换为非量化的形式，质量也必须使用非量化的 m 来表示，$E=mc^2$ 并没有任何改变。上述方程都是通过质能方程和质量粒子关系中间形式得出。因为现有理论将光子的静质量假设为零，所以不具有能量增量的静止光子依然具有质量。质量粒子在物质中充当能量载体的作用，这是在当今研究中被忽略的极为重要的细节。

根据方程 $M_{物质}(kg·m^2/s^2)=m(kg)c^2(m^2/s^2)$ 和 $E(kg·m^2/s^2)=m(kg)c^2(m^2/s^2)$ 可以得出结论，无论是可见物质还是电磁能量，质量因素一直存在。质能方程的高度简化，导致转换过程中遗漏了最重要的一个环节就是质量守恒。这就不得不重新认识物质不灭定律，因为物质的质量因素始终没有被消灭。正是因为假设光子的静止质量为零，故而误认为质量消失了。下面章节将继续重新找回物质不灭定律。

现实中能量和物质是两种不同形态的相同事物，能量不能脱离质量而单独存在。这很像使用的手机电池，电池是电能的承载容器，确切地说是能量的载体。我们非常希望能量能够单独存在并使用，如果谁发明了这样的装置，那无疑将使我们的生活发生巨大改变。也许你认为光是单独的能量，事实上光也需要光子携带能量。能量的载体质量粒子和宏观世界的电池是十分类似或者说是完全一样的作用。生活中从插座获得电能，但为什么要将电能存储在电池中，然后又释放出来？是不是很烦琐，从电能最终的角度来看，电池没有任何的意义，同时也是物理学中所认为的"不参与作用的实体"，反而因电池充放电耗时和损失能量（图 2-6）。

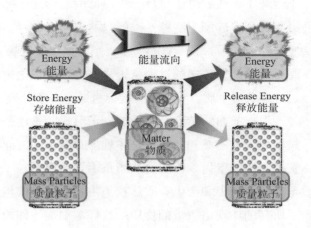

图 2-6　从能量流向最终角度观测载体没有意义

电池是能量的载体，一旦电池完成能量的存储和释放，电池便毫无意义。如果能将能量脱离电池存储并携带，可以随时释放使用，那么完全不需要电池。物质中的能量载体粒子依然是这样的一种情况。能量不能单独存在，必须有载体携带或者在载体之间进行传递。运动的物体具有能量，但是物体是能量的载体。有人会说闪电是能量，但闪电依然是云层中高电势差击穿空气通过电子的流动形成的现象，闪电中电子依然是能量的载体。无法观察到单独的能量，也无法找到能量脱离载体而单独存在的现象。虽然例子是宏观实例，但宏观由微观构成，故本质相同。能量和载体是两个相互独立的事物，这很像人类的思想一样，思想不能脱离身体，但是思想却是实实在在存在的东西。思想和人是独立的两个事物，但是由能量驱动的思想不能独立存在，必须将由质量构成的高度发达的大脑作为载体。无论如何都需要将质量作为纯能量的载体，质量粒子是最小的能量承载单元。

2.11 质量的来源和去处

现有理论并没有详细解答,光子形成和消失的细节。如果由质量因素携带能量构成的光子将能量传递给其他的粒子,那么构成光子的质量因素去了哪里?电子受激辐射现象中,如果光子的能量被电子吸收,是否意味着电子和光子合并了,然后电子自身分裂出低能量的光子呢?这依然会引出光子是如何被吸收和创造的细节问题?一般只从现象去解释,因为谁也不知道光子现实中到底长什么样,只了解光子是真空中存在的电场和磁场交替变化体现出的事物。光子进行能量传递的过程是否隐藏了现有理论中还没有包含的细节?俗话说要透过现象看本质,科学的发展一直通过现象分析、猜测本质。

根据前面的结论,无论是光子形式能量还是物质都是由质量和能量两种要素构成。电磁波和物质只是体现形式的不同之间转换。那么实际物质进行质能变换释放能量后,构成物质质量因素的质量粒子、去了哪里?带有质量的粒子不能凭空消失和产生。质量粒子由物质质量的构成得出,具有质量的粒子构成了所有的体现出质量的物质。这样本书描述的模型意味着不仅仅是光子,而且将新发现的希格斯玻色子也都统一为由更小的粒子构成,其中也包括暗物质的构成,这个粒子则是质量粒子。

谈及质量的来源和去处,那就不得不说无质量粒子。如光子及有待验证的亚原子粒子等,物理学将其定义为静止质量为零的粒子。光子可以被制造出来,那么一定需要有制造的原料,去哪里获得"质量"原料呢?什么地方可以随时获取原料就有能提供原料的地方?这个获取原料的场所莫过于时空本身了。光子一旦产生就以"光速前进",不会慢下来(区别介质中的光速)。一旦光子将能量传递给其他粒子,光子也就在时空中消失了或者说返回到了时空。当光子的能量传递给其他物质,光子也将因失去能量而在时空中停止,光子的"原料"质量因素返回时空。

爱因斯坦推导出运动的物体质量会随着速度的增加而增加,那么多余的质量来自哪里呢?他的结论是来自能量。但是质能方程不是物质的构成方程,也没有有关物质转换能量过程中动能传递机理的研究,具体是什么最小粒子更不得而知。但是质量不能凭空创造,质量更像是狄拉克有关时空中的负能量海理论，随时可以从时空中挖出质量，一切的质量来源于时空。这意味着释放完能量的物质，其质量粒子也将返回时空，即"失去能量物质的质量转变为时空"，时空是一种由质量粒子构成的具有实际质量的特殊不可见"物质"，时空也正通过暗物质现象展示时空存在的不可忽视的庞大的质量。

质量粒子源于时空，后续章节正式将质量粒子更名为"时空量子"。时空量子和质量粒子都是同一种粒子的不同叫法。

时空中可见物质体现出的质量多少决定了携带能量的多少。其原理与电池相同，使用者更关心的是一定质量的电池能存储多少能量（能量密度），不会关心释放能量后电池本身的质量，事实上存储能量前和释放能量后，电池的质量都不变（极微的质量变化，与电池质量相比，忽略不计）。电池的质量在一定程度上也代表了携带能量的能力。电池和物质的质量有着相同存储能量、释放能量的能力和表示方法，同一种材料的电池，质量越大携带能量的能力越大。生活中很少有人会关心电池的来源与电池报废后的去处，使用者更关心的是电池存储能量的周期循环过程。这与质量粒子（时空量子）的作用具有相同的特性，只是电池和时空量子的大小具有强烈的对比。此外，电池与能量作用前后的重视环节也完全相同。

2.12 时空量子

高能粒子物理学是研究亚原子粒子的学科。世界顶级的粒子物理学家使用强大的粒子加速器，目标是寻找构造宇宙的更小粒子。要达到这样的目标，就需要将构成物质的基本粒子进行不断分解，但是分解得越小就越困难。这项研究不仅仅为了寻找构成宇宙的最小粒子，还在于探索物质构造单元的机制和宇宙神秘的运行规律。目前观测研究微观世界，观测得越小就越能发现更小的单元存在，到底基本粒子可以分割到什么程度呢？目前欧洲核子研究中心的加速器已经不能满足当前粒子物理学家的需求。中国也在计划建造大型的粒子加速器，加入探索宇宙奥秘的队列。

物质到底能拆分到多小，才能找到构造宇宙的最基本粒子？再次观察弦理论的时候，会发现一些现象与弦理论有着一些相似之处，几个基本的场弦，每根线上有着不同的电场交替。那么每根电场线是什么，是否有场线的构成形式？有没有可能是某种确定的粒子通过某种机制构成场弦的每一根交替的电场呢？这里说的场弦与弦理论并不相同，确切地说是场具有像弦一样的现象。如电场线或者磁力线，像一根根细线一样，这里叫做场弦。是否存在构成场弦的更小的粒子？或者场是由什么构成？这里能给出的答案是场由时空构成，是时空特性的体现。与其他理论不同之处是，场是由包含在四维时空中三维空间的机制构成，并随时间的维度发展变化。场是能量在时空中体现的一种特殊形式，场的现象相对来说种类和形式也比较多。

当尺度小到一定程度，能量在时空中的传递也不再连续，变成一份一份传递的形式。普朗克对一份一份传递的能量进行了描述，预测在这样的尺度下存在能传递能量的粒子。这种粒子在宇宙的时空中无处不在，在宇宙中负责能量的传递和承载。前几节得出质能变换过程中的质量粒子最终源于时空，而时空又由有质量的粒子构成。时空由质量构成，又承载能量和传递能量，时空中的任何事物均以具有质量的粒子变化体现，构造时空的粒子叫做时空量子。

时空量子的大小应为普朗克描述的尺度，约为 10^{-35} m。这样的尺度小到难以想象，时空量子是非常小的可以理解成是"粒子"的东西。时空量子到底有多大呢？如果把时空量子看作是一粒灰尘，则原子相当于较小银河系的大小了。时空量子可以理解为构成时空的非常小的实体粒子，当然这里指的实体是，如果不去研究小于时空量子的领域，可以认为它是一个实体粒子。像原子一样，如果你不研究亚原子领域，那么原子完全可以认为是实体粒子。当你研究亚原子领域的时空时，亚原子则是不同形式的波动，传递这种波动的是众多由质量因素构成的特殊"介质"——时空。

质能方程将质量守恒和能量守恒定律结合为质能守恒。时空量子显然在质能方程中是多余的事物。处理电磁波和光子并不需要介质的参与，那么时空量子在物质中到底起什么作用呢？时空量子是能量的载体，与能量不同的是时空量子是实际存在的实体，并且这个实体不能被创造和消灭。在能量传递的过程中时空量子自身不发生变化，时空量子只参与能量的传递。

时空量子是时空中携带能量和传递能量的实体粒子。当携带不同能量的时空量子聚集到一定程度时，便会产生亚原子粒子，其具有的能量符合质能方程的规律。基本粒子释放能量后，聚集的时空量子因失去能量而在时空中散去。宇宙中只有唯一的物质粒子即时空量子，时空量子携带的能量具有不同的体现形式，能量多少决定了可见、非可见物质的不同。宇宙的所有现象均是时空量子携带能量的不同体现，如各种基本亚原子粒子、黑洞、电磁波等。场也是时空构成的真空中体现的特殊现象，场的情况相对复杂暂不在此分析。

时空量子是空间构成和时间的体现者（图2-7），也是能量的载体和质量的体现者。能量不能单独离开时空量子存在，只能在时空量子之间进行传递，也找不到独立存在的不需要载体的纯能量。

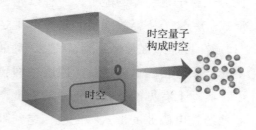

图2-7 时空量子构成时空想象图

时空量子是如何逐步构成基本粒子的？这个问题仍需要留给科学家去解答。就像电路的基本元件可以构成具有复杂功能的电路，元器件的参数不同决定不同的电路功能特性一样。时空不仅仅包含"狄拉克之海"，还构成基本的场，同时包含已知和未知的现象，等等。时空量子模型对于大统一理论或万有理论具有更重要的意义，时空量子理论将是统一物质和场以及所有事物的全新理论模型。

 **能量**

物理学中的能量是一个间接观测的物理量。能量的体现方式有很多种，如：热能、化学能、电能、电磁辐射能、核能和机械能等。能量大概分为两大类，动能和位能（引力势能）。其他形式的能量体现都是动能和位能的复合。物理学中能量的划分方法和方式虽然很多，但是划分能量的种种形式却不是真实的"能量"，而是不同能量的体现形式。

能量是非常抽象的概念和事物，本书中能量特殊在必须有载体承载，没有载体感受不到能量，无法传递，也测量不到。能量和时间有着一些共同的特点，都无法脱离实际载体而独立存在，必须通过有质量的物质才能间接体现它的不同形式和存在。真实的能量是一种看不见摸不到的东西，是间接观察并体现的物理量。能量是事物发展变化的内在动力。

正因为能量抽象，所以需要找与能量极为相似的现象或者事物来形象地比喻能量。看到这里可能有学问的人会说，光子就是能量，且光子可以看见。人的眼睛在黑暗中可以感受到单个光子，从而感受到光。当今物理学的观点认为光量子是纯粹的能量，一种以光速传递能量且速度恒定不变的能量传递形式。光量子从释放能量的现象产生之后，到达眼睛中的感光细胞，光子将"动能"传递给视神经细胞，使之产生神经脉动，让大脑感觉看见了光。实质上光子只是将能量传递给了眼睛视网膜的视神经细胞，令人误认为看到了光子，实际上看见的是光子传递的能量。太阳发光是太阳释放的能量在源源不断地通过电磁波的形式将能量传递到眼睛中。这个例子表明，能量一旦脱离载体，就无法去感受其存在，包括声、光、热等。一辆行驶中的汽车具有动能，汽车刹车停下来后和运动的汽车有什么不同？运动的汽车质量增加，没有汽车就没有动能增加的载体。前面已经解释过能量和质量是两种完全不同的事物，能量可以聚集时空的质量在时空中以物质的形式体现，所以需要跳出能量就是质量的观念。

能量在本书中描述为一种非实体事物。非实体是指，看不见也摸不到。但是看不见摸不到的东西并不代表不存在。如果把能量比作人的思想，能量更具有抽象的色彩。但是人的思想是真实的存在，只能体现不能独立。将能量比作信息和硬盘的关系更加恰当。硬盘中存储信息，信息不能从硬盘中完全独立，硬盘是信息资料的载体。或许可以打印硬盘中的信息，但是打印出信息的纸张仍然是信息的载体。无论如何，信息都必须依靠介质和载体存在和传递（图2-8）。能量和信息具有相同的性质。能量不能独立存在，所以很难将能量描述成具体的形态。那么能量具体是什么？这样解释使能量非常得抽象，并且难以理解其本质。

物质携带能量的表现形式有很多种。物体内部原子进行杂乱无章的运动，表现出物体的内能；所有原子都以相同的方向运动，物体表现出固定方向运动的动能；原子的电子呈现出规律性的定向运动，体现出电能和磁场等。

能量不能被创造和消灭，只能被传递和存储。时空量子聚集形成物质是能量存储的过程。能量聚集时空形成的物质条件可以被打破，释放出携带大量能量的时空量子，并将时空量子携带的能量以电磁波等的能量形式在时空传递。时空量子构成物质所需要的能量，或者物质释放时空量子所携带的能量符合质能方程的规律，时空量子的数量体现实体物质具有的质量。

图 2-8　信息需要载体携带

能量不能独立存在，所以必须有载体，什么是能量的载体？能量需要一种具有质量的实体作为载体，这个实体可以是可见的物质也可以是不可见的物质。但是电磁场、引力场等都是实际存在的物质都具有能量。能量需要一种非常小的具有质量的粒子作为载体，"具有质量的粒子"是很不确切的说法，因为粒子通常是指基本粒子，如：电子、质子和中子等。由于物质不可能无限制地被分割，必须存在一种小到不可继续分割的具有确定质量的事物存在，称为质量的量子。

能量具有看不见摸不到无法直接测量的性质，这样定义能量的概念可能会遭到很多学者的反对而引起争论。但众多的实例和现象证明，这确是事实。能量不能直接被肉眼观测，肉眼所见的是能量传递的结果，能量传递的过程体现时间的变化。可能有人会说，钟表的秒针每动一下就是时间。实际上秒针的运动是时间的流逝或演变的过程，人们混淆了能量和能量传递的概念。宇宙中不能独立存在的事物不胜枚举，喜欢思考的可以开动思维的机器去寻找更多的实例。

能量只有正数，不存在负的能量，这一点与时间有着类似的性质，时间只能向正向发展。但是由于基准点选取不同，能量却可以出现负的数值。能量只能被实体质量承载，并且只能在具有质量的实体之间传递，传递的过程严格遵循守恒定律。能量传递在物理学中可以量化和测量，具有实际的物理单位。能量是宇宙事物演变的内在动力，所以能量传递的规律和现象广泛深入到了各个学科领域中。

虽然能量和质量总是结合在一起，但能量和质量却是两个独立属性的事物。

质能方程是质量能携带多少能量体现可见物质最简化的方程，不是所有具有质量的事物都具有能量。时空量子是能量的载体，时空量子可以携带也可以不携带能量。无论时空量子是否携带能量都不会改变其具有质量和能量载体的性质。

能量不能被消灭只能传递，现实中常常会说"释放能量"，如：燃烧释放能量、氧化葡萄糖释放能量、核反应释放能量，等等。只说释放能量很不确切，因为能量只能被携带或者传递。

也许有人会认为能量没有像上面所描述的那样神乎其神，但事实就是这样。能量传递在量子力学里的神奇似乎更加明显和直接。量子力学中无法分离量子所携带的能量，只能传递给其他的量子。能量的传递在量子领域是非常奇妙的现象。量子时刻通过携带的能量来表达自己的状态和能量级别。

2.14 守恒定律

说到守恒定律，很多人脑中浮现出的是能量守恒定律和质量守恒定律，这是中学接触的最重要以及印象最深刻的两个定律。守恒这个词汇的含义是保持恒定。守恒即不论发生什么变化，它的总量都保持不变。一样东西发生了一些变化，这样东西如果增多或者减少，由于守恒故存在其他东西的另一种形式的减少或增多，使事物的总数维持不变。在宇宙的物质世界里，基本所有的事物都遵循守恒定律，很少或者很难找到可以被消灭的事物。你可能会想到物理学的质能变换，物质的质量可以在核反应中消失。但是通过前面几节对质能变换的本质和细节的分析，可知质量依然以另一种形式存在并守恒。通过上几节对质能变换中的质量守恒，以及质量消失后的去处的阐述，得知物质的质量也不能被销毁。物理和数学中等式两边是守恒的公式化体现。物理学中有很多守恒定律，这里只研究两个重要的以及和本书内容相关的守恒定律，质量守恒和能量守恒。

守恒既不会无中生有，也不会无故消失，永远存在且总量不变，只会在不同的形式之间变换。质量守恒和能量守恒是本书模型最为关键的两个守恒定律。质量守恒也叫做物质不灭定律，因而质能方程被认为是错误的定律，因为在质能转换中被忽略的细节，造成质量可以被消灭的假象。接下来详细分析时空量子在能量守恒和质量守恒中的细节。

2.14.1 能量守恒

认识能量守恒，首先要知道什么是能量。想要知道什么是能量，首先要摆脱当今物理学中质量就是能量的观点。前述已论证质量和能量是两种不同的事物，就像不能将电池和电能看作同一种事物一样，同样的事物还有很多，例如：煤和热能等。但是电池的质量和释放的电能，煤的质量和释放的热能之间存在着一定的关系和规律。能量和质量都是标量。能量必须依附于有质量的载体而使载体体现出不同的特性。但是能量在有质量的载体之间的传递却符合严格的守恒定律。这种能量传递的规律被总结为热力学定律，以及质能方程。质能方程是一定质量的可见物质所携带和释放能量的简化方程。能量在粒子或系统中的传递，划分了不同形式之间的传递方式，此外能量在传递过程使不同质量构成的物质之间存在着转换和传递的关系。

能量这样抽象的事物，看不见摸不着，怎样确定守恒呢？在自然界中存在很多的现象，如：一杯热水放在桌子上，过了一会儿水凉了，这很像能量在玩捉迷藏。可以计算一下这杯热水有多少焦耳能量。能量从杯子里的热水开始传递并藏到了其他的地方。虽然很难将藏起来的能量再捉回来，但是可以计算得出或知道这些减少的能量都藏到了哪里。一部分跑到了桌子上，一部分藏到了空气中。能量无论怎样传递和躲藏，这杯水传递出去的能量总和不变。在化学反应中，分子通过各种变化释放能量或者吸收能量都遵守总量不变的原则。

能量在微观领域可理解为以动能的形式表达或者传递。大到物体，小到粒子，以及最小的时空量子。时空量子构成任何有质量的物质所具有的能量，均可以传递给其他具有质量的系统。能量在传递前后的总量不变，这种性质叫能量守恒。能量守恒在物理学中有严格的定义，不论测量或者计算一个粒子以及粒子构成的复杂系统，能量在粒子之间的行为总量永远保持一定。能量只有在有实际质量的物质中传递，其概念才有存在的意义。能量守恒是指时空量子所携带的能量在时空量子之间不会因传递而丢失，也不会因时空量子携带以及在携带的过程中损失或减少。

宇宙是由大量时空量子和能量构成的复杂而庞大的系统。宇宙这样复杂的系统又分为无数的由大到小的分系统，并且系统的总能量不会随着时间的变化而改变。如果一个系统损失能量，就有其他的质量系统获得这部分能量，从宇宙诞生到现在总能量不变。能量只能被存储和传递，如果能量被时空量子携带并存储，那么大量的时空量子以可见物质的形式在时空中呈现。如果能量被释放，那么其主要以电磁波的形式在宇宙中远距离传递，电磁波依然是时空量子和能量构成的一种特殊的物质形式。

在宇宙中能量只有两种形式：一种形式是被物质存储，另一种形式是被传递。宇宙所有物质间能量的传递严格守恒。物质释放完能量后质量回归时空，同时释放的能量在时空中传递。物质释放能量后几乎全部的能量都转换为电磁波，所以物质释放能量后转换为大量的时空。但是时空必须在时空散开，物质才能消失，时空的散开是质量的流动，需要能量驱动，这导致质能转换过程中物质转换为电磁波的效率无法达到100%，必然存在质能转换误差（图2-9）。

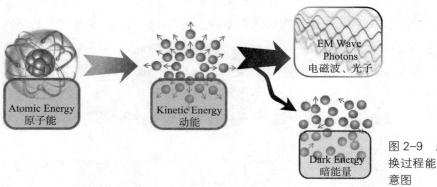

图2-9 原子能转换过程能量流向示意图

质能转换误差这部分能量目前无法测量也不了解。如今物理学中也无相关定义，故将这部分能量叫做暗能量。正是这种能量主导宇宙时空的演变。虽然存在暗能量形式的能量，但是暗能量依然是能量，也遵守宇宙总能量的守恒，即能量守恒。

2.14.2 质量守恒之物质不灭定律

质量守恒定律也叫物质不灭定律。质能方程中关于质量和能量的理解，认为物质可以转换为纯能量从而被销毁，导致当今物理学模型中的物质可以被消灭，转换为电磁波，使得物质不灭定律在物理学上不成立，仅仅适用在化学领域。这是当今物理学通过质能变换外在现象而得出的结论。时空量子模型证明和现实现象表明，物质的质量是时空量子质量特性的体现，时空量子不能被消灭和创造，只能由能量的多少决定物质不同的体现形式。宇宙的时空量子总数不会增加和减少，说明宇宙的总质量不会发生变化，所以时空量子不会因为携带能量的多少而被创造和消灭。

时空的海洋是由数量庞大的具有质量的时空量子构成。现有的物理模型将光子的质量假设为 0，导致将宇宙时空的质量在这些理论中假设为 0 基准点，结果使很多粒子的静止质量地为 0，这种方法在物理学中就可以比较完善地解释各种具有能量和质量增量的现象，并精确地计算和测量这种增量。时空类似巨大的秤盘，标准模型中对一些粒子静止质量为 0 的假设，是人为操作秤上的时空秤盘置零。将时空选取为 0 基准点，以方便处理"秤盘"上质量的增量。重新观察狄拉克的负能量海理论，为什么是负的能量海，这与拿走归零后的秤托盘，秤显示负数同理。但是宇宙时空是由实际质量的物质构成，这样的质量在大尺度的星系结构中被体现出来，时空不具有能量则是非可见物质，时空的质量通过引力间接显现。从有质量的物质释放能量到消失的过程中，物质转换为能量后，时空量子将携带的动能转换为电磁波形式的能量。时空量子失去动能，并在时空中静止转换为时空。虽然时空量子具有实际的质量，但人为地将它静止的质量假设为 0，这使得质量粒子的实际质量被忽略。

质量不会被消灭的事实，由于标准模型中将 0 质量基准选取为时空，故认为质量可以"消灭"。前几节讨论了质能方程和湮灭的现象，质量无论是否体现出可见物质，还是释放能量后，质量因素始终都没有消失。物质进行质能变换，变换后可以观测到释放的能量，而质量却隐藏到了时空中。这与硝化纤维在空气中燃烧释放能量，其燃烧后的产物隐藏到空气中的现象同理。不可见质量在宇宙中通过时空形式的体现依然遵循质量守恒，所以参加反应或者质能变换的各物质的质量总和等于反应后生成的各物质以及时空的质量总和。

物质在质能变换中转换为时空，时空是一种透明的具有质量流体性质的特殊"物质"。无论在化学反应还是物理中，能量和物质转换的前后与转换过程中物质的质量因素始终都不会被消灭，物质从一种形式转换为另一种形式。化学变化中物质从一种物质转换为另一种物质。物质是由数量众多具有质量的时空量子和能量构成，无论构成质量因素的时空量子是否承载有能量，宇宙中时空量子的总数都不会改变。时空量子这种体现质量的粒子，在宇宙中既不会增多也不会减少，更不会被消灭，只能从一种体现形式转变为另一种体现形式。

相对论的诞生使人类对宇宙的本质有了深入的认识。在对物质的深入认识过程中，相对论认为质量和能量不过是同一种东西的不同形式而已，这种认识致使后续的研究探索遇到了很多问题。质量和能量与时间和空间一样，都是不可分开的事物。能量必须依附在质量上才能体现其存在，时空量子因携带的能量不同而体现出不同的物质形式。能量和质量都通过时空量子体现守恒。能量守恒和质量守恒不同，质量守恒可以通过时空量子直接体现，能量守恒必须通过载体携带和传递间接体现。

时空量子体现出了质量守恒之物质不灭定律，所以需要重新认识质量在现有模型中的定义，包括对质能方程的理解。

2.15 暗物质

1932年，荷兰天文学家简·亨德里克·奥尔特（Jan Hendrik Oort）最先注意到银河系中恒星的运动速度和实际观测到的物质总质量之间不吻合。银河系的恒星围绕银河系中心旋转，运动速度应该满足离心力与引力之间的平衡。然而实际观测到的质量远比计算的质量小，这便引入暗物质的概念来解释丢失的质量。1933年，瑞士天文学家弗里茨·兹维基（Fritz Zwicky）根据星系团中的星系轨道速度也发现了质量丢失的现象，他通过观测发现星系团中一些星系相对于星系团中心的速度非常高。要想将这些高速绕星系中心自转的星系通过引力拉住形成星系团结构所需要的总质量非常大。星系团的实际质量应该是观测到的恒星总质量的百倍以上，这使得暗物质的观点得到支持。直到20世纪70年代，美国天文学家维拉·鲁宾（Vera Rubin）公布了他关于螺旋星系自转曲线的研究，结果表明螺旋星系中的多数恒星基本有相同的轨道速度。螺旋星系的中心和银河系悬臂之间具有不同半径的恒星，有着基本相同的绕星系公转的轨道速度。对星系的观测证明存在一种看不见的物质，这种物质被称为暗物质。

爱因斯坦当初根据他的方程解出的宇宙是膨胀的事物，他认为宇宙应该是平直的属性，所以加入了一项宇宙学常数项，使这一结果成立。哈勃定律证实了宇宙的膨胀，故爱因斯坦去掉了这个常数项，并宣称"这是他一生犯的最大的错误"。如今科学家重新引入宇宙学常数项，这与当初爱因斯坦引入宇宙学常数给出平直宇宙模型不同。现在的宇宙学常数项代表暗能量和暗物质，当然这也是影响宇宙演变的重要参数。

目前研究暗物质的手段是通过暗物质的引力效应，间接推知暗物质的可能踪迹。世界各国的科学家目前正在进行着各种探测实验，试图找到暗物质的粒子。粒子物理学家仍然使用当今的标准模型，试图发现并探测标准模型之外的暗物质粒子和探测器之间发生的反应，从而探测到暗物质的相关迹象，或者直接观测暗物质粒子的湮灭与再次衰变的产物。虽然现在也把两种已经知道的中微子和黑洞归为暗物质，但是宇宙中黑洞和中微子的总质量只占暗物质的很小一部分。

暗物质的概念相比暗能量早出现约 60 年。暗物质是在计算可见物质质量与引力效应时，推测出天体质量之间存在巨大差额的背景下提出来的概念。暗物质被认为是不会衰败、粒子寿命和宇宙寿命相当、温度低、与可见物质不发生碰撞的粒子。由于现有物理模型的限制，暗物质被认为是具有上述特性的粒子，并推测这种粒子不和这种粒子本身以及普通的物质发生相互作用，只能靠引力束缚对方，并在一个较大尺度上体现出对天体轨道的影响。暗物质的已知特性使得其无法通过仪器和天文望远镜被检测和观测到。由于现有模型中将能量和质量混为同一种事物，造成对暗物质和暗能量更加难以解释和观测。明显的问题为暗物质是否可通过质能方程与暗能量进行等价变换？当今对于暗物质仍处于未知状态。由于暗物质参与银河系的自转，以及宇宙的膨胀，故暗物质也具有近距离吸引远距离排斥的特性。

宇宙的所有物质，与可见物质比较更多的是由不可见的暗物质构成。肉眼和天文仪器所能"看"到的是以恒星或以星系形式存在的物质结构，这些物质只占宇宙总体的 10% 或更少，90% 的物质以暗物质的形式存在。宇宙中对可见物质天体的观测存在的巨大引力表明暗物质的存在，但是无法用光探测到这种特性的物质，用微波、红外线、紫外线和 X 光也无法探觅到这种特殊物质的任何足迹。

暗物质是当今天文学、宇宙学和物理学等科学领域的最大谜团之一。天文学和宇宙学并不了解暗物质这种物质形式。当今更多的是对暗物质的猜测，推测暗物质是除了当前已知物质状态外的一种未知的物质形态，即：固态、液态、气态、离子态和场以外的一种物质形态，其性质完全不同于当今已知的物质的物理形态和性质。为探究什么是暗物质，世界各国都掀起了寻找暗物质的热潮，它们发射许多探测卫星来观测并试图发现暗物质在宇宙中的蛛丝马迹，但到目前为止依然一无所获。下面将使用时空量子模型揭露暗物质的本质。

2.16 暗能量

　　哈勃观测发现了宇宙膨胀，根据爆炸现象得出了宇宙大爆炸模型。科学家一致认为宇宙的膨胀应该是越来越慢，其处于减速膨胀的状态。因为宇宙天文级别主导物质运动的力是引力，所以随着宇宙的膨胀，其背景温度逐渐降低。宇宙在膨胀过程中虽然距离不断拉大，但在引力作用下膨胀应该减速进行。就像在地面上向上抛出一个小球，小球上升的速度会因引力的作用而越来越慢。1997 年，哈佛大学天文学家的观测结果显示宇宙在加速膨胀，这表明宇宙中存在一种未知能量会产生排斥力的现象，并推动着宇宙的膨胀。1998 年，超新星的观测表明宇宙在加速膨胀，并将这种膨胀归结为暗能量的作用。当今并不了解这种形式的能量，所以将这种能量命名为暗能量。随后更多的天文观测也表明暗能量的存在。2011 年，澳大利亚斯威本理工大学天体物理与超级计算中心公布的星系观测资料，证实了宇宙的加速膨胀和暗能量的存在。

　　21 世纪初，科学界对暗物质的定义是一种比电子和光子还要小的物质，不带电荷、不与电子发生作用、能够穿越电磁波和引力场，是宇宙的重要组成部分。同时暗能量是一种不可见的能推动宇宙运动膨胀的能量。宇宙中所有的恒星和行星的运动皆由暗能量与万有引力推动。支持暗能量的主要证据有两个：一是对遥远的超新星进行的大量观测表明，宇宙在加速膨胀；二是按照爱因斯坦的引力场方程，加速膨胀的现象推论出宇宙中存在着压强为负的"暗能量"。暗物质的密度非常小，但从整个宇宙观测暗物质数量与质量庞大。暗物质和暗能量代表了宇宙中约 84.5% 的物质和能量。可观测的宇宙中，人类可见的物质约宇宙总量的 5%。暗物质和暗能量无法直接用现有的观测设备观测到，但暗物质能干扰星体发出的光波或产生引力作用，这些性质和观测现象证明了暗物质与暗能量的存在。暗物质和暗能量只能通过间接产生的作用来进行观测和证明其存在。暗能量已困扰物理学界很多年，现有物理模型认为暗能量具有负压，在宇宙中均匀分布，并且暗能量可归结为宇宙常数和真空能量。值得注意的是，现在的物理探索无论如何也无法逃避真空具有的特性。质能方程面对暗物质和暗能量这两种未知事物的转换关系也显得无能为力。

上一节中介绍了当今物理学对暗物质的研究进展，那么什么是暗能量呢？暗能量和暗物质一样也是当今天文学、宇宙学和物理学等科学领域的谜团之一。暗物质是一种未被了解的物质，因其与周围的可见物质存在引力作用，故叫做暗物质。暗物质既然是具有质量特性的物质，就会携带未知形式的能量，这种未知形式的能量也是暗能量的形式。

2.17 暗物质的本质

19世纪，科学家们逐步发现光是一种波，生活中的波大多需要传播介质（如：声波的传输需要空气等介质）。受经典力学的思想影响，科学家便假想宇宙中到处都存在着一种称之为以太的介质，在光的传播中起到介质的作用。由于电磁波的介质由于与电磁波不存在相互作用，所以即使存在电磁波的介质和其他的特性导致极难进行检测。如果存在电磁波的介质，其最重要的特性之一就是不与光子发生相互作用。这种认识更像鱼儿对于水的认识，以及我们对空气的认识。现实中时空相当于空气和水，物质相当于人类和鱼。

光具有粒子的特性，光传播具有多普勒效应以及波粒二象性等性质，所以时空中必定有未被发现的特殊性质的介质存在，这个介质就是时空。分析可知时空与电池在能量传输上有着相同的作用，或者时空在电磁波的传输上有着和电线相同的作用。电线是电能传导的载体，绝大多数情况下人们更关注电器设备而不是电线，因为电线只承载电能，除此之外无其他作用。

真空只传递能量，不消耗能量，并且对所有物质透明。上文分析了构成物质的时空量子是一种具有质量特性的构成宇宙时空的粒子，所以宇宙时空是一种具有质量的特殊物质，也是具有多种特殊性质的介质。时空具有质量特性，时空量子是引力直接作用的粒子，在宇宙中受到万有引力的作用。由于时空在大质量天体附近存在引力透镜效应，故时空扭曲可通过具有质量性质的时空体现。光子具有动质量也是由时空量子构成和传递的事物，在时空中引力透镜现象会扭曲光的传播路径。这依然会得出结论，光子以时空量子构成并在时空量子构成的介质中传播。单纯的电磁波传输介质并不存在，电磁波的传输介质应是宇宙的时空本身。无论是否承认电磁波是否需要真空介质，真空中都实实在在存在着场，电磁波也必须驾驭真空中的场交替变化而传播。综合现有理论和本书模型得出结论，电磁波的传播必须依赖介质。

通过上述的物质构成方程和能量构成方程可以得出，无论是物质还是电磁形式的能量，都必须由两种事物构成，时空量子与所承载的能量，二者缺一不可。时空量子担任载体，所承载的能量不能独立于质量存在。时空量子是质量因素，必须有能量才能在时空中体现出实实在在的可以满足质能方程的可见物质。如果时空量子不携带能量，那么时空量子仅仅是质量，一种不含有能量、具有质量、不能使用质能方程释放能量的特殊"物质"。这揭示了为什么观测太空透明的区域，却有奇异的物质引起的引力存在。奇异的暗物质引力来自时空本身。这也肯定了时空量子构成宇宙时空的结论。

时空本质是一种特殊的物质，构成时空的质量粒子或时空量子就是所要找的暗物质，时空特殊的质量特性是暗物质的特性。

因为现有物理模型将质量零基准点选取为时空本身，所以质能方程不是物质的构成方程，也不包含时空。暗物质来自时空，实际上它就在我们身边，我们身处时空中或者说身处暗物质的海洋中。这个时空构成的暗物质海洋也担任电磁波的传递介质、场的构成和引力波的介质等，以及后续更多事物统一的本质体现。

宇宙时空由时空量子构成，时空量子构成的时空所间接产生的质量影响被当今的科学界叫做暗物质。时空不但不"暗"反而异常透明，为什么没有人想到暗物质可能是透明的状态呢？不是没有人提出，而是缺乏上述物质、质量和能量关系的强大理论根据。时空量子构成的时空性质太过于特殊，以至于身处其中也很难发现它的踪影。以太学说认为以太是电磁波传播的载体，不过现在也没有证据表明电磁波一定不需要以真空中的场为载体。只是真空在电磁波传播的过程中不起作用，确切地说是真空不损耗能量，电磁波的传输更脱离不了时空。由于对时空性质的不了解导致一些实验的失败，得出电磁波传播不需要介质的结论。如果假设光子的静止质量为零，那么此时电磁波理论就会遇到更多无法解释的现象与瓶颈。由于时空作为电磁波的传播介质要比以太有更重要的意义和作用故时空不但是电磁波的传播介质还是宇宙中所有物质的载体。确切地说，可见物质是时空在能量作用下的另一种体现形式。时空中电磁波传播的波动特性与粒子行为也决定了其构成的复杂性。这表明，能量在时空中传递体现的电磁波既不是波也不是粒子，光子只是时空传递能量体现出波动和粒子双重特性的事物。

时空和物质都起源于时空量子，时空满足当前对暗物质的所有性质定义，是电磁波的传播介质、真空中场的体现和承载者。所以平静的时空既不发射也不接收电磁波，平静的时空不参与电磁相互作用，时空是电磁作用和物质的传递介质。时空是可见物质释放能量后的物质，具有平均质量密度小、在宇宙中数量庞大的特点。与当今对暗物质认识不同的是，在能量作用下存在时空与其自身的作用，产物为可见物质。时空量子构成的时空是实实在在的一种现在所未知的物质和体现形式，这种特殊的"物质"或者暗物质具有实际的质量。

神秘的暗物质是时空本身，这解释了银河系外侧悬臂旋转速度和内侧悬臂旋转速度基本一致的本质原因。时空填充银河系天体之间的广大空间，充当特殊不可见的具有质量物质的引力作用。时空充斥着整个宇宙，银河系外侧悬臂神秘暗物质产生的万有引力来自时空本身具有的质量。

通过上面的守恒定律，本书重新找回了质量守恒定律。构成宇宙中更多的看不见的暗物质有了明确的答案。由于现有模型合并了能量守恒和质量守恒，导致具有质量的时空在模型中直接被忽略。由于宇宙时空具有稳定性和平滑性，故构成时空的时空量子满足暗物质粒子寿命长、在任何温度下不存在碰撞的特性。时空量子寿命长意味着时空量子从宇宙诞生之时起，甚至在宇宙没有诞生的时候就作为质量构成的奇点，自始至终都存在，不因宇宙的起始和消灭而被创造和消灭。在黑洞中时空量子在巨大的能量下可聚集为质点。时空量子在寿命上不仅满足暗物质的性质，而且超过了宇宙寿命的限制，不与其他粒子发生碰撞而衰变，同时极端温度条件也不会影响其性质。任何试图碰撞时空量子的行为均不会改变它的性质。使用常规亚原子粒子或者原子构成的物质去碰撞时空量子是不现实的行为，因为时空量子对于常规物质是完全透明的。试图碰撞时空本身的行为将导致时空中产生电磁波或基本粒子。时空只能在能量下聚集成团，体现出实实在在的基本粒子，继而构成现在定义的可见物质。任何时空量子载有能量的形式都不会改变其质量特性，仅仅是聚集在时空中体现形式的不同。构成时空的时空量子仅传递能量，不会参与基本粒子之间的相互作用而改变其属性。

物质是时空量子的一种聚集存储能量在时空中的体现形式，本质依然是时空，是含有能量的时空在时空中特殊的体现形式，即可见物质。时空本质也是物质，在宇宙的看似空无的时空里面，还有无数的携带能量的亚原子粒子存在，这些亚原子粒子依然是暗物质的一部分，很难被测量到。

2.18 深入了解时空的性质

21世纪初的物理学对时空的构成仍然没有确切的定义和统一的认识。从天圆地方到麦哲伦环球航行、以太论、相对论、狄拉克真空负能量海、真空能、真空量子起伏等，每一次认识的更新都充满着艰难曲折，更艰难的是真空所有特性的统一，与证明时空是有质量的物质。对于时空本质认识的艰难远大于鱼儿认识到水的存在，以及我们认识到空气的存在。时空对物质来说是透明无阻力的流体状态，以现在的科技不能设计出与马德堡半球实验类似的将时空从某个区域中抽出去的实验。一块在空气中的海绵，绝大部分空间都是空的。如果将海绵替换成物质，空气替换成时空，那么物质就浸泡在时空量子构成的海洋中，并且海绵所在这块时空的空间中只有极少量的物质是可见物质，剩下的时空是非可见物质时空。

相对论让我们重新认识和定义了时空，同时对时空的深入了解也受到相对论模型思维的严重限制。原因在于爱因斯坦认为传递电磁能量的介质完全没有存在的必要，这使人误认为时空也不存在。本书所描述的时空量子宇宙模型中，电磁波的传播介质就是宇宙的时空本身。时空是否有存在的必要，答案是肯定的。要理解时空的存在，首先要认识到质能方程的局限性。很多人不是天才数学家和物理学家，要想证明质能方程与时空之间的关联，最好的方法莫过于将质能方程与实际现象结合，从而找出质能方程的不足。质能方程是非常完美且精简的方程，经过了实验物理学严密的实验验证，但是诸多科学家都知道相对论仍是有待完善的理论。

一直以来科学家不断地寻找着电磁波的传播介质，随着研究的深入，发现真空并不是完全空无，甚至有学者理论推导出真空充满着能量。真空传递电磁波表明这种介质以某种未知的形式存在。虽然没有证据证明电磁波的传输必定不需要介质，但因后来发现真空中存在场，电磁波依赖真空中场的机制传播，故默认为真空中存在的场是电磁波的传播介质。这种对真空性质的认识过程似乎走了一段极大的弯路。这仅仅是真空的一部分特性，更多的特性有待科学家继续探索。我们生活在宇宙的时空里，物质世界在时空中演变，电磁波没有必要脱离时空而需要单独的介质来进行传递。如果电磁波脱离时空或介质传递，就否认了近代物理所发现的真空中存在的场。电磁波在时空中传播与物质在时空中演变并没有什么本质的不同。运动物体在时空中产生引力波进而损失能量，所有的现象和问题均脱离不了时空的本质。时空中的其他未解之谜，后续章节还会详细分析。通过时空的各种机制来解释当今宇宙很多的未解之谜，这些很难解释的现象，得到了简单、统一、从本质上更合理的解释。从质量和能量的角度观察，时空是能量的传递介质，与物质构成的透明介质（如：玻璃、水等）本质上并没有什么区别。电磁波在时空中传播与在空气、玻璃等介质中传播也没有本质上的区别。

为什么时空具有质量却很难被发现呢？这里有个形象的比喻，当你去超市购物称重，当秤盘上没有放上称量的物品时，秤的电子显示屏上会显示质量为 0 的读数。秤盘也是有质量的物体这是常识。但是秤盘有质量而秤上的显示屏为什么会显示 0 呢？因为我们把秤盘和附属机构认为是零基准点，这个零基准点是为了方便测量出秤盘上物体的质量增量。如果不进行归零的操作和零基准点的选取，测得物品的质量将包含秤盘和附属机构的质量。如果不知道秤盘和附属机构的质量，就无法知道被称量物体的质量。因此零基准点的选取十分得重要，这个零基准点的增量就是物体的质量。实际测量也是如此，当今的理论将时空设置为零的质量基准点，当然也无法处于没有时空的地方。如果从称量物体的角度观察，就很难发现秤盘质量的存在。因为秤盘承载被称量的物质，自身不计入称量物体质量。只有带着秤和称量的物体一起搬动，才会体现出秤的质量，也就是在天文尺度体现出时空的质量。另一个原因是，如果光子静止下来是什么？在现有的物理学模型中，将静止的光子质量假设为零，这是模型中"假设"的条件，其与秤盘的例子中把秤盘看作是零的质量基准并无不同，同时也是时空所具有质量等一系列特殊的特性且难以发现的极为重要的原因。（图 2-10）

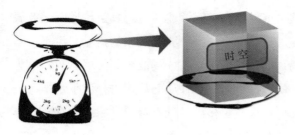

图 2-10　物理时空与秤盘基准选取原理相同

时空是由时空量子构成的海洋，也是特殊的容器，容纳着宇宙中所有的物质。时空是容纳物质变化过程和空间组成的统一不可分割的事物。物质在时空海洋中才能体现出大小的特征，时空也承担着电磁波传输的媒介作用。确切地说时空是能量的传输媒介和载体。时空中的物质的特征用长、宽、高 3 个物理量来表示其所占有空间的大小，而物质又在时空中发展变化。万事万物在时空中演变为时间的体现。时空量子构成的时空中不但体现长、宽、高的物理量，而且还是物质变化的载体和体现，同时是能量的载体。时空量子是最小的时间、长度和物质的体现。当深入研究到时空量子与时空量子之间时，时空不再连续。时空不仅承载着物质，还承载着万事万物的变化，能量传递的过程体现出时间流逝。时间是为了方便记录和体现物质变化而定义的抽象概念。这个概念并不像空间存在长、宽、高 3 个维度，看得见的事物可以用尺进行实际测量。时间则不同，只能通过感觉事物的变化过程来感知时间的流逝。所以时空中的事物变化也必须依赖时空量子作为变化的载体，除此之外并没有其他方式体现时间以及时间的存在。时空量子是质量的体现，失去了时空量子便失去了时空。如果没有了时空就无法谈及物质和演变，也无法体现出变化的过程。时空体现事物变化的范围和变化的时刻。在时空中始终用一种物质的变化来衡量另一种物质的变化，相同事物的不同状态也会影响对另一事物的测量结果，这便是相对原理。正是相对原理让人类对时空的本质开启了一个新的认识阶段。继相对论之后，时空的本质仍有待重新深入认识和定义。

2.19　时空流动是暗能量的本质

人们对时空特性展开探索的实验并不多，由充满整个宇宙的时空量子所构成的时空，人们对此不了解只因身处其中。时空并不是稳定不变的事物，并不存在牛顿所描述的绝对空间。前面分析了能量和暗物质的本质，仅有构成时空的时空量子的宇宙是不会发展与变化的，时空或多或少携带有一定的能量，具有能量是运动的内在因素。宇宙中充当能量载体的时空量子，携带有物质释放存储能量后留存的极少部分能量，这部分能量作为推动时空演变的动力。这种能量是天文观测发现的驱动宇宙膨胀的能量来源。宇宙的膨胀是未知能量形式推动时空，使时空携带着时空中的物质运动。时空中物质的运动更像是海洋承载着海洋中的生物运动，时空的海洋也是处于流动变化的状态。时空海洋的流动蕴含着能量，这种能量则是暗能量的本质。

可见物质核反应释放能量，失去能量的时空量子从时空中的聚集状态散开，由密集质量向稀疏时空状态转变流动。从物质到时空变换的过程中，暗能量分为两种形式，一种是核反应会释放出大量的时空量子（天体坍缩时也会释放大量时空量子），时空量子从高能量状态迅速向周围推开周围的时空，同时将绝大部分能量转换为高能光子；另一种是核反应的能量转换为高能光子后，时空以缓慢流动形式运动，这部分的能量较少也叫做质能损失或者质能转换误差。这两种形式的暗能量当前物理学暂时没有相关定义和研究。

物质湮灭或者核反应释放出的大量时空量子会瞬时转换为高能光子。时空量子从构成物质能量状态转换到高能光子状态，这是一个极短暂状态，本书将其定义为暂暗能量状态。暂暗能量状态是指时空量子没有构成基本粒子时带有极高的能量，在时空中只能存在短暂的时间，在这样极短暂的时间里能量会转换为其他亚原子粒子或者光子形式。暂暗能量或许在小于皮秒内的时间推开周围的时空，在推开周围时空的过程中将能量传递给周围的时空量子形成高能光子，由高能量状态的暂暗能量状态转为低能量状态。暂暗能量状态更像是时空的脉冲波动或时空扭曲波动。

处于暂暗能量状态的时空量子将能量转换为高能光子，转换的效率并不会到达百分之百，仍会携带极少量的能量，这些少量的能量用于驱动时空的流动。驱动时空流动的低能量时空量子本书命名缓暗能量。物理学所指的暗能量主要由缓暗能量构成，缓暗能量驱动时空流动。缓暗能量在核反应中虽然只占有极小量的能量，但是宇宙时空体积极为庞大，所以这部分能量具有很庞大的数字。缓暗能量是质能变换中未转换为光子能量的能量部分，即质能转换误差的能量部分。所以质能转换误差并不是一个固定的数值。推开时空与平常生活中推开物体同理，推开小物体需要的能量少，推开大物体需要的能量多。质能转换误差也具有相同的性质，当单个基本粒子进行质能变换时，因释放的时空极少，推开周围的时空需要的能量也较少，或可以忽略不计。这时质能变换具有很高的效率，质能损失基本在百万分之几的级别。同时进行质能变换的物质数量越多，释放的时空也越多，更多的时空释放导致需要推开周围更多时空才能容纳下物质所释放的时空。大量物质同时进行质能变换的过程中，也需要更多的能量用于驱动时空的流动，未转换为光子的能量会更多，质能转换误差的数值也随之增大。

　　暗能量分为暂暗能量和缓暗能量，这两种形式的暗能量中时空量子所携带的能量都由一个共同的特点，即时空量子在时空流动，这两种形式的能量如果满足生成电磁波的条件会转换为电磁波，不同的是转换为电磁波的能量不同。暂暗能量能转换为高能的伽马射线光子，缓暗能量只能转换为能量较低的微波，并成为微波背景辐射的一部分。时空具有的能量远低于微波背景辐射或者极低频的电磁波，时空缓慢运动具有的能量主要由时空本身携带而成为暗能量。这种暗能量是主导时空运动的能量，导致宇宙的时空演变。暂暗能量和缓暗能量均为时空的运动能量，均会转换为电磁波，只是转换为电磁波的能量高低或波长不同。

　　物质中的质量失去能量后为时空本身，时空不会与任何粒子发生反应，只参与能量的传递。时空不是绝对不变，而是在不停地流动变化，并且时空存在着不同形式的运动状态。时空的变化必然导致时空中出现一些奇特的现象。暗物质和暗能量导致的特殊现象在后面的章节会继续分析。

 深入时空、物质和质能转换

　　随着物理学和科学技术的不断发展，科学家不断分割物质试图找到构成宇宙的最小单元。如果将原子不断地拆分下去，最终会发现构成原子的粒子与构成时空的时空量子一样。时空和物质都是由同一种叫做时空量子的极微小粒子构成。但是时空与物质有什么区别呢？时空与物质不同之处是：物质中含有大量的能量，时空不具有大量的能量。一定数量的时空量子依靠能量将时空量子束缚在极小的时空内，聚集的时空量子构成各种亚原子粒子。亚原子基本粒子再由能量继续聚集形成中子、质子，继而构成原子，随着基本粒子的增多，包含的时空量子也越多，质量也随之增大。

与狄拉克真空负能量海可以挖出电子、真空量子起伏形成粒子等的模型相比，本书的时空量子模型则是从时空中用能量挖出任何物质。这不但意味着时空和物质的统一，而且意味着时空量子模型揭示了宇宙的更基本的运行机制。时空中挖出的物质不仅包含电子，还包含一切已知和未知的物质形式。从时空中挖出物质的工具是能量，如果物质失去能量，物质就又成为时空。时空中挖出的各种物质之间存在相互转换的关系。但这里仅仅限于时空到可见物质的过程，而物质之间存在转换关系的情况现有物理学已经有比较完善的理论，所以不在此过多讨论。各项证据表明物质释放能量后的原有质量成分转换为时空，但仍是有待实验验证的假说模型。

了解物理的人，一般都使用质量转换为能量的方式去解释质能方程。爱因斯坦本人也是这样解释，因为仅处理有效的能量和质量之间的关系，质能方程只能用质量转换为能量去解释，并且质量释放能量后消失。质能变换是物质释放时空同时释放存储能量的过程。这样说并不全面，因为释放的能量不能独立存在，能量由载体所承载。质能变换是可见物质中的时空量子转换为平滑的时空，将物质中时空量子携带的能量转换为时空中其他形式的能量在时空中传递的过程。物质内部是一定数量的以光速运行的时空量子，并将能量存贮其中。

通过前几节了解到当今物理学对物质的认识过程与定义，也了解了在以往的研究中所忽视的重要细节。通过研究这些重要细节与现有理论之间存在的关联，发现时空和物质是同一种"东西"，都是由时空量子构成的事物，区别是时空比物质要松散得多。可见物质是使用能量将一定量的时空"束缚"体现出的事物，在这个密集的时空里存储着庞大数量的能量。或者可以将具有质量、符合质能方程变换关系的物质看作是宇宙存储能量的"电池"。现实中也常用压缩物质的方式存储能量，如：压缩空气、液化石油气等，而宇宙使用能量压缩时空体现出的是可见物质存储能量。可见物质与生活中使用的能量存储形式相比，其存储能量的方式具有极高的能量密度。

时空量子模型揭示了时空和物质之间的关系，也使当今诸多无法解释现象的本质浮出水面，并将已知和未知的众多现象联系并统一到一起。当今物理学的猜测和假说模型中都是粒子，但是通过上面的推测得出时空量子组合既可以构成夸克，也可以构成弦理论中的弦。这使宇宙的运行机制可以简述为时空在能量作用下聚集构成夸克和电子，夸克构成质子和中子，电子、质子和中子组合构成原子，继而构成复杂多样的世界。时空在能量作用下也构成更大质量的特殊天体，如：黑洞、中子星等。物质聚集构成天体，大质量天体也会分解释放物质中存储的能量，形成恒星等天体。从时空量子到天体逐级增大，虽然质量和体现形式差别巨大，但是基本原理体现着极高的相似性。天体和时空的质量并没有本质的区别，都是由时空量子构成，从时空角度分析，它们之间不同的是时空中的能量分布不平衡所体现出的特殊现象。时空量子的聚集是从简单到复杂的过程。后面还要分析时空量子和能量构成的特殊体现形式——黑洞。时空量子在能量作用下逐渐构成更大级别的事物，其中又蕴含着许多复杂的新规律。

物理学中已知的任何基本粒子都是用能量压缩聚集时空，同时压缩聚集的时空被能量束缚。当前已知的世界是由小到大聚集的物质构成。时空量子携带能量聚集而形成物质，在时空中体现为有质量符合质能方程关系的可见物质形式。构成物质的粒子可以根据粒子的质量，并按照质能方程的规律释放能量。或者是在能量的条件下，时空量子存储光速平方数值的能量，在时空中体现出有一定质量的基本亚原子粒子，也叫做量子。

光子具有量化的性质，光子在时空中传播时不会排斥周围其他的光子，而是和周围的光子成群组合。时空量子具有和光子类似的性质，时空量子载有能量的聚集行为符合物理学中描述的玻色子。失去能量的时空量子则更喜欢独来独往，这样的时空量子更像是费米子。时空量子的这两个性质是根据上面论述得出的，其还可能会具有更多的不被了解的性质，有待后续的研究和验证。

在没有弄清楚能量和物质的关系之前，常常会产生疑问，反物质与正物质发生碰撞将会"100%"地完全湮灭转化成能量吗？物质到能量是否是一个可逆的过程？是否可以由能量构成正物质和反物质？等等。这些疑问中包含两个问题，一是正物质和反物质湮灭，转换为"能量"。物质湮灭是物质中存储能量的时空量子释放能量的过程。物质中携带能量的时空量子释放的能量转换为由其（时空）传递能量体现出的光子。构成物质质量因素的时空量子，因失去能量回到时空中成为时空的一部分。如今只能看见物质湮灭释放能量转换为光子的结果，看不见构成物质的时空量子回到时空的过程。并且时空量子需要携带极少能量作为推开时空的动力，其余的能量转换为光子。二是能量是否能构成正物质和反物质？这个问题若不了解时空和物质湮灭的时空量子模型则很难回答。

通过本章前面的阐述，物质和能量是两种不同的事物。由基本粒子构成的物质需要两个因素：质量和能量。质量因素是时空，另一因素是能量，二者缺一不可。缺少任何一个都不能构成基本粒子，从而构成物质。时空量子和能量可以构成基本粒子，其可以是任何的正物质和反物质。具有时空量子和能量因素后，如何用时空量子和能量构成物质这仍需要物理学家探索揭示。用时空量子构成物质是比较困难的事情，因为很难准确地将能量直接作用在时空中的时空量子。科学家更喜欢将带有能量的一种形式的物质转换为另一种形式的物质，即让有足够能量的一对光子相遇，可以产生一个粒子和一个反粒子。或者将高能光子注入基本粒子，这些基本粒子有一定机会成为反物质粒子。以当今的科学条件还不能精确控制生成正物质和反物质的各种类型的原子，也无法使用携带能量的光子生成大质量的反物质。

2.21 深入时空和物质的概念

牛顿的经典物理学是宏观的现象总结出的理论，应用在微观领域以及物质和能量之间的关系，就变得完全无法处理和解释。质能方程在可见物质和能量的关系上获得了巨大的成功，但是质能方程在处理能量和物质的构成时，是否也像牛顿物理学在量子领域一样变得无效呢？质能方程只适用于可见物质运动与能量之间的关系，物质的构成是质能方程之外的领域，因此需要寻找新的模型来解释物质、能量和时空之间的关系。

科学家通过加速器观测被击碎的物质包含了哪些更基本的亚原子粒子，并将数百种的亚原子粒子编写成目录，有些人把众多的粒子叫做"粒子动物园"。那么各种基本的亚原子粒子是否有统一的更小的粒子构成呢？根据本书前面的内容，相信你的脑海中浮现出了一个叫做时空量子的"粒子"，正是它构造出复杂的各种不同的基本亚原子粒子。时空量子如何构造种类繁多的基本粒子，这是粒子物理学家的工作。时空量子模型应用在亚原子构成、场和时空之间等领域，是一个更简洁、高度统一的模型。

可见物质的质量需要能量聚集，没有能量也就无法聚集质量。可见物质的质量因素散开回到时空需要释放能量，没有质量散开就没有能量释放的现象。能量与人脑中的思维一样难以捉摸，到底什么是能量？能量在当今的物理学中似乎是单独存在的事物，但是为什么又通过粒子的形式显现出来？这是因为质能方程的能量构成部分将其理解为质量和能量的相互转换，质能方程另外的含义是：质量代表能量，能量代表质量，代表不等于就是。物质和能量是两个独立的事物，能量依赖质量存在。质量不会转变为能量，能量也不会转变为质量。质量和能量两个事物之间存在相互关系。这样说可能很让人费解，举个例子：袋子的大小和袋子所能盛装的物品是两个不同的概念，但是袋子越大所能盛装的物品也就越多。袋子的大小与所能盛装的物品存在一定的关系，这样的关系则是物质的质量和电磁波形式能量的关系。袋子是时空量子，袋子中的物品是能量，没有袋子就无法盛装物品，没有时空量子就无法承载能量。袋子的大小既不会转换为袋子中盛装的物品，盛装的物品也不会转换为袋子的大小。袋子的大小和盛装物品的多少是两个不同的事物，并且在这两个不同的属性之间存在一定的对应关系，体现为物理规律。这样的例子很多，电池和电能、半径和周长等。由于能量依赖质量存在，这会造成假象，可见物质中的能量转换为电磁形式的能量后，其质量因素返回时空，肉眼所见物质消失而认为物质和电磁波形式的能量等价，结果认为物质可以被销毁。质能方程中能量和物质的等价关系，因质量隐藏在时空中所带来的错觉，导致对质能方程中质量就是能量的误解。质量携带能量的关系表明质量和能量之间只存在载体携带能量的规律，不存在相互转换的关系。经过这些论证，质量和能量两种事物之间的关系变得清晰。

　　从天文角度观看同是物质的时空与天体，形成了广阔虚无的空间与巨大实体的鲜明对比。物质由时空构成，又处于时空的海洋中。时空对于可见物质来说是透明的事物，物质不能脱离时空存在，时空和物质是时空量子携带能量不同的体现。时空具有质量但是叫做物质却不合适。时空的质量与可见物质的本质区别是：可见物质同时具有能量和质量，时空只具有质量。时空是可见物质释放能量后的产物，质能方程中的质量参数是时空，能量参数是时空中传播的电磁波。时空是时空量子构成的特殊物质形式，时空具有质量参与引力的作用以及场的体现。但是时空（暗物质）不能将自身的质量按照质能方程的规律再次进行能量的释放而把时空消灭。质能方程中的质量参数代入时空（暗物质）的质量却不适用。用质能方程消灭时空（暗物质）是不合逻辑也不现实的事情，这也是当今物理学理论模型所面临的一个困境。

　　质能方程是从时空中挖出含有能量的可见物质的条件。了解了暗物质和暗能量的本质后，可知时空也是有质量的物质，但是时空不具有常规物质中的能量，因为时空是可见物质释放完能量后的"物质"，时空只有少量的能量作为推动时空流动的内在因素。可见物质是时空量子和能量在时空中的体现。物质的质量是时空量子的属性，能量是依附在时空量子上的一种事物。能量无法直接测量，但是却可以测量出能量在时空量子构成的系统中携带和传递了多少。了解了暗物质的本质后，物质的概念需要包含更广的范围，因为时空也是具有质量的物质，这样会使"物质"的概念出现混淆。混淆的原因是说"物质"这个词汇，头脑中的第一印象是质能变换，物质中蕴含能量。时空同样是有质量的物质，但是却不能再进行质量到能量的转换。

　　时空和可见物质的区别是：时空具有质量不具有能量；可见物质具有质量和能量且符合质能变换关系。空气是物质但是却不可见，以物质是否可见进行物质种类的区分并不恰当。所以本书将由基本粒子所构成的蕴含质能变换关系的实体物质称作实物质，只包含质量并不包含能量的时空称作虚物质。

　　从具有质量的物质蕴含能量的角度可将物质分为两类：实物质和虚物质。

　　虚物质是不具有能量但具有质量的物质，也包括当今物理学中假设的质量为零的粒子，如：静止的光子、场等。所以虚物质是指宇宙的时空，以及时空中的场、光子、力的作用等的特殊物质。虚物质所体现的质量不能按照质能方程进行质量到能量的变换，这是虚物质和实物质的本质区别。时空与能量可构成多种不同体现形式的事物，质能方程与物质构成方程之间的关系是质量和能量构成事物不同体现形式之间的转换（图2-11）。

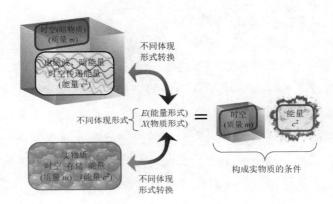

图2-11　质量、能量、实物质之间的相互转换关系示意图

实物质是既包含质量也包含能量的物质。实物质是指由基本粒子构成的有实际质量的物质，实物质不包含光子这种只传递能量，静止质量为零的粒子。实物质的质量携带能量的关系符合质能方程的描述，其中单位质量蕴含光速平方的能量。实物质可以在时空中释放能量并转换为时空。质子、电子、中子以及构成这些粒子的夸克等都属于实物质。

引入实物质和虚物质的概念是为了区分具有质量蕴含能量的物质和具有质量不携带能量的物质。通过前面的现象和论证，质能方程应限制为实物质中的质量和能量之间关系的方程。引入时空量子的概念后，质能方程依然是质能方程。使用时空量子模型去解释质能方程，使质能方程的含义更加明确和完善。质能方程在本书中仍简称为（物）质能转换，同时它也是物质和时空统一的关系方程。与牛顿定律一样，质能方程被限定在一定的应用范围，只适用于实物质和所蕴含能量之间的关系。

物质、时空和能量的关系为：时空中聚集能量，时空量子聚集存储能量并体现为实物质；实物质释放能量，存储过能量的时空量子散开返回时空。当实物质中束缚时空量子的条件被打破时，构成实物质的时空量子便会携带能量从高密度状态散开重新形成时空。从时空角度对实物质的定义是：实物质是用能量压缩的时空。

时空量子可以构造出带电荷的粒子，也可以构造出不带电荷的粒子，还可以构造出这些粒子的反粒子。一个简单的粒子却能构造出如此复杂且多样的事物，这让人理不清头绪，但是万物始于一个简单的开始，能够构造出如此复杂的宇宙，这其中隐含了什么秘密有待继续研究和探索。

2.22 光子的特性

当具有一定能量的光子撞击到裸露导体上时，导体中的电子获得光子的动能使一部分电子从导体的表面逃逸，这就是使用光子的粒子性质解释光电效应的微观原理，同时也揭示了光是一份一份传输的能量，不是连续不可分的能量传递形式。光的衍射实验证明光具有波的性质，这是让很多人难以理解的事情。光子为什么同时具有这两种性质？为此光子是波还是粒子的结论也被争论了很久。

现有物理模型将光子理解为纯能量，将具有一定能量的光子叫做光量子，这也在一定程度上说明光量子是一种粒子。所以在非时空量子模型中光子依然是某种具有量化能量的粒子。在时空量子模型中光子是由携带能量的一定数量时空量子构成的传递能量的一种形式，光子并不是单纯的能量。光子是时空以光速传递能量的一种特殊的时空结构，时空这种特殊传递能量的形式体现出粒子和波的双重特性。举个例子，光子的双重特性很像液晶屏中液晶的特性。液晶在常温下是液态，而分子结构却呈现出固体晶体的形态，同时具有固体和液体的一些物理特性。所以很难界定液晶到底是晶体还是液体，液晶的名字也由此而来。正是由于这种双重特性使得轻薄的液晶显示器得到大规模的应用。

光子是时空量子构成的特殊事物，具有粒子和波双重性质，从时空构成光子的角度分析，光子既不是粒子也不是波。光子由具有质量的时空量子构成，其本身具有的质量却很难被发现和测量，因为光子是质量传递能量所体现出的"粒子"行为。现有物理模型中将时空作为质量的零参考基准，假设光子的静止质量为0，当光子静止时就是时空本身。所以使用能量增量的方式来看待光子具有的能量，准确地说现有物理学模型是建立在光子的静止质量为0基础上的模型。

由于静止的光子是时空本身，时空的特性是具有质量但不具有能量。爱因斯坦将光子的静止质量假设为0，这样光子具有的能量则是时空中质量传递能量的增量。光子的静止质量为零与秤盘0基准的选取是同样的道理。这里可以将光子理解为秤盘构成的事物，所以秤的电子显示屏上不显示出秤盘的质量。这样的处理手段可以有效处理增量。光子与实物质不同的是，构成光子的时空量子传递能量的行为不会静止也不会停止，一旦产生即在时空中以不变的光速传递下去。所以光子传递能量体现出的"质量"是按照质能方程计算得到的质量增量，其能量的增量对应时空中参与传递能量的虚物质（时空）质量。在时空参考系里，时空是0质量参考基准，质能关系中光子的能量是从时空中挖出定量质量形成实物质的条件。光子静止则是时空，静止的光子不具有以时空为0质量参考点的质量增量。如果将静止的光子从时空中抠出来，抠出光子所处的时空将缺少构成时空的时空量子，导致抠出光子处的时空在模型中将呈现出负质量。如果使用与质能等价的模型来解释和理解，时空中抠出光子的地方体现为负能量海、负真空能等。

当实物质转换为能量时，其携带能量的时空量子从实物质状态转换到时空状态，如果这个转换过程的实物质足够多，将释放大量的时空从而导致时空的波动。时空的波动由能量驱动，时空传递能量是产生电磁波的充分条件，但并不是必要条件。时空波动中的时空量子从实物质的高密度状态高速分散到时空中，时空逐渐流动变化直到成为低密度平滑的时空，这个过程导致时空波动的能量转换为特殊的能量传递形式。微观时空波动可以理解为极小尺度的时空湍流，其能量传递形式具有波和粒子的双重特性，电磁波的频率越低越显现出波动的性质，频率越高越显现出粒子的性质。低频电磁波的波动性质更明显，波长极短的电磁波更像是粒子。印象中粒子不需要介质的传递，这是时空传递能量这一复杂特性带来的假象。

从时空量子模型或者量子力学去看光子，需要放弃光子到底是粒子还是波的观念。时空中电磁波的构成不同于以往的可见事物，对于电磁波所具有的众多复杂和特殊的性质，这里不再逐一描述。

2.23 物质与时空的验证实验

开启探索时空特性的大门必然离不开实验，设计实验是为了验证模型的正确性。不能被实验验证的理论模型也将永远停留在假说阶段，科学是可以不断重复验证的事实和道理。本书提出的时空量子模型与其他理论模型的不同之处在于，一切以现实为基础，从理论结合实际的角度出发。本书阐述模型的同时也设计出了验证模型的实验装置。当然进行这种实验不是个人和某个实验室能做到的事情，仍需要很多交叉学科和众多科研人员的参与。本书设计的实验装置的实验结果决定是否要改变现在的很多看法和认识，如果成功就不能将质能方程解释为质量到能量的转换。众多现象表明，时空量子模型揭示了时空与实物质之间的关系。

如果研究亚原子粒子的构成就要使用特殊的实验设备，这个特殊的设备就是粒子加速器。现实中研究的目标越小设备就越庞大，粒子加速器是物理学家探索亚原子粒子最主要的设备。目前世界上最大的加速器位于日内瓦的欧洲核子研究中心，它拥有目前世界上能量最高的粒子对撞机——大型强子对撞机，这一对撞机的使命就是探究宇宙的起源，寻找那些未经证实的可能存在的物理现象。加速器像一台超级显微镜，可以将构成原子的亚原子粒子打开，并通过亚原子的路径去分析和观测构成原子的内部结构。加速器赋予原子核或者电子能量并使其加速到接近光速，然后使这些粒子核迎面相撞。在相撞的区域外施加磁场，带电的粒子和不显电性的粒子在磁场中运动留下轨迹，通过半导体传感器记录粒子的路径，然后通过复杂的数据采集设备采集数据并存储在大型的磁盘阵列服务器中。通过分析粒子偏转的方向和时间，则可以算出粒子的极性和质量，通过分析碎片进而得出粒子的内部构成。

目前研究被撞碎的粒子都是希望获知基本粒子的构成以及更小一级的粒子。永远无法直接观测到这样的粒子，因为粒子中蕴含巨大的能量，或者说束缚着大量的能量，在如此大能量的作用下粒子处在极其坚固的状态。只有用大于粒子内部结构成分的能量，才有机会使粒子撞成碎片，并观测粒子的内部构成。受限于加速器的功率，确切地说是赋予被加速粒子的能量不够，粒子物理学家希望能够建造更大功率的加速器，以赋予粒子更高的能量。这也带来新的问题，粒子被能量束缚得更坚固。如果赋予粒子更多的能量，在粒子被击碎的瞬间，得到的是更坚固的构成粒子的更基本的粒子和撞击过程中产生的新粒子。在如此高的对撞能量作用下，虽然打碎了坚固的粒子，额外的能量会从时空中挖出一些新的更坚固的粒子，导致很难继续研究。我国计划建造大型的粒子对撞机，中国的对撞机有更高的目标和探索物质更小构成单元的使命。

当今的物理学研究已经深入亚原子的内部结构，由于没有办法直接观测亚原子世界实际的事物，原子领域也没有看见过原子真实的构成图像，所有这些微观事物的图像都是通过间接的效应体现并绘制。对亚原子构成的研究，只能通过其运动轨迹留下的一些细微痕迹进行间接的观测。如果要弄清更小的构成亚原子的时空量子，更加具有挑战。显然这样的设备和实验不是个人所能完成的事情，就是拥有这样的设备，也不是几人就能操作的。这样的设备运行费用庞大，需要多个国家的科研组织的共同努力。

原子大小的数量级是：10^{-10} m；原子核和电子大小的数量级是：10^{-14} ~ 10^{-15} m；它们相差 5 个数量级。它们的长度之比相当于一个半径为 1 m 的球中央有一个半径为 2 mm 的米粒。那么原子核和电子又有多大呢？原子和亚原子之间的差距也是非常之巨大，即使能把原子放大到像鹌鹑蛋大小去观察，也根本看不到原子核和电子。只有把原子放大到足球场那么大，原子核才相当于一粒砂糖那么大。电子就更小了，如果原子核在足球场的中心，电子绕其"旋转"似的出现在原子核周围,电子也仅仅相当于 $PM_{2.5}$ 雾霾的一个颗粒。现实生活中的雾霾只能给人灰蒙蒙的感觉,却看不见雾霾的颗粒。中微子更小,难以探测,已经让物理学家很棘手了。而时空量子的大小估计应该是普朗克尺度 10^{-35} m 的粒子,这个尺度小到难以想象。如果将原子放大到银河系的尺寸,这个原子所在的时空量子海洋中的时空量子只有构成银河系的原子大小。对时空量子的直接探测是不可能的事情,必须通过间接的实验来验证其相关性质,从而证明时空量子模型的正确性。

  观测亚原子十分困难,困难之处在于观测的目标又小又快。而在这么小的时空中,粒子又以接近光速在运动。时空量子是构成这些基本粒子的下一级更小粒子,验证时空量子模型也只能检测时空量子对时空所造成的影响。最适合验证时空量子模型的是物质转换为时空的现象。实验的原理几乎与所有的复杂物理实验原理一样都很简单。简单的事情在一定条件下,将使实现的方法和过程大大复杂化。

  物质是能量凝聚的时空,如果物质释放能量后"消失"了,物质释放的时空势必会对物质所在的时空造成影响。检测物质转换为时空所形成的物理现象是本实验的基本原理。验证物质转换为时空就要有足够的物质瞬间释放能量转换为时空。物质在常规条件下非常稳定,即使在高温高压条件下也不会释放能量转换为时空并消失。正物质和反物质的湮灭现象是较理想的实验条件。

  以往加速器实验研究的粒子越小则需要的能量越高。验证时空构成实物质的实验为亚原子粒子的研究提供了全新的途径。研究时空与亚原子粒子之间关系的设备不需要极其强大的功率,将时空和基本粒子的关系引入实物质构成的实验中。实验使用正物质与反物质相遇湮灭作为实验原理,湮灭实验不需要质子具有很高的速度,需要的是极准的正物质和反物质相遇湮灭时的位置。原子的质量几乎全部集中在原子核上,所以不适合使用正负电子对撞机。要实现正物质和反物质的质子精确相遇(湮灭),这个尺度很小。将聚焦后的激光经过正反物质湮灭那一狭小的时空区域,如果物质发生湮灭会使湮灭处的时空由实物质的密集状态转为时空的平滑状态,转换过程将使这个微小区域的时空波动或者小的时空湍流,实物质转换为时空的过程产生的时空波动会对经过这个时空区域的光造成传播上的影响,从而导致光的路径发生改变。湮灭释放的时空在原子核尺度会形成微型的时空波动(引力透镜)变化。检测湮灭时刻与经过这个时空区域光的路径扭曲现象，就能证明物质转换为时空理论的正确性，从而证明时空量子模型成立。图 2-12 为正反物质湮灭产生微时空扭曲实验原理图。

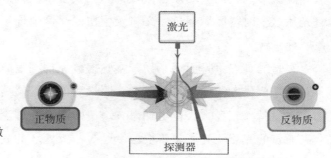

图 2-12　正反物质湮灭产生微时空扭曲实验原理图

实验的难点之一是加速器中的正物质与反物质湮灭区域的激光需要稳定地经过原子核的区域，这要求仪器有极高的精度和稳定度。原子核大小的数量级为 $10^{-14} \sim 10^{-15}$ m，要将一束激光聚焦于原子核，并在焦点的区域有效探测湮灭现象对时空的影响，在现有光电技术条件下并不是难点。

宇宙常规条件下都是正物质，反物质是稀有的事物。因此如何获得稳定的反氢原子核的质子流，是本实验的另一个难点。

验证物质转换为时空，选择湮灭的物质为原子核，为什么不直接升级改造正负电子对撞机？世界上已拥有很多正负电子对撞机。不选用正负电子对撞作为实验条件的原因是，电子的质量太小并且特性不明显。正负电子湮灭释放能量后能量只能转换为等能量的两个高能伽马射线光子，这样的转换可能不足以观测到时空的波动以及时空与实物质的关系。如果使用正负电子对撞机作为实验环境，将会大大增加实验失败的风险，这种风险会导致错误的结论。

验证物质转换为时空的实验，更难的地方在于如何测量和记录原子核湮灭瞬间对经过该区域的激光产生的影响。湮灭是速度非常快的瞬间，相机的快门速度为几千分之几秒，湮灭的过程更是快得难以想象。湮灭对时空波动的影响估计的时间可能要小于皮秒（10^{-12} s）。将经过原子核湮灭区域的激光照到光敏感阵列，一个光敏元件不足以探测光路径变化的全过程，所以需要阵列才能满足要求，这样的阵列很像相机的电荷耦合器件（CCD）。要记录这样的过程需要高速采集设备，记录阵列每一个感光测量点的变化，可以想象这样的设备 1 s 产生的数据量有多大。只要有足够多的物质转换为时空，在物质被拆散释放能量的瞬间，构成实物质的时空量子将不再聚集，失去能量的时空量子将向周围散开。从形成到消失的短暂过程，湮灭发生区域将形成微小的时空透镜。如果有光从这个时空区域通过，必将发生扭曲，这个现象与天文观测的引力透镜现象原理一致。

实验的难点不是原理，物理实验多数原理都很简单，而实现简单原理的实验总是需要借助简单和复杂的众多跨学科的测量仪器。实验设备和测量仪器越精密，设备就越庞大，也更加昂贵。按照当今的理论，质量到能量的转换将只有高能量的光子，光子是不会改变经过湮灭区域的其他光子的传播路径，更不会产生时空扭曲。如果经过该区域的光发生路径上的改变，质能方程的质量到能量的解释则不确切。正在准备建设大型对撞机的中国，如果能验证每一个可能的新物理模型，在探索宇宙的道路上将会走在世界的前列。

观察湮灭过程中实物质转换为时空，观测其释放时空对通过此区域光的影响，这一实验或许将为物理学研究开拓多个全新的领域和学科，以及开启对时空本质的研究。对于这样的实验只能期待，期待世界拥有加速器者愿意继续改进加速器去验证实物质与时空的关系，以及完善物质与时空更高度统一的模型和理论。

2.24 本章小结

本章是本书提出时空量子模型观点的最重要部分。这一章分析了当今物理学对质量的定义，引出了时空量子宇宙模型。该模型的重点是电磁波的传输介质不是以太，而是时空本身。也分析了反物质现象，正物质与反物质的湮灭，以及湮灭过程中被忽视的细节，正是这一细节成为破解谜团的线索。通过湮灭现象释放能量的简单方程与质能方程的等式关系，得出物质的构成与现在物理学不同的观点。实物质是由质量和能量两部分因素构成的实体。通过物质的构成因素得出实物质质能变换释放能量在时空消失的本质，其质量因素仍存在时空中。

能量是将质量因素从时空中聚集体现出实物质的决定性因素。最重要的是重新找回物质不灭定律，质量守恒定律是认识物质和时空本质最重要的定律。得出时空是由具有质量的时空量子构成，时空就是目前所努力寻找的暗物质。时空由时空量子这种具有质量的实体粒子构成。时空量子模型的提出，揭示了当今所不了解的暗物质和暗能量的本质，时空量子和相关特性符合暗物质和暗能量的一切特征。为重新分析质能方程的含义和应用领域的限制，本章引入了一些新的物理词汇。

暗物质和暗能量是当今科学界最大的谜团，美国航空航天局（NASA）在轨道中运行的威尔金森微波仪探测卫星上收集到的数据资料，也证明暗物质和暗能量在超新星演变中发挥的作用。这些数据资料令科学家忐忑不安，因为这预示着爱因斯坦、霍金等理论家可能都错了。影响并决定整个宇宙的力量不是引力等已知作用力，而是以"宇宙常量"形式存在的"暗能量"和"暗物质"。这也是让笔者大胆写下这本书的原因之一。从暗物质和暗能量以及湮灭现象的新角度重新解释和赋予了质能方程新的含义和解释。这是从理论角度支持时空和物质统一的有力证据。

本章最后提出新的加速器实验，期待有国际组织愿意探索并验证物质和时空的关系。这一实验结果将改变现有认识和有助于更深入地了解物质、质量和能量以及时空和物质的统一。

看完这一章相信你对时空、质量、能量和物质这几个常见的物理词汇有了新的更深入的认识和看法。同时也了解了对质能方程关于质量和能量关系更合理的解释。到这里你可能会惊奇地发现，时空量子已经统一了物质和时空，将现有物理模型与时空量子紧密地联系统一在一起。期待时空的相关实验能让我们更深入了解时空的本质。下面的章节将使用时空的性质分析时空中相关的现象，其他模型中无法解释的现象和问题将在本模型中做简单详细的阐述。下面章节的分析是时空和物质统一模型的其他有力的依据。越多理论和现象的支持会更加肯定时空和物质统一的必要性，以及模型的正确性。

第三章
时空和运动

　　前一章论述了物质与时空的关系和时空的部分物理特性。时空性质的引入使时空中实物质运动的概念和状态得以适当的扩展，并明确了时空中运动物体的具体状态。本章将分析现有模型中所不包含的物质与时空相关的运动本质，仍然会引入现有物理学没有的一些新物理概念与现象。根据时空的性质分析物体运动的本质和相关现象，使当前物理学中不能解释的运动状态可以解释。时空性质的引入，使物体与时空的运动情况可以进行分析，绝对运动和绝对静止的概念具有实际的意义。本章提出的时空运动隔离现象与机制是物理学新的概念，有待实验验证，但是，所有已知现象证明时空运动隔离现象的存在。

　　时空物理本质的引入不得不再次提及牛顿的绝对时空理论，这个被认为淘汰的理论也不得不对此重新进行分析。曾经很多人认为宇宙是静止不变的事物，后来天文观测表明宇宙在不停地演变。那么是否存在小范围的绝对静止呢？通过前一章的内容可知时空是不断流动变化的，所以绝对时空的概念是一定范围限定条件下存在的情况。从宇宙以及天体大范围考虑，就不能使用绝对时空的理论。一旦扩大到天体之间的时空范围，使用绝对时空概念分析物体的运动状态将不适用。

　　本章所指的运动状态均用于宏观物体，一般条件下不适用于亚原子粒子。从原子构成以及亚原子角度观察，这些粒子是时空量子携带能量，以动能的形式将能量束缚在粒子中演变呈现的事物。粒子是一定数目携带能量运动的时空量子，能量的传递不会停止，从亚原子粒子到整个宇宙都在运动中演变。运动是物质在时空中存在的必要条件，所以不存在绝对静止的东西。从宏观角度来看，由粒子构成的实物质以及更复杂的物体可以在一定范围的时空内处于运动或静止的状态。按照当今的理论以及实际观测的现象表明，宇宙中没有静止的天体。从微观角度观察构成物质的基本粒子，其时刻都处于运动状态，导致永不停息的宇宙演变，那么是否存在小的时空区域对宏观物体存在绝对的情况呢？答案是肯定的。当前相对运动的理论已经被研究得很深入和透彻，但是运用相对运动处理物体之间的关系在某些特殊情况下并不是十分完美。时空物理本质的引入，可以使相对运动状态处理运动问题的不足得到相应的补充。

例如屋子的窗台上有个鱼缸，里面有一条鱼，在你走出屋子的过程中，若用相对运动的方式来处理问题将出现悖论。这里静止的参考物可以是屋子，从相对的角度观察，结论是自己在运动。当你从静止到加速走动可以感受到加速度。但是如果将自己看作是静止的参考物，那么结果是屋子和鱼缸在动，这个结论并没有什么问题。如果你加速运动，自己是相对运动的静止的参考点，相对于你来讲房间在加速运动。由此引出一个问题，房间和鱼是否承受加速？如果你加速走动，同样将自己作为静止的参考点，那么鱼缸在加速运动。问题是为什么不会将鱼缸里的鱼和水抛出鱼缸呢？很多人会认为这是个可笑的问题，会使用因为房子在地球上等答案进行解释。这需要引入第3个事物才能解决问题。鱼缸里的这种流体可以视为静止的参考或者相对运动的事物，用相对运动的方法处理流体的问题并不完善。在现有物理学中，仍然存在与光子静止质量为零类似的假设条件，这个条件就是"物理学中将地球作为静止的参考物"。地球被视为静止的参考物是牛顿物理学中的绝对静止概念。为什么要将地球视为静止的参考物？没有原因，这是物理学中的规定。

如果一个人端着鱼缸向前加速跑，你会发现鱼缸的水向加速度方向的反向移动。下面再分析太空中失重的情况，在失重状态下有一名宇航员和装满水的鱼缸，如果他们分别做加速运动，仍然会出现如上问题，但是却没有"硬性规定"地球为的静止作为参考。用相对的方法处理流体的相对运动状态和静止参考，明显存在不足或者缺陷。

通过上面的实例可知，无论如何也不能将地上的鱼缸看作是相对运动的状态。为了处理这种问题，广义相对论用垂直电梯（也叫升降机）的现象引出特殊的参考基准,即惯性参考系。惯性系是指不存在引力作用与不存在自身加速度的"自由"参考系。在经典力学中,这是一种理想参考系,因为宇宙空间中无处不存在引力的作用。理论上宇宙中的惯性系是不存在的参考系,但也并非绝对。在广义相对论中,由于引力作用和加速度完全等效,处理在引力场中作自由落体运动的参考系,引力作用和自身加速度的作用相互抵消。这样的参考系,是真实的"自由"参考系。由于引力场在时空中分布不均匀(距离会影响引力的大小变化),惯性参考系只能是局域的参考系,也称为局域惯性参考系。宇宙中不存在全局惯性参考系,这与本章的绝对参考系一致。惯性参考系和经典物理学对于运动的研究已经非常深入,在此不再详述。

宇宙中天体之间以及物体的运动是十分复杂的情况,因为所有的天体都在动,当空缓慢移动的太阳,其表面却处于不停高速喷发和运动的状态,行星地球又绕恒星太阳旋转。从太空看似乎平静的地球在不断进行内在的运动与演变,如:大气对流产生的风使树叶无序的运动,树木在地面上扎根生长,地面各种动物的奔跑,动物的血管里又流动着血细胞,等等。目前很难研究一个血细胞相对于其他天体的复杂运动轨迹,所能做的是将复杂划分为简单的部分,并寻找最简单的方式处理每个系统单独的运动情况。这就需要去寻找一个简单的相对运动基准参考点。从另一个角度分析,地球绕太阳公转、宇宙在膨胀,各种各样的运动相互作用、相互叠加。为什么我们感觉不到,也测量不到呢?这就引出一个最基本而又古老的问题,地球以及处于地表的我们在宇宙中到底是在运动还是没动?

处于宇宙飞船的环境似乎什么都具有相同的不变性。按照现在的物理学原理,所有的自然定律都按照相同的规律变化。即飞船上什么事情都不会发生,但是在极端条件下将飞船放进加速器会发生什么呢?极端条件会暴露物理模型中存在的不足之处。一直以来人类梦想着能够以接近光的速度进行星际旅行,然而现在并没有相应的技术进行实际大物体和生物体接近光速的测试。实物质最快的速度在地球上的粒子加速器中诞生。在加速器高强度的磁场和电场中加速的带电粒子,以接近光的速度运动。这些粒子在接近光速的时候,具有巨大的能量,使这些粒子呈现出与常规条件下不同的现象和状态,向外辐射电磁波。如果飞船在加速到接近光速的时候,构成飞船的所有粒子与加速器中的电子或者质子具有相同的情况,必然向外辐射电磁波。如果是生物体,这种现象导致的结果是生物体会因自己每个原子都向外辐射能量而烧毁。这与微波炉加热食物现象类似，食品的内外同时被加热，如果内部热量来不及传导出来，后果可想而知。接近光速运动的生物体，其构成的原子会辐射远高于微波炉能量的电磁波，甚至能达到辐射 X 射线或者 γ 射线，这对生命来说是致命的。所以不使用时空的一些性质进行遥远的星际旅行，永远不可能将载人飞船加速到接近光速。另一个现实的问题是，现有的物理模型也假设地球在高速运动，那么为什么没有发现地球上的物质因运动具有的能量，向外辐射电磁波呢？这证明，现有的物理模型中或多或少地存在一些有待更正的不足之处。相对性的原理在不接近光速的时候，永远发现不了处于地面静止状态与处于外太空运动状态的异常。本章将引入时空局部参考点，重新更深入地看待时空中事物运动的本质。本章的参考系均是分析运动物体的参考系，也仅限定在运动物体之间的状态和参考系统，不适用于其他广域参考系。

　　本书的运动状态及相关定义是经典物理学的延伸。当使用经典物理学和物理模型无法解释未知的新事物属性时，就需要引入新的时空相关机制和模型，对已知和未知全新事物进行合理的解析和扩展。这很像交通工具的作用，在小区域内选择步行，在稍大的区域会选择汽车，再远点会选择高铁或飞机。当然超过地球表面的区域仍然有载人的设施。不能因为有越来越先进和越来越快的交通工具而淘汰步行和其他的交通工具。新机制和模型的出现不一定要推翻旧模型，旧模型和理论在原有的领域仍然适用，当超出旧模型的领域则是新机制发挥作用。

 3.1　相对参考系和绝对参考系

　　相对性原理是物理学最基本的原理之一，相对参考是指描述一个物体相关的属性无法从这个物体本身进行判断和描述，必须使用其他物体的属性来做比较。生活中也常常会用对比的方式来表示相对的差别。相对性原理指出宇宙中不存在一个"绝对参考系"作为所有运动状态的参考。相对性的原理最初是由伽利略提出，当时的适用范围是经典力学。爱因斯坦将其推广到包含力学和电磁学的整个经典物理学范围，后来更进一步将引力纳入。在一个参考系中建立起来的物理定律，通过适当的坐标变换，可以适用于任何参考系。但要找到大到适用于整个宇宙的绝对参考系,并不存在这样的可能。在局部范围内却允许部分绝对参考系的存在,或小范围的绝对参考系存在。所以绝对参考系是有严格范围限定条件的参考系。

经典物理运动参考系通常有不固定的参考基准,并以参考的物体为基准判断其他物体的运动状态。如果一个处于时空中的物体,当没有其他参考时,是否可以以物体自身所在的时空为参考基准,并判断当前物体的运动状态?这是经典物理以及当今物理学棘手的问题。一直以来物理学家都想找到一个能作为所有运动和静止物体的唯一参考基准,这样的基准是绝对的参考基准,也叫绝对参考系。因为宇宙时空在不断地"膨胀"和运动,所以绝对参考系仅能适用在局部的时空区域内,并且这个区域不存在时空与时空之间的相对运动(时空激波区域)。宇宙中所有的物体均处于宇宙时空的容器中,处于宇宙时空中是物体和物体之间具有的共同的特点。

绝对参考系是相对参考系的一种形式,要判定物体的运动状态,就必须引入另一样事物作为参考。绝对参考系是指在宇宙中,可以作为局部系统中所有物体的共同参考基准,如:地球和地球附近,以地球为参考基准。宇宙庞大系统中的局部系统,用统一的事物状态来判定其他或者多个物体的运动状态,这样的参考系则为本书绝对参考系的含义。

宇宙中存在无数个局部的天体系统,如:银河系、恒星系、行星系等,并且每个天体系统都可以是独立的绝对参考系。绝对参考系只在每个独立的天体系统中有效,一旦超出局部天体系统的时空范围将不再适用。例如:在地球和地球附近的时空内,可以将时空中的所有物体和时空视为共同的参考系统,地球则是参考系统的参考基准。超出地球周围的时空范围,如:其他星系,以地球为基准的绝对参考系统则不再适用。

3.2 时空参考系

判断一个物体的运动状态就需要选择参考系。通常情况下可选择的参考系很多,可以选择其他物体或者惯性为参考等。在狭义相对论中,任何物体都是由具有质量的实物质构成,实物质的质量会随着运动速度的增加而增加,在接近光速时物体或实物质的质量将会趋于无穷大。如果实物质保持静止,在绝对零度不存在引力的条件下,那么实物质的质量就存在一个最小值,这个最小值就是物质的静止质量或者绝对质量。如何确定物体是静止还是运动的状态,或者如何确定物质的最小质量?从相对运动的观点分析,宇宙中的事物不断发展变化,总能找到运动的物体,这样便不存在绝对的静止。不存在绝对静止是在相对参考的角度上分析得出的结论。但是宇宙中所有的实物质都处于宇宙的时空中,这是所有实物质具有的一个共同特点。所以实物质的运动实质是物质与时空发生了相对运动。实物质与时空相对运动的速度越高,实物质所具有的额外能量就越高,额外能量使实物质具有依附的时空使其质量增加,速度越高所增加的额外质量也越大。如果实物质和时空处于相对静止或者绝对静止的状态,实物质具有的质量是其质量的最小值,即静止质量。为了解决物质静止质量的问题,就需要引入绝对参考的基准,这个基准就是实物质所处的时空。时空参考系是一个理想的参考系。

时空是由时空量子构成的海洋,实物质在时空中的运动很像是在时空的海洋中航行的船舶。一艘在平静海面上航行的船,在没有雷达和卫星定位技术以前,水手会在船边的平静海面放一个测速仪,然后再测量船相对于测速仪的运动情况。基于这样原理的实验是迈克尔孙-莫雷的光速差实验。但是因为实物质存在最小的质量,所以实物质和所在的时空必定存在绝对静止的状态。

两艘处于海洋中的船在风平浪静的时候,与海面处于绝对静止的状态。如果这两艘船在不同洋流的海面上,虽然船与海面静止,但是由于洋流的运动,船由洋流带着运动,导致两艘船处于相对运动的状态,而每艘船却与各自所在的海面处于绝对静止的状态(图3-1)。相对运动并不能完美地处理这种运动的状态。船的情况和实物质在时空中的情况完全相同。所以绝对时空参考系仅适

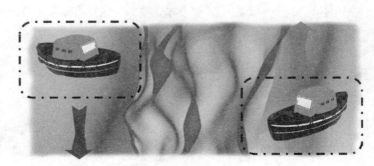

图3-1 洋流使相对海面静止的船之间发生相对运动示意图

用于一定范围的局部时空区域，而不适用于所有宇宙时空中的实物质。处于不同洋流中的船，其与海面静止存在一定的范围，时空中物体所在的时空范围情况与之相同。部分行星与一定范围内的时空可以视为一个绝对的时空参考系。太阳系的时空参考基准，由于太阳在不断进行着核聚变反应，导致太阳时刻在释放时空，这使运动情况变得更复杂。

为确定物体的质量是否是最小值，需要确定物体是否处于绝对静止的状态，需要分析物体与所在时空的运动关系。时空参考系以时空为参考点，它在本书的时空概念提出以前，是不具有意义的参考系。根据前面章节的结论，时空参考系在现实中具有极大的物理学意义和广阔的应用价值。如果实物质与所在的时空发生相对运动，物体将是绝对运动状态。实物质与所在的时空处于相对静止状态，那么物体处于绝对静止状态。在现有的物理学中物质具有的最低能量状态叫做物质的基态。如果粒子或宏观物体处于运动状态或温度升高，此时其能量高于基态。粒子加速器中的带电粒子以接近光速运动，这些粒子处于激发态并向外辐射电磁波。实物质与时空发生运动的本质体现是物质具有最低能量状态额外的能量和质量。如果取极端运动状态，加速器中接近光速运动的粒子，无法视其为静止的参考物。如果将粒子加速器中这些以接近光速运动的等离子视为相对静止，加速器则以光速运动，这会得出视为相对静止的带电粒子在向外辐射高能电磁波，而相对接近光速运动的加速器却不向外辐射高能电磁波的矛盾结论。

时空参考系最大的障碍在于能否找到合理的基准检测方法和实验，来验证物体与所在时空处于相对运动的状态。如果无法设计出这样的实验装置，时空参考系将失去意义，也无法使用时空作为参考系的参考点，观测物体与时空的运动情况。时空中只有物体或者只有实验装置，不通过其他的物体就能确定当前物体的运动状态是时空参考系的关键。后续的章节将分析这样的相关实验以及现象。

3.3 哈勃定律和哈勃半径

1929 年，美国天文学家爱德文·鲍威尔·哈勃（Edwin Powell Hubble）在研究星系运动的过程中发现，所有河外星系的光谱谱线都有不同程度的红移现象，并且距离越远的星系红移越大。这表明河外星系都以运动的方式远离地球，或者说河外星系都在面向地球倒退，由此引出退行速度的概念。星系之间的退行速度和距离呈现出线性的关系。如果将红移看成星系视向运动的多普勒效应，那么红移与距离的线性关系，可表示成视向速度与距离的线性公式，即：$v=H_0R$，其中 H_0 是哈勃常数，R 是距离，v 是星系远离银河系的视向速度，这个公式叫做哈勃定律。哈勃常数 H_0 是 $67.8 \pm 0.77\,[(km/s)/Mpc]$。这一数值于 2003 年由威尔金森微波各向异性探测器（WMAP）测得。哈勃定律的重要性在于不仅可以测量河外天体光谱的红移，还可以确定天体的视向速度和距离。更重要的是哈勃定律表明宇宙正在膨胀。从哈勃定律来看，宇宙膨胀的现象十分奇怪，似乎太阳系是宇宙的中心，各个方向上所有的天体都远离我们而去，距离越远的星系背离的速度越快。观测星系给我们的感觉是宇宙像正在"吹"大的气球。这个气球被吹大的机制和动力在现有的理论中并不清楚，现在物理学将宇宙膨胀的机制归为暗能量和暗物质的作用。不论宇宙是由大爆炸还是由其他方式诞生，有一点可以肯定的是宇宙在膨胀，这是现在所观测到的事实。

    观测现象表明星系之间的距离在逐渐增大，由此得出宇宙在膨胀的结论，从视觉上分析这些相互远离的星系处于高速运动的状态，这种运动与观测地球绕太阳转的现象并没有什么不同。很多学者认为宇宙膨胀是一种时空携带物质相互远离的运动现象，这样解释宇宙的膨胀就需要理解时空的本质。物理学中的物质也包括电磁波，时空中传播的最高速度是光速，如果沿着膨胀方向传播，相对于其他参考系而言，这束光可能出现超越光速或者低于光速的结论。用相对运动的方式解释类似的问题则变得行不通。因此很多学者对光速恒定的事实提出疑问。在时空量子模型中，光在真空所在的时空区域传播，光速是恒定不变的。

    宇宙膨胀导致远处星系所发出的光，在传播的过程中波长逐渐被拉长，结果体现出红移的现象。这就会存在一个确定的叫做哈勃半径的距离。在这个距离之外的天体所发出的光，在传播到地球的过程中，其波长被拉长到微波背景辐射以下。我们无法观测到这个距离之外所发生的一切。哈勃半径的距离大约是 200 亿光年，因此从地球无法观测哈勃半径外的景象。

    哈勃半径引出的问题是 200 亿光年外物体的运动状态问题。从相对运动的角度分析，如果哈勃半径外同样存在智慧生物通过望远镜观察地球，使用 21 世纪初物理学中的相对运动理论原理进行分析与解释，地球相对于哈勃半径外的行星处于相对运动状态，其相对运动的速度将接近光速或超过光速。相信很多人会有这样的疑问，到底是哈勃半径外的行星处于光速运动状态呢？还是地球在以光速运动？或者有没有可能都没有运动？通过天文观测行星和恒星相对其他天体运动是存在的事实。很多科学家也在思考这样的问题，哈勃半径外的天体相对地球运动速度将超过光速，与现在物体在时空中相对运动速度为光速的理论冲突。众多的学者使用时空去解释这种运动，这样时空的运动速度可以超越时空中最高速度为光速的限制。时空正以宇宙膨胀的现象证明其存在，所以时空的存在与运动是支持本书时空量子理论模型的有力证据。时空引入的运动也是被现在物理学家认可的不受光速限制的运动状态，即不在现在标准模型中的运动状态。虽然时空引入的相对运动超过光速的状态并不与时空中最高速度为光速的理论冲突，但是现有模型不包含时空本质和特性，导致难以处理因时空引入的各种运动问题和现象。

3.4 绝对运动和绝对静止

受到相对运动概念的影响，绝对的概念给很多人的第一印象是不存在的事物。当今的理论中只有相对才能静止，这是每个中学生都熟知的物理概念。绝对静止的概念在未引入时空本质的情况下是可笑和无知的。当今的物理理论认为没有绝对静止的物体，其原因是总能找到与这个物体处于运动状态的物体作为参考物。即假设参考点静止，总存在相对于参考点运动的物体。时空引入的绝对概念与牛顿的绝对空间并不相同。因为宇宙的时空处于不断运动变化的状态，所以就不存在绝对时空这样的事物。这里所说的绝对是指，在一定区域范围的时空内存在的状态。在有限的时空区域内物体与所在时空处于相对静止的状态，这样的状态叫做绝对静止。绝对静止状态的实物质具有物质的绝对质量，即物质的基态。绝对静止是指实物质与时空不发生相对运动，如果不考虑温度和引力因素，实物质中的粒子全部处于最低能量状态，基本接近零内能状态。绝对静止是理想的状态，在实际中只能无限的接近，不能实现实物质在时空中绝对静止。

绝对运动是比较有意思的概念，其原因在于宇宙永不停息的演变，如银河系在旋转，恒星系统在自转、公转运动，公路上的车在川流不息，等等。从宏观世界判断物体是否运动，按照现有的理论要选取参考点，相对于某物体的可用参考点实在太多了，所以就有运动是绝对的，而静止是相对的结论。但是时空的引入，物体将不再以其他的物体作为运动状态的参考，而是以物体所在的时空为参考基准。

适用于全宇宙内的绝对参考是无法找到也不存在的，在有限的局域时空内却允许绝对情况的出现。绝对运动和绝对静止是指在一定时空区域内有效的运动状态。绝对状态只涉及物体与所在时空的运动关系。物体与所在时空发生了相对运动叫做绝对运动。物体与所在的时空处于相对静止的状态叫做绝对静止状态，并且绝对静止的概念只能适用于宏观物体。宇宙的发展变化是时空和处于其中物质的演变，时空是一种流体性质的物质，在能量的驱动作用下流动。绝对运动和绝对静止都仅是指物体在其所在的时空内的运动状态，一旦时空扩大到一定的范围，时空的运动将使绝对的概念不再存在和不具有意义。引入时空的特性后，一定范围的时空可以携带时空中的物体运动，这导致使用相对运动的概念变得不恰当。在微观亚原子世界，构成物质的粒子时刻都在运动，所以绝对静止不适用于微观和量子领域。粒子的运动是实物质存在的必要条件。时空参考系内，绝对运动和绝对静止的概念只适用于狭小的时空范围，即大于原子小于某个天体或系统范围内的时空范围。

 3.5　相对运动和相对静止

人在飞机上如果没有舷窗他就无法看到外面的事物，如果飞机不发生速度和方向的改变，那么观察者很难区分自己是运动还是静止（不考虑颠簸的判定条件），这是广义相对论的原理。当飞机加速或者减速的时候，观察者能感到速度变换带来的加速度感觉。如果观察者从舷窗向外面看景物，在匀速状态下他就感觉不到自己是静止还是运动，也没法区分是自己在运动还是外面的景物在运动。如果飞机是模拟器，舷窗是视网膜级别的显示屏，那么这个人无法分辨视觉引起运动还是静止，也无法判断是自己还是景物处于运动状态。

物体是否处于运动状态，在当今的物理学中，如果没有参考点的引入，就无法判断匀速物体的运动方向和速度。即如果给出一个参考点，就可以测量物体相对于参考点的运动速度和方向。相对运动一般以物体为参考基准，相对静止是指处于时空中的物体和物体之间的距离没有发生变化的运动状态。正如坐在同一辆车内的两个人，虽然车疾速行驶，但是两个人却处于相对静止的状态，车上的人和车外的气流则处于运动的状态。虽然参照的物体和物体之间没有发生位移，但是物体和所处的时空却有可能发生相对运动。物体是否处于运动状态，还要分析物体是否具有额外动能所具有的额外能量。

相对运动的判定原则是，参考物体和被参考物体之间发生距离的变化。相对静止和相对运动是两个物体之间，不考虑物体所在时空的运动状态，即不考虑两个物体的基态，仅考虑物体之间的运动状态关系。

地球绕太阳公转，如果将地球的公转轨道假设为正圆，那么地球绕太阳公转的距离就不会发生变化，即太阳和地球处于相对静止的状态。地球和太阳更像是地球用绳子拴在中心并绕中心旋转。相对运动不考虑物体和物体所在时空的运动关系，只考虑参考物和被参考物之间的距离，将众多复杂的因素简化处理。

相对运动处理问题的方式在某些条件下存在缺陷。无论圆盘旋转与否，其上的中心和点则永远处于相对静止的状态。在极端条件下，高速旋转圆盘上的点处于线速度接近光速的状态。在圆心和圆盘上各放置一台精密的原子钟，随着圆盘的高速转动，圆盘上的时钟会因为高速运动线速度远高于圆心，而与圆心的时钟出现走时的差异，这是相对论运动导致的时间膨胀现象，圆盘上的时钟会比圆心上的时钟慢。但是从相对运动的角度分析两者却处于相对静止的状态。这个现象中，虽然两个时钟处于相对静止，但是两个时钟的本征时间却不同。物理学中这种运动叫圆周运动。观察空间站和地心，空间站绕地心做圆周运动。如果宇航员不通过舷窗向外观测，是否知道自己处于圆周运动状态？相对运动在处理这种运动情况时存在明显不足。

随参考点选取的不同，处于绝对运动或绝对静止状态的物体，可能出现相对静止或相对运动的状态。绝对运动是指物体与所在的时空发生相对运动，其导致物体具有额外的能量和质量增量。例如，公路上行驶的汽车与所在的时空处于相对运动状态，汽车处于绝对运动状态；公路上两辆并行行驶的汽车处于相对静止状态，但是两辆汽车与所在的时空处于相对运动状态，因此两辆汽车处于绝对运动状态；如果两辆汽车都停在停车场，两车处于相对静止状态，两车与所在的时空也处于相对静止状态，因此两车处于绝对静止状态。所以，根据物体与物体之间的相对运动或相对静止的状态无法判断物体与时空的绝对状态。

3.6 视像运动状态

俗话说"眼见为实"，事实上眼见也不一定是实际的事物。原因在于现实中存在各种错觉，如屏幕上的电影画面，画面里的飞船等很多都是特效，实际可能并不存在画面中所见的事物，所以眼见也不一定真实。在岸边观察水中的鱼，虽然鱼儿真实存在，但由于水的折射使所看到的鱼并不在所见的实际位置。即使不用眼睛去观看，而使用影像设备依然会得到同样的结论。从镜子里观测一辆汽车的运动，汽车不动而镜子运动使观察者观察到的物体处于"运动"状态。被观测的事物由于电磁波的限制以及电磁波在时空中传播的过程可能导致的变化，使观测者所接收到的电磁波在一定程度上不能完全反映事物的实际情况，或者部分反应事物的事实。这需要引入新的运动状态对这类的运动形式进行描述。

宇宙中的大质量天体周围存在引力透镜现象，所观测的天体可能因时空形成的透镜现象导致光在传播方向上存在扭曲，观测的结果是天体不在真实的实际位置而是天体的像，这在天文观测中是比较常见的现象。

经典物理学中的相对运动理论主要用于处理时空中的实物质的运动状态，即以其他的实物质为参考，判断相互之间的运动状态。时空绝对参考系主要用于判断处于时空虚物质之中的实物质，是否与时空（虚物质）处于相对运动的状态。若实物质与所处的时空发生相对运动，则实物质处于绝对运动状态；若实物质与所处的时空没有发生相对运动，则实物质处于绝对静止状态。绝对运动和绝对静止主要用于解释实物质所在时空区域内的运动状态。

提出绝对运动和绝对静止的概念，目的是解释处于不同时空区域物体的真实运动状态。

当一个人坐在与时空保持相对静止的屋子里，观看屋子里的超高清立体电视时，电视的屏幕上正播放火车在铁轨上奔驰的画面。这引出一个悖论，观看电视的人与屏幕中奔驰的火车是否发生相对运动。答案无外乎：发生相对运动或不发生相对运动。给出发生相对运动答案的理由是，眼睛看见真实的火车在运动的光学影像，不考虑事物是真还是假。给出不发生相对运动答案的理由是，看见的火车虽然真实但仅仅是光学影像。这两个结论看似都有一定的道理，但是需要面对的事实是：看见的火车仅仅是光学的影像信息，不论这个物体是真实还是虚构。

再看个例子，随着现在高速移动网络的飞速发展，视频通话普及到了多数人的生活中。有两个正在视频通话的人，一个在步行，另一个在开车。问这两个人分别处于什么运动状态？两个人观看手机屏幕，对方相互都没与手机摄像头发生运动，这两个人是相对静止？还是相对运动？显然这两种运动状态都不合适。不论这两个人怎样运动或者不动，用相对运动解释他们之间的运动状态都不合适。原因是两个人之间相隔了视频通信系统，这与两个天体系统之间引入不同运动状态的时空同理。

相对运动和相对静止主要用于分析实际物体之间的运动关系，不能用于物体和光学影像之间。如果用于物体和影像，那么就会产生逻辑性的错误，因为影像和物体并不在相同的时空区域，影像仅仅是光学的信息，这个光学信息可能真实也可能不真实。最典型的例子是：光学的虚像和实像，虚像和实像包含真实事物的光学信息但并不代表真实的事物，如：凸透镜放大物体的虚像，实际物体却没有那么大；凸透镜成像的倒像，实际物体并不倒置。

从地球上通过望远镜观测天空中的不同区域，则是宇宙的演变通过多个时空区域给地球播放的影像。所见天体可能真实，也有可能不真实，因为所观测的天体并不在相同的时空区域，不能反映对方所在时空中的真实运动状态。所以，处于一个时空区域观测其他时空区域物体的运动情况，在时空量子模型中被定义为：视像运动状态。为什么不叫"视向运动"，因为所看到的天空的景象虽然是视觉的方向，叫做"视向"似乎更合理，但是视觉的方向往往可能不是真实的物体所在的位置。光在时空中传播，引力会导致时空扭曲从而使光的传播路径发生改变，这种现象叫做引力透镜现象。经过透镜所观测到的物体实际上是物体的"像"。时空是透明的虚物质，时空的流动无法直接观测，也无法判断所观测其他区域的天体经过了多少时空的变化，更无法判断远处物体所处的时空中，物体与时空的真实的运动状态。所以为了简化多个时空区域物体的运动状态，从一个时空区域观测其他时空区域物体的运动，称为"视像"运动更合乎情理。

处于不同时空区域下的绝对静止的两个物体，由于时空的运动可使两个绝对静止物体之间的距离发生变化，导致物体之间产生相对运动。虽然两个物体所处时空的运动状态都是绝对静止状态，但是物体之间由于时空演变的结果，导致距离发生变化。星系与星系之间的时空膨胀则使指星系处于这样的运动状态。星系的运动是星系所在的时空携带星系运动，而星系本身的物质不与所在时空处于观测呈现出的运动状态（图3-2）。所以时空演变引入了不同时空区域物体之间的距离变化，这种运动使用相对运动的方法不恰当。

图 3-2　时空携带星系运动原理效果图

时空是一种具有流体性质的虚物质，它可以携带时空中的实物质一同运动。实物质与所处的时空却可以处于绝对静止的状态。时空携带实物质的运动情况引出了一个新的运动状态，这也属于视像运动状态。宇宙时空的膨胀导致星系之间的远离，均属于这类形式的运动状态。视像运动状态是指两个天体位于不同的时空区域，时空携带着天体运动，两个天体之间所发生的运动状态。视像运动是指用相对运动的方式解释物体间的运动状态，存在无法确切判定所观察的另一物体是否由于时空携带运动而引入的运动。如宇宙的膨胀导致从地球观测哈勃半径外的事物将处于接近或超过光速的运动状态，在哈勃半径外观测地球所在的星系同样处于高速运行的状态。但地球的环境却处于平静的状态，这样的状态用相对运动和绝对运动的原理都不恰当，所以从一个时空区域观测或者判断其他时空区域物体的运动状态为视像运动状态。而哈勃定律中星系的退行速度也为视像退行速度。视像运动均用在较大的时空范围，如：地球附近的时空，太阳系附近的时空以及星系附近的时空等。

视像运动状态定义的是不同时空区域中的实物质之间的运动状态，而相对和绝对运动状态均只有在同一时空区域才具有实际的意义，否则将得到不适合或者矛盾的结论。视像运动仅仅是一个运动的状态，这里要区别其与视向运动速度等概念的不同。

时空的引入使物体的运动状态判定更加的明确。地球与附近的时空（基本）处于绝对静止的状态，地表的房子与地球处于相对静止和绝对静止的状态。路面上的汽车与地球处于相对运动的状态，而汽车处于绝对运动的状态。如果将加速器中接近光速的高能粒子视为静止的参考物，将地面的房子视为接近光速的运动状态，这样做不是不可以，而是会得出不合理的结论。不合理是因为真正运动的实物质具有静止质量额外的能量和质量增量，加速器中的粒子由于高速运动具有的高能量而处于激发态。而绝对静止的实物质具有静止质量，不具有能量增量而带来的质量增量。地球绕太阳公转，地球与太阳是什么运动关系？从地球上观测太阳则太阳处于视像运动状态。因为地球附近的时空和太阳附近的时空并不在同一时空区域，所以不适合使用相对运动和绝对运动的概念去解释不同时空区域的物体和天体的运动状态。如果仍要使用相对和绝对的方式去解释不同时空区域的物体或者天体，这将得出矛盾甚至错误的实验结论。

 3.7　深入物体运动的本质

　　运动是一个比较古老的话题，尽管经典物理学已经有了详尽的讲述，将相对运动的理论发展得淋漓尽致。研究相对运动的时候，我们依然会问自己在地球上动没动这样的问题。如在马路上行驶的汽车，车上的椅子是否与车发生了运动？地面上的屋子和屋子里的椅子动了没有？到底什么在动？什么不动？由于相对的原理，似乎所有的东西都在动，但有些时候总是感觉相对运动的理论不够完美且缺少些什么。

　　宇宙的膨胀是一种时空携带着时空中的物质相互远离形成的相对运动现象，也包括时空中传递能量的电磁波。光速是时空中运动速度的上限，如果宇宙膨胀的某区域有一束光，由于时空是光的传播介质，时空携带时空中传播的光运动，对于其他时空参考系而言，这束光的相对速度可能超越光速或者低于光速。时空的运动导致出现光速可变的假象。用相对运动的方式解释类似这样的问题则变得有些困难和不可理解，因此需要提出更完善的运动模型及定义，以研究运动的本质。

　　宇宙的膨胀导致哈勃半径外电磁波的红移，使地球无法观测到200亿光年外的事物，且哈勃半径外的事物相对于地球也将是接近以及超过光速的运动状态。同样从 200 亿光年外观测地球也在以同样的速度远离它们。这是经典物理学相对运动理论引出的问题，到底是地球在超光速运动还是它们在超光速运动？如果不引入时空的运动，那么简单的参考点并不能使问题得到解决，反而会使时空本质带来的现象变得不可解释。处理哈勃半径外天体的运动情况，使用相对运动方式，就必须要面对相对速度超过光速的情况，这在相对论中变得无法解释。光速是时空中运动速度的上限，所以必须要有更合理的模型，在满足光速不变的条件下，使现有模型更加完善。

绝对运动的本质是实物质与时空发生相对运动，实物质也因此具有额外的能量和质量增量。宇宙时空膨胀导致的视像运动，在经典物理学相对运动的理论中，似乎宇宙中的所有物体均在运动。从地球观测发现哈勃半径外的事物以接近光速远离，哈勃半径外也应观测到以等速远离的地球，这是相对运动给出的结论。这样的结论是否正确呢？假如一个以接近光速运动的物体，其能量和质量的增量将趋于无穷大，使物体将体现出极高的温度，同时向外辐射电磁能量。当实物质具有的额外能量足够高时，超过几分之一的光速，必然导致实物质向外辐射的电磁能量达到可见光的频段。如果地球与所在的时空处于绝对运动状态，结果是地球和人也将发光，甚至因自我发光来不及散热而被烧毁，这是不合理和荒谬的结论。引入时空的性质后地球和所在的时空是绝对静止的状态。一个时空区域的物体相对其他时空区域的参考系而言，时空携带着时空中的实物质运动并不会使实物质具有额外的能量和质量增量。

绝对运动状态实物质的质量随着速度的增加而增加，实物质绝对静止时为静止质量，是实物质质量的最小值。如何判断实物质是绝对静止还是处于运动的状态，或者如何判断实物质的质量最小值？相对运动的理论中因参考系的不同，物体便不会有一个确定的状态，物体的静止是不存在的现象。但现实中物质却存在着最小的静止质量。为了判断物体的静止或者运动的状态引入了时空参考系。

相对运动和本书中时空参考系的提出，目的都是为了深入研究时空中运动的本质和现象。相对运动可以解释物体与其他物体之间有没有发生位移，而时空参考系可以解释物体有没有和所处的时空发生位移，是否因为运动具有动能或能量和质量增量。实物质的基本粒子的全部体积是空无的时空，基本粒子只占有极少的体积，实物质相当于具有较大孔隙相互连通的海面或者一个具有较大孔的筛子，微观角度分析绝对运动的本质是时空流动经过构成实物质的基本粒子，宏观角度分析绝对运动的本质是时空流动通过物质。相对运动解释问题的方式与秤盘质量的增量原理相同。时空参考系与处理包含秤盘所有附属机构的原理等同。举个简单的例子：一个人坐在公交车上，公交车匀速向前直线行驶，路很平坦这个人感觉不到任何的颠簸。在 21 世纪初的物理学中，这个人相对于公交车处于相对静止的状态。但事实上这个人与公交车相对于时空都在运动，并且公交车与这个人都因运动而具有额外的质量和能量，人与公交车均处于绝对运动的状态。宇宙的膨胀导致观测遥远的星系以极高的速度退行，这些星系和地球处于相对"运动"的状态，但是却不具有因退行速度引入的能量和质量增量。用相对的方式分析地球的运动状态，地球仍然不具有额外的能量和质量增量。

当今的物理学中将地球作为静止的参考物，地球至少在绕太阳公转运动！地球为什么可以是静止的状态？这依然无法避开时空的本质。下面将分析可以使地球在宇宙时空中处于绝对静止状态的原因。

3.8 时空相对运动的体现

时空是时空量子构成的一种具有流体性质、只具有质量、可以传递能量的特殊物质。相对运动方向不同的时空相遇，很像气象中寒流与暖流相遇形成的锋面。这里不分析冷热空气的机制，只分析锋面所形成的能量释放现象，即寒流和暖流在锋面相遇形成的激烈的天气变化和风雨交加能量释放的现象。不论是气体还是液体等任何流体只要是流动方向不同，均会在运动方向不同的区域形成交汇界面，并在交界面形成能量释放的现象。

不同方向的时空相遇也会形成这样的交界面。不同运动方向的时空相遇，由于只有时空存在，故不能像寒流、暖流那样形成电闪雷鸣、暴风雨、雪和冰雹等恶劣天气现象，或者水流的旋涡和波涛汹涌等现象。不同运动方向的时空相遇（不激烈的相遇），将在时空交界面形成特殊释放能量的现象。不同流向的时空相遇只能释放以时空为传递介质的能量体现形式。以时空为介质的能量传递形式已知的有电磁波、引力波（后面章节分析）和其他未知能量传递形式，其中时空为介质的能量传递形式以电磁波为主。这种不同流向时空相遇释放的电磁能量现象现在可以被射电望远镜所观测到，在天文中可观测的现象叫弓形激波。弓形激波是天体释放时空，在更上一级天体系统的时空流动中，朝向时空流动源方向时空相遇形成的现象，也包含时空中可见物质共同体现出的可观测现象。弓形激波是一个时空区域与其他时空区域的顶端分界，全部分界这里叫做时空激波层。超过时空激波层的范围，物体的运动状态视为视像运动状态。两个或多个相对流动方向不同的时空相遇，将在相遇处产生弓形激波并释放电磁波，从而将时空流动所具有的能量转换为以时空为介质的其他能量传递形式。时空流动的能量形式，是不包含在现有模型中的暗能量形式的能量，本模型中为缓暗能量形式的能量。时空的流动或者相遇总会使其主要携带的能量转换为电磁波，时空相对流动区域的大小和能量的高低，决定转换成的电磁波的能量高低，表现为电磁波频率的高低。现在广阔时空区域所观测到的多数现象更像是一些背景噪声。如今的科学家常用射电望远镜观测这种现象。经过弓形激波的物体也或多或少地影响弓形激波所释放的电磁波，这很像船经过流动方向不同的水域对水流形成的扰动。深空探测飞船经过弓形激波对时空流动释放能量造成的影响，可通过射电望远镜观测形成的图像（图3-3，图3-4）。本模型将太阳的时空激波层（前端为弓形激波）作为太阳的时空范围，现在的天文学也将太阳的激波层作为太阳系的范围。

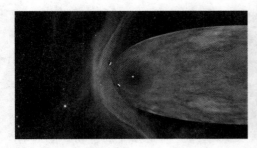

图3-3　旅行者1号穿越太阳弓形激波（图片来源于NASA）

图3-4　射电望远镜所观测到的旅行者1号影像（图片来源于NASA）

远离天体的时空相对流动较为平缓，释放的能量也比较弱且都在微波波段，甚至掩盖在微波背景辐射中。射电望远镜所观测到的现象为某个时空区域释放电磁波的现象，表明这个时空区域存在不同方向时空相对运动的交界面。恒星附近的区域通常时空的运动速度较高，但均是以相同的方向和速度运动，因此在恒星表面不远的周围也存在因时空急剧流动而释放电磁波的现象。

电磁波以时空为介质传播与构成，所以时空的相对运动可以释放出从伽马射线到低频电磁波波段的任意频段。强烈的时空流动从黑洞和恒星的核心释放。时空的能量随着远离天体的流动过程，将经过数次与不同方向的时空相遇，相遇的过程中会逐渐释放时空流动所具有能量，以电磁波形势为主，电磁波的频率也从伽马射线到低频电磁波范围逐渐降低，直到平滑流动的时空。

时空的流动是有质量特殊介质的流动，物体在时空中处于绝对运动状态，实质是与所在时空处于相对运动状态，时空流动方向的改变必然影响与时空处于绝对运动状态物体的运动状态。时空流动方向改变的体现是对时空中运动物体的惯性方向造成影响。穿过两个不同区域时空的物体，惯性将保持原有时空中的运动方向。不同流向时空交界区域是惯性运动方向不稳定的区域。当物体经过不稳定流动的时空区域时，时空的运动和物体在时空中的运动状态将形成叠加的结果，导致物体的惯性方向和相对速度受到一定的影响。

3.9 时空运动隔离现象和原理

风雨交加的恶劣天气，我们会在屋子里躲避。屋子可以很好地阻挡外面因暴风天气而引起的剧烈流动的空气。因此不能因为屋子里没有风而说空气不存在或者没有存在的必要。通过观测发现屋子外面的飓风刮起尘埃，屋子里的人于是猜测这一定是由某种流动的介质形成的现象。屋子里人展开了各种检测屋子外面高速流动气流的相关实验，结果却检测不到屋子外面空气介质的存在。在多次实验结果相同的情况下，得出结论：外面灰尘的飘舞传播不需要依赖空气，空气不存在。灰尘是不能再简化的物质，它的传播是独立的事物，前面对空气中灰尘的现象的假设是现在对以太寻找实验的形象的比喻。同样的道理，不能因为地球环境检测不到电磁波的传播介质而给出电磁波的传播不需要介质的结论，这样的结论不恰当。空气和声波是非常典型的例子，现在已弄清楚大气中各种气体的分子构成，计算和声音波有关的很多实际应用，同样不会把空气分子引入声波的方程中。

宇宙的膨胀导致遥远的星系发出的光在时空传播的过程中波长逐渐被拉长，体现出红移的现象。宇宙的膨胀是一种时空携带时空中的物质相互远离运动的现象，时空中的物质也包含电磁波。时空的膨胀表明存在时空的运动。时空是实物质的载体也是电磁波的传播介质。由于哈勃半径和宇宙年龄的限制，导致无法观测到哈勃半径以外的景象。地球不是宇宙的中心，而宇宙的膨胀却显示出宇宙时空中任何一点都可以作为膨胀的中心。哥白尼提出日心说，遭到当时坚守地心说的科学家的驳斥。假如地球以惊人的速度绕太阳公转运动，地球必定处于高速运动的状态，导致地球上也必将出现很多奇怪的现象。为什么我们没有丝毫的察觉也观测不到这些现象，为什么检测不到地球在宇宙时空中的运动呢？

　　上面描述的种种现象和疑问引出一个问题，一定存在某种机制隔离开时空引入的运动，导致相对运动理论存在缺陷。这种隔离机制使宇宙大范围的时空区域分割出无数个小的时空区域，小的时空区域内的物质和宇宙的其他时空区域处于不同的运动状态。小的时空区域带着时空中的实物质运动，而实物质与所在的时空处于绝对静止的状态。这样的机制更像是鱼缸带着里面的鱼运动，而鱼缸里面的鱼却可以和载体水不处于游动的状态。时空性质的引入，明确了时空与物体之间运动的本质。

　　将大范围的时空区域分割出无数个小范围的时空区域，使分割出的时空内部与其相连的外部时空不处于相对运动状态的现象叫做时空运动隔离现象。

　　宇宙中时空运动隔离现象是指比较大的自然时空区域范围，都是由一定质量天体的内在因素所产生的外部现象。时空运动隔离现象是时空特性产生的一种隔离机制，其作用是时空的运动不影响处于时空内物体的运动状态。处于时空运动隔离时空区域内的物体，无论隔离区域的时空在时空隔离区域外的时空如何移动，都不会改变时空中物体的惯性运动状态。处于时空相对运动机制时空内也无法直接检测到外部时空的运动状态，只能间接体现出隔离现象的存在和相关物理现象，如宇宙红移现象、弓形激波现象等。

　　时空运动隔离是宇宙时空"膨胀"不导致时空中物体运动的一种隔离机制。这导致从地球上观测发现地球在宇宙中运动，并且整个宇宙都在运动，但又检测不到地球在宇宙中运动所产生的物理现象。时空运动隔离是时空隔离开时空不受被隔离开的时空运动影响的机制。时空运动隔离也是对时空中物体惯性影响的机制，时空的连续性不影响场、引力波和电磁波等以时空为介质事物的传播，其依然可透过这种隔离的作用并传播到其时空内的天体。惯性是物体在所在时空体现出的一种运动属性，这种属性只在物体所在的时空区域内体现，当超出物体所在的时空运动隔离区域，物体所具有的惯性状态在其他时空区域并不适用。当处于一个时空区域内惯性运动状态的物体进入到其他相连的时空区域时，惯性运动状态需要根据时空的相对运动情况进行相应的坐标变换。

　　时空相对运动的现象和时空运动隔离现象在宇宙自然条件下分为三种，从小到大分别是：行星时空运动隔离、恒星时空运动隔离、星系时空运动隔离。时空运动隔离现象是隔离出一个时空区域不受其他时空运动影响的现象，不同时空相对运动的交界面是能量的释放界面，这个界面的范围叫做时空激波层。

　　这里还是用船的例子来说明时空的这种隔离现象。如果有两艘船 A 和 B，分别在不同区域的静止海面上静止不动，两处的海面都风平浪静并且两艘船都处于不同的洋流中。大海代表宇宙的时空，两艘船在不同的洋流中，洋流携带 A 船和 B 船运动，A 船上的人看 B 船在运动。假设 A 船是地球。地球上的人开始思考，我们的船运动了么？地球上的人发现没有参考点来判定自己的运动情况，于是地球这艘船上的人开始设计实验观察自己和大海到底是否发生运动，也就是地球是否穿过了时空。A 船（地球）的水手在船边的海面上放了一个测速仪，用于测量船相对于测速仪在海面上的运动情况。实验结果很糟糕，无论实验使用多么精确的测速仪，A 船都与海面没有发生运动。这个实验就类同于迈克尔孙－莫雷的光速差实验。并且根据实验结果得出船和大海没有发生相对运动，以及大海"不存在"的结论！于是我们疑惑并试图寻找答案，寻找着大海（真空即时空）的特性，但是又不敢贸然否定上面的实验结果，于是许多知名的学者提出了众多的理论去解释这些未知现象，使用许多新词汇并猜测大海具有的一些特性。A 船的观察员使用特殊的望远镜（射电望远镜）观测 B 船中间区域的大海发现，海面上有一块区域起伏着大小不同的海洋旋涡，这是两个洋流交汇处释放能量的区域。A 船人员受到科技水平限制，观察员无法到这个区域实地考察，也没法在这个区域用遥控的测速仪进行检测。事实上不同运动方向的洋流会有交界处，时空中的情况与洋流的原理相同，不同的是时空是三维透明的状态，现实中用射电望远镜观察发现，时空中也存在这样的能量释放现象。

　　通过上面的例子可知，地球在宇宙时空中的情况与船在海洋的洋流中完全相同。宇宙的时空携带着时空中的地球运动，地球在时空中并没有运动。现实的大海中，大的洋流中会存在小的洋流，宇宙时空中的情况也存在这样从大到小的逐级减小。时空运动隔离将宇宙的时空逐级分割为更小的区域，时空分割的交界面是时空激波层。星系时空激波层是宇宙中最大范围的时空隔离范围，星系的下一级是恒星时空运动隔离范围，其将星系的时空与恒星系统的时空隔离。恒星时空和星系时空的交汇界面是恒星的时空激波层。处于恒星系统中的行星也存在类似的行星时空运动隔离现象。行星时空与恒星时空的分界面是行星的时空激波层。地球时空与太阳系时空的交汇界面是地磁层的外层。但是并不是所有的行星、行星的卫星和小行星都具有时空运动隔离现象。

地球周围运行着很多卫星，地球卫星的运行轨道低于激波层，这些卫星均在地球的行星时空运动隔离范围内运作。而行星际探测飞船是高速运动的人造物体，如土星探测器卡西尼号，以及已经飞出太阳系时空范围的旅行者号，这些探测飞船需要穿越多个不同流向时空相遇的激波层，同时也受到一定的影响。下面分别分析这3种时空运动隔离现象。

3.9.1 行星时空运动隔离现象和原理

我们赖以生存的地球用各种方式保护着地球上的生命，例如：臭氧层保护地表生命不受短波紫外线的伤害，地磁层阻挡来自太阳的高能带电粒子，等等。那么地球是否还有其他的不被现在所了解的保护机制呢？时空本质的引入，可以使我们分析时空运动隔离现象对行星的保护作用。

地球以惊人的速度绕太阳公转运动，假如从地球外部阻止地球绕太阳公转，地球突然停止，地表的我们会由于惯性被抛到太空中吗（图3-5）？在不了解时空的性质之前，经典物理学会给出肯定会被抛到太空中的答案，这是众所周知

图3-5 地球上物体惯性运动状态示意图

或者

的道理。实际上谁也无法让地球突然停止下来进行这样的实验。地球突然停下来会将我们抛到太空的理论是在没有考虑时空特性的前提下得到的答案。根据前几章的知识和结论，我们了解了物体在时空中运动的本质。那么地球突然停止公转，我们是否会因惯性被抛到太空？这就要分析地球所处的时空是否具有时空运动隔离现象，这种隔离现象隔离出地球一定范围的时空与太阳系时空的相对运动，使地球时空区域内部的物体运动状态不受地球外部时空运动的影响，也包括地球绕太阳公转引入的运动。

从太阳系角度观测地球处于绕太阳高速公转的状态，由于行星时空运动隔离的作用，地球一定范围内时空中的物体，不处于绕太阳公转以及宇宙膨胀等导致的高速绝对运动状态。相反，地表基本处于绝对静止的状态。地球的行星时空运动隔离现象使地球一定范围内的时空处于极为平缓的流动状态。从地球观测外太空的天体是视像运动状态，所以得出肯定的答案，地球如果突然停下来，只要地球的时空运动隔离现象不消失，地球上的人和其他物体便不会因绕日公转引入的惯性而被抛到太空中。地球一定范围内的时空像是时空的大鱼缸，我们是时空海洋中的鱼，行星时空运动隔离现象的边界则具有鱼缸壁的作用，保护地球这个大鱼缸不受外界时空运动带来的影响。但是地球表面却受到地球离心力和地转偏向力等的各种影响，因为地表在地球的时空范围内。

行星的时空运动隔离现象与地磁层同样重要，保护地球不受高速运动和太阳高能粒子的伤害。不过物理学家可能更关心的是这种屏蔽机制是否会影响中微子的通过，导致难以探测来自宇宙其他方向的中微子，这是一个未知的问题。时空运动隔离现象对越小的带电粒子作用似乎就越强。即使运动隔离机制不能屏蔽掉中微子，也会产生像地球弓形激波的效果，粒子经过时空激波层顶端弓形激波的边缘，运动方向多少会发生改变。地球的时空运动隔离现象就像是时空的大鱼缸带着地球绕太阳公转，绕银河系中心公转，保护地球高速绝对运动具有的额外能量和质量。如果不飞出地球这个时空大鱼缸的保护范围，无论如何也不会知道地球在宇宙的时空中到底是怎样的运动情况。或者地球是一辆太空中绕着太阳旋转行驶的汽车，时空是车内外的空气，汽车高速行驶时感受不到车外时空气流的冲击，只能使用射电望远镜观测到"车"外高速经过前"风挡玻璃"的时空而引起的弓形激波现象，时空激波层则是车窗外发出呼呼流动声音的气流区域。没有时空运动隔离现象的星球就像是骑着一辆高速行驶的摩托车，强烈的时空风以及时空中的高能粒子吹着摩托车上的生命，时空的运动也会使这颗星球的大气层逐步被流动的时空带入深空，使星球失去大气层。没有时空运动隔离的作用，星球将很难孕育出高等生命甚至一切生命。行星时空运动隔离现象将地球一定区域的时空用一座坚固不透时空风的房子保护起来，保护地球不受太阳风高能粒子与高速绝对运动的伤害。时空运动隔离现象使地球所在的时空处于绝对静止的状态，这样要比地球处于高速运动状态更容易让人理解。

行星时空运动隔离现象的作用是地球可以被视为静止参考物的本质原因。行星的时空运动隔离现象产生的机制，为地磁层与来自地球核心释放时空共同作用的结果。

行星时空运动隔离现象的概念在本书中是首次提出，现在只能叫做假说。这是科研机构无法进行的验证实验，只能期待有能力研制专门探测卫星的组织进行相关的探索。虽然没有直接进行实验的验证，但是众多相关的现象可以直接证明这种机制的存在与正确性。任何具有时空运动隔离现象的天体，其围绕哪个更大质量的天体运动已经变得不重要，重要的是受到时空运动隔离现象保护的天体，其时空内部的物质没有与外部时空发生绝对运动。天体的物质和天体的时空（基本）保持绝对静止。时空运动隔离现象的边缘是与其他时空区域的交汇区域，其内部范围是时空相对隔离的范围。并不是所有的行星（含卫星等）都具有行星时空运动隔离现象。

具有时空运动隔离现象的任何行星，从行星内观测可将该行星视作宇宙的中心。地球时空运动隔离现象的存在，使得地心说与日心说都变得正确。这听起来有些矛盾，但事实就是这样，从不同相对的角度去观察，会得到不同的答案和结果。从地球上观察，太空中的所有天体都在动，因为地球的时空没有和观察者发生运动，所以观察者与地球处于相同的绝对静止状态，地球可以被视作宇宙的中心。从太阳系深空视角观测，地球绕太阳公转，太阳系的时空是行星的更上一级的时空范围，太阳可以被视作宇宙的中心，因为所处的视角不同导致观测的结果也不同。当脱离太阳系的激波层，太阳系绕银河系公转。当大到整个星系团时，很难确定哪里是宇宙的中心。在不同的时空区域观测会得到不同的结论。

行星时空运动隔离现象的存在，导致迈克尔孙－莫雷实验测不到水平方向光速差现象，迫使我们放弃电磁波传输介质的观念，电磁波不需介质传波成为今天的标准模型。地球核心的能量释放，导致地球也在缓慢地释放时空，如果仪器足够精密，在垂直地表的方向可以检测到光速差的存在。但是狄拉克的负能量海理论却认识到真空的时空中确实存在着某种等待发现的东西。本书基于各种真空不空的理论和实验发现提出时空与物质统一。时空运动隔离现象在物质构成的宇宙中是相当常见的现象，例如：山洞可以避风雨、大树可以遮挡阳光，等等。这些都是物质阻挡物质传递能量的现象，只不过行星时空运动隔离是行星时空阻挡时空虚物质发生相对运动的现象，其本质与其他已知物质阻挡物质的现象并无不同。

3.9.2 恒星时空运动隔离现象和原理

恒星处于围绕银河系中心高速公转的状态，其公转速度要远高于行星绕恒星公转的速度。恒星是否存在类似行星的时空运动隔离现象，以保护恒星系不受绕银河系公转导致的绝对运动影响呢？恒星是宇宙中持续释放巨大电磁能量的天体，是构成星系的主要天体。恒星绕银河系中心公转引出与地球绕太阳公转相同的问题，恒星如果高速绕银河系公转，恒星系的所有天体都将以极高的速度绕银河系公转。因速度叠加可能导致恒星系内的行星，在围绕恒星公转时相对于时空的速度将更高，假如整个恒星系都裸露在银河系中处于高速绝对运动的状态，因绝对运动需要赋予实物质额外的能量，当能量到达一定程度时，实物质必定会向外辐射电磁波释放所具有的能量，必将观测到奇异的天文现象。但实际上并非如此。所以，恒星在星系中公转或者单独游荡在宇宙的时空中，通过某种机制划分出独立时空区域，将这个区域作为恒星系的时空范围。恒星隔离开星系的时空这一现象叫做恒星时空运动隔离机制。

恒星系的时空运动隔离现象与行星时空运动隔离现象的产生原理类似，其范围远大于行星。恒星时刻都释放大量的能量，大量失去能量的实物质其质量转换为时空，使恒星释放大量电磁能量的同时释放体积庞大的时空。这一现象更像是恒星在宇宙的时空中吹起时空气泡，这个时空气泡的边缘不断的与星系的时空交汇融合。恒星在时空气泡中源源不断地释放出时空，使恒星稳定阶段能不断维持时空泡的稳定。恒星吹起的时空气泡会因为星系的时空流动而被拉长，其反方向为星系时空流动的方向，这很像地球的磁层在太阳系时空中的影像。恒星吹起的时空气泡将恒星内部的天体包含在内并将星系的时空隔离。随着恒星释放的时空离恒星越来越远，球体的体积逐渐增大而时空速度在远离恒星的过程中逐渐减慢，最后与星系的时空交汇在一起。交汇的界面为不同流动方向时空的相遇，时空相遇伴有电磁能量释放的现象，体现为恒星时空激波层，其顶端为弓形激波。恒星时空激波层内均是恒星的时空范围，恒星释放的时空推开星系时空的机制为恒星时空运动隔离现象的产生原因。恒星时空激波层内是恒星时空运动隔离的范围，在恒星时空范围内，不体现恒星在星系以及宇宙中的运动。

超过地球的时空激波层就离开了地球的时空范围，同时进入太阳系的时空领域。由于宇航设备以惯性为参考系，在太阳系的时空内并不会出现因太阳释放时空流动而导致的较大运动改变，原理与地球轨道空间站相同，空间站上的宇航员处于高速飞行状态，但空间站和宇航员保持相对静止。

恒星是宇宙中时刻发光的天体，同时不断地释放庞大体积的时空，所以所有的恒星都具有恒星时空运动隔离现象。

3.9.3　星系时空运动隔离现象和原理

星系这里是指宇宙中较大的天体结构，包括河外星系和星云等大尺度、复杂、庞大的天体系统。星系中的天体主要以恒星为主，恒星释放电磁波能量的同时释放大量的时空，从星系内星系外流动，最终在星系时空边缘和宇宙时空交汇融合在一起，并成为宇宙时空的一部分。星系释放的时空和恒星一样都是从内部向外部以流动方式运动。

星系内恒星不断分解实物质释放能量将质量转换为时空，星系时空运动隔离现象是指星系内部所有天体释放的时空推开周围星系形成的现象。星系释放的时空无法停留在星系内部，时空从星系内向星系时空边缘区域流动。时空推开星系周围时空，这种现象导致星系的时空逐渐推开宇宙的时空，隔离宇宙时空相互远离引入的绝对运动。星系时空运动隔离现象与恒星不同的是，从星系释放出的时空基本都来自星系的恒星（也有少部分来自行星和黑洞），经过恒星时空激波层的能量释放，时空流动具有的能量逐渐降低，导致星系释放的时空所携带的能量更低，同时星系不像恒星的时空有明显的磁极，星系是庞大复杂的天体系统。

星系时空运动隔离现象与恒星及行星时空运动隔离现象原理不同，星系时空来自星系内的天体，范围更大。星系是超过万光年尺度的庞大天体结构。星系释放的时空和宇宙时空交汇融合的区域，达到数千至百万光年甚至更远的距离。星系时空运动隔离是指星系内释放出的时空将星系周围的时空推开，使星系之间的距离逐渐增大，体现出时空膨胀的现象，同时星系内部不受宇宙时空运动膨胀的影响，使星系内的时空不受宇宙膨胀引入的绝对运动速度影响。

3.10 展望和总结

本章利用前一章得出的结论和时空的本质，深入探讨了时空与运动的本质，以及时空性质，得出可能存在当前完全不了解的时空运动隔离现象的推断。时空运动隔离现象是时空中运动本质的隔离。虽然现在只是假说，但是众多的现象表明这种机制的确存在。本书相关模型假说与其他模型不同，本书的模型提供了多种交叉验证模型的实验。时空运动隔离现象需要在深空进行实验验证，因此揭示时空更多的奥秘需要掌握宇航技术。

本章分析了地球到底是动还是静。通过关联分析时空性质得出的结论，在地球和周围时空所处的状态，完全不符合当今物理学中地球在宇宙中运动状态的结论。地球与周围的时空没有发生运动，所以我们在地球上就没有动。这是导致水平方向光速差实验失败的本质原因。当今世界各地仍然继续着更精确的光速差实验，这个实验向时空运动隔离现象提出了一个疑问，时空运动隔离现象为什么能如此稳定？水平方向的光速差实验结果表明，地球和所在时空处于绝对静止的状态，且光速差实验直接表明时空运动隔离机制的存在和本书模型的正确性。

没有时空特性和时空运动隔离的宇宙将变得十分可怕。宇宙的膨胀使哈勃半径外的天体与上面的物体以接近或超过光速的速度运动，这样的运动会赋予实物质极高的额外能量。如果没有时空运动隔离，这种运动将使物体具有惊人的高能量，以至于使物体处于辐射高能光子的状态。如此地球将处于宇宙膨胀的高速运动状态，相当于宇宙是一个大的加速器，包含地球在内的任何天体被以宇宙膨胀为动力的宇宙超级加速器加速，在没有时空运动隔离保护的作用下，宇宙中所有的物质将被加速至接近或者超越光速，结果导致宇宙所有的物质被拆散为基本粒子。正因为时空运动隔离现象的存在，才使天体一定范围内时空中的物体与时空处于绝对静止状态，也使地球基本处于静止状态，除构成物质本身蕴含的能量外不携带额外高速运动所具有的能量和质量增量。

  时空运动隔离现象的原理及其应用对人类文明的发展有着不可估量的意义。该机制可以改变物质的惯性在其他天体运动参考系的实际体现。如果能掌握隔离物体时空运动的原理并将此原理应用在运输工具上，乘坐交通工具将不受惯性的影响，也不会因碰撞事故中惯性的作用而导致伤亡。这仅仅是在民用领域的应用，在军用领域和航空航天领域的应用价值则无法估量。航天器使用运动隔离机制对外来高速物体的撞击具有保护作用，这样的保护不是厚重的外壳，而是改变高速物体运动的轨迹使之无法相撞。这样的现象和效果早已出现在科幻电影里，一艘宇宙飞船拥有保护层，它会将外来的物体弹开或者撞得粉碎。人类是多么期待能尽早掌握这样的原理，并将它变成现实，其原理和未来的技术实现不是来自超越四维时空的模型和不能实验验证的多维时空理论。地球以及其他的行星都在保护行星表面的物体不受行星运动的惯性影响。飞机是仿生学的产物，飞船防护层原理将是仿自然时空运动保护机制。要实现科幻电影中的保护层技术，仍要走很长的路。

  掌握并运用时空运动隔离原理将是人类应用时空特性的飞跃，也将使人类踏上更高的文明等级。宇宙的运行原理限定了人类文明对其的逐步探索过程。此外我们是否有足够的勇气放弃当前停驻的地方，接受宇宙的更多运行机制。只有更高的文明才可以进入更深的领域。现实的科学发展也是这样的过程，随着对自然本质认识的不断深入，人类也不断踏入更多未知领域。

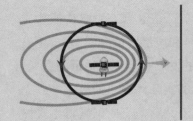

第四章
时空和运动的相关实验和现象

　　宇宙的时空是时空量子构成的极为特殊的海洋，实物质和虚物质在时空的海洋中运动和演变。通过哈勃红移的现象得出宇宙处于不断膨胀的结论，这种膨胀现象也被更多学者理解为时空的膨胀，导致地球对宇宙的可观测距离被限制在哈勃半径（大约 200 亿光年）以内。按照现在时空膨胀的理解解释宇宙膨胀，哈勃半径外的天体在以接近或大于光速远去。由于相对论的限制，一旦相对运动速度超过光速，就不得不面对理论无法解释的这种情况。

　　根据现有理论中相对的观念，从哈勃半径外观测银河系也在以极高的速度远离对方。由此引出了棘手的问题，到底谁在动，还是谁都没动？根据前面的现象，现实中时空的作用使银河系和哈勃半径外的天体在所处的时空都没有动，这将颠覆太多已知的物理常识。就像现在流行的虚拟现实技术（VR），让我们感受到了影像带来的视觉冲击，虽然这种影像看似真实，但是并没有在我们身边真实发生。我们看到的仅仅是影像而已，由于各种视觉错觉的存在，所见并不是完完全全的真实现象。真实的是我们对宇宙的各种机制和现象仍然了解得不多。

　　先不考虑时空量子模型中时空增多导致的自然现象。使用现有理论解释时空膨胀，这种解释就是要避开相对论关于运动、光速和能量增量的问题。如果物质真实地运动，不考虑相对的问题物体必须要具有额外能量。假设银河系和哈勃半径外的天体都在运动，那么运动所具有的额外能量将十分巨大，这会带来一系列的不存在的物理现象。虽然银河系和哈勃半径外的天体或者其他的银河系之间距离在增大，但从每个银河系或者星系来观察，难以接受的自然现实是，每个银河系本身相对于观测其他银河系的退行，其真实运动速度都不存在，银河系并没有与所处的时空以观测的退行速度真实运动。真实的情况是时空的运动带着时空中的天体运动，而天体并不与时空处于相对运动的绝对运动状态。相对论的效应也不会因为时空的运动而作用到时空中的天体上，这种运动形式不包含在现有物理标准模型中，时空的运动也不会使时空中的物体受到相对论效应影响。

时空的运动不影响时空中物体的本征运动状态。正像许多物理读物中讲述的原理一样，观测发现地球在运动，与我们带着VR眼镜体验过山车的刺激相同，但是体验者的位置却纹丝未动。假如你不知道VR眼镜，会以为是自己手机的导航坏了。这种视觉现象是可怕的，万一我们根据视像的视觉现象得到结论，并根据结论去假设做物理实验，根据实验得出了实验结果。这种根据视像错觉观测实验得出的结果、结论及其影响将更可怕。要改变这种观念也将变得十分艰难。时空携带天体运动，就像宇宙给地球戴上了VR眼镜，虽然从地球观测地球外天体在运动，但是地球却处于静止状态。就像我们通过VR眼镜第一视角体验加速器中的粒子，但是观测者本征状态与其他通过VR眼镜的观测者本征相同。同理，地球上的本征与其他具有运动隔离现象的行星上的本征除了受到引力的影响外，并不会受到宇宙膨胀的视像速度影响。

使用VR眼镜做比喻是再恰当不过的例子了，正是由于我们喜欢新鲜的事物，我们也使用VR眼镜给其他动物体验，并在一边欢乐地观察动物眩晕的囧态。从地球观测太空，相当于宇宙通过时空的特性给地球"带VR眼镜"（时空运动隔离）的现象，我们仍需要揭开其本质。

物体处于时空的海洋中，物体运动的本质是和时空产生相对运动，时空与时空运动的情况就复杂得多，仍需要慢慢地去探索和认识。时空中物体的绝对运动和绝对静止的状态有着本征体现上的不同。物体在时空中处于绝对运动状态，就必然和时空处于相对运动的状态，也必然会在时空中体现出由运动引起的相关现象。所以绝对运动的物体和绝对静止的物体所产生的相关物理现象也必然不同。那么是否有实验与物理现象可以证明物体在时空中处于绝对运动或者绝对静止的状态？是否可以使用相关的实验设备，来验证实验设备与时空处于相对运动或者绝对静止的状态，这样的相关实验设备是引入时空参考系的关键。时空概念的引入将使物体在时空中运动的实际情况更加详细，同时也使现有物理学中运动的本质概念更加深入，并有待广泛的应用。这一章将分析时空和物质运动的实验和现象。

4.1 光谱移动变化的原理

电磁波、声波、地震波，都是波的体现。波是能量传递的一种形式，强度和频率两个物理量则可以描述波动具有的特征。要衡量波的特征，必须要有能产生波的波源和观测者。只有波源没有观测者测量波的特性将无从谈起，只有观测者没有波源也因无测量对象而毫无意义。波源和观测者都是宇宙时空中的事物，频率是波的波长随时间变化的体现。时间和波长则是时空的时间和空间不可分割的体现，空间是由长、宽、高构成的事物，空间体现的属性是距离。波不论在时空中的何种介质中传播，都有在时间和空间中周期传播距离的频率特性。波在空间中传播的距离不是固定的量，确切地讲所有波源和观测者之间可能不是一个固定的距离。波在时空或其他介质中传递能量的过程中，可能会因为一些条件改变时空中事物体现的特性。时空的时间和距离均不是绝对的事物，时间和距离任何一个量发生变化都会引起波的波长随时间变化特性的改变。时间和距离可以分别或同时作用在波源、波传播的过程和观测者，使观测者观测到波的频率特性发生改变。如果已知波源的频率，波源释放的波传递到观测者，观测者测量到非波源频率的现象则是频率移动改变的现象，简称频移。

频移可以由波源、路径和观测者的时间和距离基准改变形成。任何一个或者多个环节发生变化，将导致观测者所观测波的频率相对于波源基准频率发生变化。光具有波的特性，可见光的频率降低会使光偏向红色，这样的现象叫红移，频率升高为蓝移。略微知道数学和了解彩票的朋友可能会发现，这么多环节和因素的"组合"可以导致观测者观测到波的频率改变的现象非常多。这样的现象包括已知的多普勒现象、引力红移、宇宙红移，也包括当前物理所包含的能导致频率改变的现象。

下面几节将使用已知的机制和条件，探讨可以导致观测者观测到电磁波频率改变的已知和未知的现象。

4.2 多普勒红移和蓝移现象

在医院做检查时常会听到多普勒这个词。但是什么是多普勒效应呢？多普勒效应是奥地利物理学家及数学家多普勒（Doppler）发现的一种波的现象。多普勒效应是指由波源与波的接收者之间的相对运动而引起的接收者接收到波的频率变化的现象。波源发出一系列波，如果波源和波的接收者之间发生了相对运动，接收者接收的波的频率将会发生变化。当波源和波的接收者相互靠近时，从波的接收者角度观察，接收到波的频率增高。当波源和波的接收者相互远离时，波的接收者接收波的频率降低。生活中的多普勒现象在声波上是常见的现象。一辆汽车向路边的人驶来，司机为了提醒路人，常常会按下喇叭。这时路边的人听到喇叭发出的音调不再是固定的频率。当车向行人靠近时，喇叭的音调变高，当车驶远后，行人听到喇叭的音调会变低。车在行驶过程中喇叭发出鸣音的频率始终未发生改变，是汽车的运动导致路边行人听到喇叭鸣音频率的改变。这是一个非常典型的多普勒现象，无数讲解多普勒效应原理者都会用到这个例子，因为这是几乎每个人都遇到过的现象。

多普勒效应不仅会发生在声波上，也会发生在电磁波上。多普勒效应在雷达上也有非常重要的应用，电磁波照射在空中高速飞行的飞机上，飞机的运动会使雷达接收机收到的电磁波的回波频率发生相应的改变。光是电磁波，所以同样存在多普勒效应。多普勒效应有着极其广泛的应用，在天文学、声学、测绘学等领域都有广泛应用。

多普勒效应产生的原理比较简单，光源 S 发出波长为 λ 的电磁波，如果观察者和光源发生相对运动，就会造成观察者接收到的波长 λ 发生增加或者减少的现象。这样的现象叫做多普勒效应（图 4-1）。

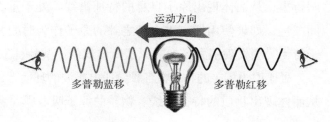

图 4-1 多普勒效应原理

当观察者向光源移动时或者光源靠近观察者时，观察者接收的波长变短，产生的现象叫做多普勒蓝移，或简称蓝移。当观察者远离光源或者光源远离观察者时，观察者接收到的波长变长，产生的现象叫做多普勒红移，或简称红移。不论观察者运动还是光源运动或者两者都运动都会产生多普勒效应。

如果已知光源的频率，那么观察者根据接收到的电磁波的红移或蓝移，就可判断观察者和光源所发生的运动关系。在天文学上通过望远镜观测遥远的天体，测量观测到的遥远星系的光谱，就会知道遥远星系和地球之间的相对运动关系。

声波在空气中发生的多普勒效应是因为声波在介质中传播，波源或波的接收者在介质中发生运动所导致的。多普勒效应产生的原理是波在介质中传播。电磁波在现有理论中为独立存在的事物，其传导过程不需要介质的参与。电磁波在可见物质构成的介质中传播很容易理解，例如空气、石英、激光晶体等，其多普勒效应原理与其他波在介质中传播并无不同。真空中电磁波存在的多普勒现象隐约证明电磁波传播介质的存在。本书模型中时空是电磁波的传导介质，电磁波的多普勒效应是电磁波源或者波的接收者与时空发生相对运动产生的现象。

4.3 引力红移

一台在地表引力场中十分精确的原子钟，会比处于高空的原子钟走时要慢。为了便于理解可以这样进行解释，实际上并不只是原子钟慢了，而是处于引力场中的原子慢了，或者说原子自己的时间减慢了。原子所处的引力场越强，这个原子的自我时钟就越慢。如果不与其他的原子对比，原子就不会知道自己的时间慢了。将原子做成计时的原子钟，时钟走时会因原子的特性而变慢。这仅仅是引力红移产生的一部分原因。

原子不会关心其他原子的时间，而是每个原子都"任性"地按照自己的时间行事，从而体现出原子自身的特征谱线。处于重力场中的原子，它的本征时间减慢，如果使用远离重力场之外的原子作为时间基准测量处于重力场中的原子行为，会发现引力场中的原子所体现的一些特征发生了改变。

处于引力场中的物质在各种频段电磁波的环境下，会吸收一定频率的电磁波，从而体现出物质的特征谱线。物质的原子吸收哪个频率的电磁波取决于自身的

"时间标尺"，原子会按照自己的时间标尺来吸收和发射与自己谱线对应的电磁波。处于引力场中的物质，其构成原子不知道自己的时间因引力场而减慢了，如果原子按照减慢的时间去吸收自己特征频率或者波长的电磁波，那么将导致吸收的电磁波频率降低，或者吸收了比远离引力场原子所吸收波长更长的电磁波。使用远离引力场的物质特征谱线去对比引力场中的物质特征谱线，引力场中的物质特征谱线向红色一端移动，使引力场中物质的特征谱线体现出引力红移（图 4-2）。引力红移是相对论所描述的一种现象，处于引力场中的光源呈现出的红移现象，也叫做重力红移。

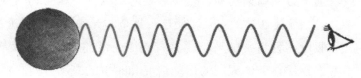

图 4-2 大质量天体引力红移示意图

引力和时空导致的特征谱线变化

引力红移是处于引力场中不处于高速运动物质的特征谱线所呈现的光谱红移现象。如果物质在引力场中同时处于高速运动状态，那么实际观测的现象要复杂许多。本节使用现有物理学知识分析这样的现象。

远离天体引力场的观测者，观测具有特征谱的元素从一定距离逐渐向大质量天体靠近，这些元素所处的引力场也逐渐增强。由于引力红移现象，具有特征谱的元素所处的引力环境逐渐变化，相应的特征谱线也会发生相应的移动。当物质逐渐靠近大质量天体时，光谱也逐渐向红的一端移动。当处于大质量天体引力场中的物质逐渐远离大质量天体时，物质的特征光线在逐渐远离大质量天体的过程中，谱线由红移向蓝移逐渐变化。

物质进入和离开引力场谱线移动变化的现象，这里叫做变引力频移现象。处于远处的观察者观察天体的光谱，当天体的物质所处的引力场发生较大改变时，会观测到谱线相应移动的变化。

变引力频移现象是引力场变化使引力红移改变的现象，这个现象的原理和机制都是现有物理中的内容，只是该现象在实际生活中不常见，从原理角度分析并没有什么特殊之处。通常情况下天体的质量并不会发生剧烈的变化，但是在极端特殊的天体，如：黑洞和中子星等环境下，当物质以极高的速度远离大质量天体，或者天体吞噬实物质时，变引力频移现象会十分明显。实际的天文观测中，也常常使用这种观测方式分析大质量天体的物质喷流所呈现的复杂光谱。

变引力频移现象是具有特征谱线的物质进入或离开引力场的过程，引起的特征谱线红移或蓝移的变化现象。变引力频移现象是在相对静止的时空中引入引力变化体现出的现象，如果引力场变化的同时物质又处于高速绝对运动状态，或者随机方向高速运动，处于远处的观测者所观测到的特征谱线将变得异常复杂。时空流体性质的引入，使这一复杂的光谱现象可以进行分析。

假设一种特殊的环境，具有特征光谱的物质处于大质量天体的引力场中，不考虑物质在天体周围的运动情况和时空的流动方向，物质都保持固定的引力大小。由于运动使物质与时空发生相对运动，这里将引力场源视为静止参考物，时空有两种流动方向：一种是时空由引力场源释放向引力场减弱的方向流动；另一种是时空由引力场源吸收向引力场减弱的方向流动。这两种时空的流动方式都会使物质处于绝对运动状态。还有一种情况，处于中子星或者活动黑洞吸积盘周围的物质，处于强引力场环境，同时处于高速绕致密天体运动的状态，此时物质的特征谱线会因多种原因变得异常复杂。下面分析运动使物质特征谱线发生变化的现象。

时空流动引起的相对运动使时空中看似不动的物质实际上处于绝对运动的状态。这种运动状态在黑洞喷流或者中子星周围的吸积盘更为明显，其吸积盘的物质由于绕致密天体中心旋转与时空之间的运动速度将能到达几分之一光速或者接近光速，物质因绝对运动具有极高的额外能量并向外辐射高能电磁波，多数观测表明，从紫外线到伽马射线波段较明显。这种运动情况与粒子加速器中粒子的辐射条件相同，在接近光速时向外辐射 X 射线甚至伽马射线光子。当引力场中的物质处于接近光速运动的状态时，从远离引力场的角度观测，时空运动使物质的特征谱线体现出多种红移机制叠加后的复杂红移结果。如果不考虑时空运动因素复合导致的结果，按照静态计算的引力红移必定不符合实际观测数据。研究中观测特殊天体红移的数据远大于计算得出的引力红移结果，但对结果的成因很难做出解释。

时空由大质量天体释放并向其外部流动，时空流动的过程中引力场随距离的平方规律减弱。由于恒星、中子星和黑洞等核心源源不断地释放时空，故处于天体固定半径位置的物质实际上处于绝对运动的状态。如从相对角度去观察太阳表面的物质，其处于不断向太阳核心方向运动的状态。物质的运动状态和方向由太阳释放时空流动的原因形成。恒星释放时空使其自身的物质处于高速运动的状态，导致物质本征时间因运动减慢从而体现出运动红移。

实际观测中，太阳的光谱主要呈现出复杂的红移情况，如今很多人将这种红移解释为太阳在远离地球。太阳与地球的关系是：太阳相当于圆心，地球基本以固定半径绕太阳旋转（实际是椭圆轨道），处于圆心的太阳不可能在各个方向远离地球。不引入时空的性质无法解释这种红移的原因。

4.5 哈勃红移本质

爱德文·鲍威尔·哈勃（Edwin Powell Hubble）在 20 世纪初，通过大量对遥远星系的观测和统计发现，离地球遥远星系的光谱均有不同程度的红移。观测越远的星系，谱线红移的程度就越大。通过这种现象可以得出重要的结论，所有星系都在远离地球所在的银河系，而且越远的星系，远离的速度越快。相当于所有的星系都在后退一样，越远的星系退行的速度越快。遥远星系远离地球的视向速度与距离成正比，这样的关系为哈勃定律。

根据哈勃定律可知所有的星系都在彼此远离。根据这种现象得出宇宙正在受到未知动力的推动从而导致膨胀，这种结果不同于最初天文学家认为的宇宙大小固定不变。观测结果与爱因斯坦最初的静止宇宙模型完全不同，他也不得不承认宇宙常数是他一生中最大的错误。由于不确定宇宙膨胀的原因，现在物理学家将其归结为暗能量的作用。

宇宙膨胀的原因被科学家广泛接受的是时空膨胀所致。电磁波的多普勒效应产生哈勃红移现象。观测表明宇宙不仅膨胀，还以难以想象的速度膨胀。在现有物理模型下，人类感叹着那种神秘的力量将星系间的距离逐渐拉大。根据本书前面的结论可知，所有实物质在释放出电磁波能量的同时也在释放时空。宇宙星系中的恒星源源不断地释放能量，其中以电磁波能量为主。极端事件，诸如恒星合并、超新星爆发等，相对于宇宙所有的恒星来说毕竟是少数。宇宙中所有恒星释放电磁波的同时，也在源源不断地释放时空。构成物质的基本结构被打破时，其存储的能量被释放出来，同时承载能量的时空量子返回时空，形成时空释放的现象。这种时空的释放导致星系间的时空逐渐增多，就像每个星系都在吹起隐形的没有气球壁的时空气球。星系的引力作用不会导致星系解体，这种隐形的时空"气球"彼此相互推开自己周围的星系，体现为星系之间距离的增大，各个星系相互远离对方。

宇宙中实物质各种形式能量的释放，最终基本都以电磁波形式释放到时空中，同时实物质转换为虚物质时空。时空增多流动导致的时空绝对运动，使电磁波在传播的过程中波长不断被拉长，体现为遥远星系所发出电磁波的光谱产生了多普勒运动红移。

宇宙时空中遍布的星系和星云永不停息地在释放时空，假设星系之间均匀地释放时空，彼此远离对方，随着距离的增加，离地球越远的星系退行速度与距离呈现出正比的关系。通俗地讲，离得越远的星系，远离的速度越快。电磁波从遥远星系发出经过不断增多的时空，距离逐渐增加导致产生多普勒效应则是哈勃红移的主要成因。此外，恒星释放出的时空导致恒星发出光的时刻也伴随着这种机制的频移，其中以红移为主。

自恒星表面辐射光子开始，时空各种复杂的作用导致谱线复杂变化。光在宇宙中经过遥远距离的传播，与不断增多的时空的作用再次导致运动红移量的叠加，哈勃红移现象是时空运动呈现出的必然结果。

哈勃红移是时空推开时空，导致时空中星系相互远离的现象。相信很多人不愿意接受宇宙这样的演变结果。由于宇航技术的限制，到遥远的星际探索受到了限制，不断远离的星系更使深空探索遥不可及。从笔者个人意愿来讲，现在更需要一个全新的物理模型，使用新的理论和技术去遨游宇宙，去追逐那些远离的星系，探索其奥秘。

4.6 绝对运动侧向红移现象

根据爱因斯坦相对论的速度变换原理，基本粒子的本征时间随着绝对运动的速度增加而变慢。除了速度因素外，时间也会因引力的增加而减慢。除时间外，另一种因素是时空本身。这里假设一个理想的环境，即绝对静止、绝对零度和无引力的环境，这样的理想环境为绝对特征环境。在绝对特征环境下，所有的实物质的基本粒子，如原子体现的本征时间，不需要相对其他事物而处于完全一致的状态。这里将绝对静止、处于绝对零度和无引力的环境叫做绝对特征。绝对特征是一个理想的实际并不存在的环境，对于绝对零度只能无限接近，而引力在宇宙的时空中则无处不在，在同等引力状态下，例如：地表同一区域、同一高度环境下可忽略引力带来的影响。在常温下，也将温度视为一致，在这种环境下，仍可视作基本绝对的特征。

绝对特征环境下的物质体现出的特征光谱为绝对特征光谱。如果是原子，处于绝对特征外则具有额外的能量，且增量能量使其具有一定的运动速度。具有额外能量越多的原子，原子的运动速度就越快，原子本征时间相对其绝对特征状态就较慢。原子具有按照其本征时间行事体现其特征的特点。这时如果原子按照自身的时间表标准去吸收或发射一定频率的电磁波，其吸收或发射电磁波的频率也随之降低，导致谱线向红端移动。红移量随其额外能量增加而呈现出一定的规律。这种现象在极端条件下会变得十分明显，如：加速器环境、中子星周围、黑洞周围等。

处于高速运动的实物质，根据狭义相对论的时间变换原理，以原子为例，其时间会比绝对静止的原子慢。除时间外，高速运动的原子其运动方向长度和质量也会发生变化。影响原子特征谱线的另一个重要因素是原子的形状。根据狭义相对论的长度变换原理，高速运动的原子在运动方向上会出现长度收缩效应。如一把尺，沿着长度方向高速运动，尺的长度将缩短。当使用这把在运动状态的尺测量，会出现非常规的结果。运动而引起的尺度压缩效应，只有在几分之一的光速到接近光速的情况下才会变得十分明显。

如果直尺沿长度方向以接近光速绕中心旋转。从中心观察，尺的长度会变短。这个结果仅仅是在运动方向体现，垂直于运动的方向却没有变化（图4-3）。尺度收缩现象生活中不常见，远没有因运动导致的时间减慢现象明显。

当一个原子绕中心高速旋转时，其尺度收缩导致原子特征光

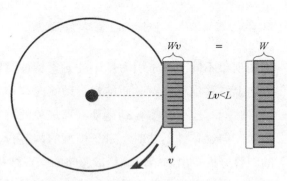

图4-3 直尺以接近光速绕圆周运动，长度收缩效应示意图

谱将以特殊现象体现。高速运动的原子，沿着运动方向，原子的尺度被压缩。从远处观看这个原子不再是正圆球体，而是呈现出椭圆形。实际上也包括构成原子的亚原子粒子。但是原子不知道其运动方向因运动被压缩了，当用这个原子体现它的特征光谱时会出现异常现象。通过前面的我们介绍知道了原子"任性"的特点，如果原子按照其长度标准去衡量辐射或吸收电磁波的波长，将与静止状态时出现偏差。因运动压缩，原子运动方向上的特征谱线波长减小，呈现出蓝移。原子运动垂直方向上的特征光谱不发生变化。垂直于运动方向的特征谱线仅仅因时间膨胀导致红移。

高速运动中的原子存在长度变化和时间减慢现象，使原子运动方向和垂直于运动方向的光谱呈现出不同的特征，因此需要从运动方向和运动侧向方向分析尺度收缩和时间减慢对原子特征谱线的影响。时间减慢会使原子的特征光谱呈现出红移，原子尺度收缩结合多普勒效应，使观测者观测到运动方向的原子只有多普勒效应起主导作用。

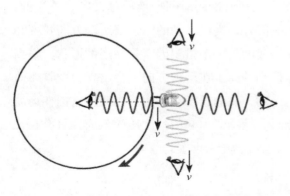

图 4-4　圆周运动、绝对运动、侧向红移原理

处于高速绝对运动状态的原子，垂直于运动方向的特征光谱呈现出红移现象，这里将这个现象叫做绝对运动侧向红移，这种现象仅仅对运动速度在几分之一光速以上的粒子出现细微的变化（图4-4）。根据运动多普勒的原理可以得出，运动的光源从各个方向都会产生不同程度的频率变化。

绝对运动侧向红移与引力红移的现象不同。处于引力场中的元素特征谱线从远处观测，在远离引力场各个方向上红移量均一致。而绝对运动侧向红移只有在运动的侧向方向观测才体现红移，同时还存在多普勒运动红移现象的叠加作用。不考虑时空的流动，绝对运动侧向红移并不是时空量子模型的内容，而是综合运动并根据当今物理模型的内容分析得出的结论，是被忽略的一种红移机制。

圆周运动是十分特殊的例子，从相对运动和绝对运动的角度分析，圆心为观察者，高速绕圆周运动的物质为具有特征光谱的物质。处于圆心的观察者处于绝对静止状态，圆周运动的实物质处于绝对运动状态。可以将圆心理解为地球表面的观察者，卫星则是绕地球运动的物体。当卫星与地球自转周期相同，即卫星与地球表面相对静止时，这种卫星为地球同步卫星。地表的观测者处于绝对静止状态，虽然同步卫星与地表的观测者保持相对静止，但同步卫星为绝对运动状态。卫星远离地表，与地表的精密时钟对比，卫星上的时间要比地表的时间稍慢。由于卫星处于绕地球公转的运动状态，受到相对论时间膨胀的影响，卫星的本征时间减慢。实际应用表明，引力和运动导致的时间变化相比，运动导致的时间减慢更加明显。所以卫星存在因运动导致的时间膨胀现象，同时证明卫星处于绝对运动状态，并且因运动具有额外的能量。

从相对运动角度观察处于绝对运动状态的物体，物体可以和绝对静止的观察者保持相对静止，被观测的物体则与时空处于高速绝对运动状态。虽然观察者和被观测的物体处于相对静止，但是被观测的物体却受到相对论时间、尺寸和质量变换的影响。时空的流动使被观测物体呈现的光谱与所观测得出的运动情况不一致（图4-5）。

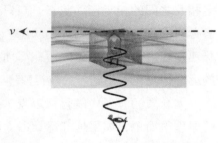

图4-5 时空流动导致的绝对运动侧向红移现象

当实物质以接近光速绕圆心做圆周运动，同步卫星绕地球公转的速度与光速相差较远。但在天文观测中却存在这样的现象，如黑洞吸积盘周围的物质，在进入黑洞视界以前，会发出强烈的光芒，光谱呈现出较大红移量。这种红移往往被归为黑洞的引力红移，却忽略了因物质高速运动引起的侧向红移现象。

从相对的角度分析，如果绕圆周运动的点静止，则时空沿着绕圆周点的切线方向高速流动。这种情况基本与同步卫星所处的环境相同。另一种情况是，当天体内部释放时空，时空则从垂直于天体表面的方向向天体外流动。这种情况使远处的观测者观测到天体表面的物质处于静止状态，实际却处于高速绝对运动的状态。远处的观测者可以观测到时空流动的方向和垂直方向的光谱出现差异，运动侧向的光谱具有更大的红移量。

4.7 光速差实验

1881—1884 年，迈克尔孙和莫雷为测量地球与以太的相对运动速度，进行了著名的迈克尔孙－莫雷实验。其实验结合绝对非运动与光速恒定这两个问题，这个实验也叫光速差实验。光速差实验对于坚守以太观念的物理学家来说是残酷的，其结果决定了一个物理理论模型的消亡。光速差实验的设计本意就是验证以太理论模型的正确性。如何进行实验才能判断地球与以太海洋的运动情况呢？如果两艘船在海面上航行，那么两艘船上的观察员可以通过观测彼此来判定相互之间的相对运动状态。当只有一艘船在平静的海面上航行，那么就没有参考点来判定船本身的运动状态。在没有卫星定位以前，水手会从船边放一个测速仪在海面，测速仪停留在海面，船只继续航行，通过测量船相对于测速仪的运动情况，可得到船的航行速度。光速差实验的方法原理同上，"假设"地球在以太介质的海洋中航行，迈克尔孙和莫雷使用的测速仪是光束。光速差实验的原理很简单，如果地球运动以太海洋静止，假设地球在以太海洋中运动必然会造成以太风迎面吹来，当一束光在以太中纵向传播，这束光必定比在以太海洋中横向传播的速度慢，这就是光速差实验的核心思想（图 4-6）。

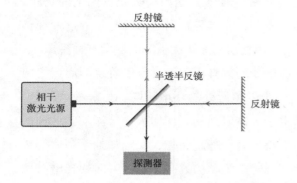

图 4-6　光速差实验原理图

光速差实验不考虑时空的特性，利用假设地球在太阳系公转的运动状态。正是因为假设地球在太空中的运动速度很快，才使得有机会检测到以太的存在。

地球绕太阳运行的平均轨道半径为 1.49×10^{11} km，按照地球绕日公转周期为 365.2 天计算，地球绕日的速度约为 1.07×10^{5} km/h，约是光速的 0.01%。这样的运动速度应该可以通过实验装置检测出来。

然而光速差实验却测量不到两个方向光速的差异，将光速差干涉仪方位调整 90° 后再次测量，结果发现两束光的光速依然保持一致。光速差实验没有办法证明地球在以太海洋中航行，也就没办法证明以太的存在。如果物理学家找不到合理的解释，那么只有两种难以接受的解释，一是地球不动，这使得哥白尼日心说都是错的，另一种解释是以太不存在。迈克尔孙和莫雷也曾经认为地球通过太空时上面带着一层大气层，那么通过以太海洋时或许带着一层以太，所以地表一带就测量不到以太风。可惜的是当时并没有空间技术，也无法进行空间实验，而当今也没有进行过类似的实验。1892 年，爱尔兰物理学家乔治·弗朗西斯·菲茨杰拉德（George Francis FitzGerald）提出一个惊人的假说。菲茨杰拉德认为，以太风会压缩物质，好比有弹性的物体在水中前进方向上会变短一样。如果真是如此，干涉仪上正对以太风方向的指针必然会变短，致使迈克尔孙－莫雷实验的激光干涉仪测量不出两束光的差别。当指针与光速减慢以后通过这指针的量相当，那么实验中的两束光将同时回到干涉仪。因为速度快的光束经过了比较长的距离，速度慢的光束经过了比较短的距离，所以菲茨杰拉德的假说只是运动方向上一种单维度的收缩，这种收缩随着速度增加而增加。当物体接近光速运动时，要测量物体本身，就必须追上这个物体。假设一个物体静止时长 1 m，那么运动时测量这个物体还是 1 m。这是因为运动状态的尺也等比例压缩了。菲茨杰拉德提出这个假说后一年，荷兰物理学家洛伦兹在处理另外一个问题的时候，证明了这一假说。

迈克尔逊－莫雷实验的结果显示，不同方向上的光速没有差异。实际上证明了光速不变原理，也包含时间和尺度压缩的效应。同时真空中光速在任何参照系下具有相同数值，与参照系的相对速度无关。光速差的"绝对静止系"（区别前面绝对静止状态的概念）就是"以太系"。其他惯性系观察者所测量到的光速，应该是"以太系"的光速与观察者在"以太系"上的速度的矢量和。按照当时猜想，以太无所不在，没有质量，绝对静止。以太充满整个宇宙，电磁波可在其中传播。假设太阳静止在以太系中，因为地球在围绕太阳公转，相对于以太具有一个速度 v，所以在地球上测量光速，在不同方向上测到的数值应该不同，最大为 $c+v$，最小为 $c-v$。如果太阳在以太系上不是静止状态，那么在地球上测量不同方向的光速，也应该有所不同。以上关于以太的说法均是物理研究的历史观点，非本书模型的观点。如果实验以地球绕太阳公转为模型，那么太阳也绕着银河系中心旋转，地球应具有更高的运动速度，这些假设如果不存在，光速差实验必定存在着逻辑错误。

当今理论认为"以太"海洋压缩了仪器的指针（路径长度），但是却给出"以太"海洋不存在的结论。后来又有许多实验支持了上面的结论。以太说曾经在一段历史时期内在人们脑中根深蒂固，深刻地左右着物理学家的思想。著名物理学家洛伦兹推导出符合电磁学协变条件的洛伦兹变换公式，但无法抛弃以太的观点，这个公式就是后来的洛伦兹变换。

光速差实验的公认结果是：证明不存在以太。先不考虑以太是否存在的问题，光速差实验的结论应是：在"地球表面"水平与地表方向不存在和以太的相对运动，这个结论不存在任何的异议。这个结论不是"不存在以太这种介质"，所以笔者不同意光速差实验的此结论，前面章节已做详尽的原因阐述，同时要与本书中的时空相区别。

光速差实验仅仅在地球地表水平方向进行了越来越精密的实验，并没有将实验搬到深空，或许深空的实验能获得与地球上不同的实验结果。光速差实验也没有全面地进行垂直于地球表面的实验。地球内部是熔融态，研究表明地球内部的高温状态来自重元素的核裂变，这表明地表以下存在大量的能量释放。根据第二章的结论，能量的释放伴随着时空的释放，所以地球也在释放时空，虽然没有恒星核聚变剧烈，但地球也在以一定速度向太阳系时空内释放时空。因为地球内部释放的时空必然垂直通过地表，所以进行垂直于地表的光速差实验，如果实验足够精密就能检测到不同方向光速的细微差别。

综上，光速差实验结论依然存在"实验条件不具有全面代表性"的问题。同时，在不严密的结论下建立了当前时空观的相关模型，并获得了一定的成果，但仍有很多事物处于谜团的状态。后续内容会详细分析此实验。或许有学者坚持认为光速差实验的结论正确，这样的结论至少没有综合更多的对比实验。如果可以这样容易探得宇宙的奥秘，那么宇宙的运行机制早在远古时期即可被揭开。当今的一部分实验和理论或多或少地存在不完善之处。因此，物理学中对于时空的相关实验与认识极有可能是在不了解时空本质的前提下得出的，是非真实的假象。确切地说，一个事实的结论可以在肯定的结论下继续建立下一个肯定的结论。当然也可以是，一个事实的结论可以在否定的结论下继续建立下一个肯定的结论，结果导致出现了越来越多像谜一样无法解释的现象。

　　物理学历史上认为以太的性质是：无所不在、没有质量、绝对静止。在时空量子模型中，时空完全不同于以太的性质。时空的部分性质是：无所不在（可能存在边界）、具有质量、是能量的载体、是流动变化的虚物质。时空流动等的性质是产生时空运动隔离现象的本质原因，也使地球并不处于公转引入的时空的流动中，即地球处于静止的状态。生活中若遇大风天气，人们肯定会躲到避风的地方。地球公转处于运动状态，必定与时空处于相对运动状态，地球遇到时空风不会找"地方"躲起来。地球处于不间断地绕日公转的状态，如果不使地球具有公转速度引入的额外能量，就必然存在一种隔离机制，像房子一样保护地球内部环境不受高速相对运动的影响。行星地球的这种隔离机制是前面分析过的时空运动隔离现象。正是时空运动隔离现象的存在，使地球与一定范围内的时空处于绝对静止状态。实验无法证明与时空处于绝对静止状态的地球处于绝对运动状态，或者说地球与一定区域的时空处于绝对静止状态，仅受到来自地心缓慢时空流动的作用。但我们却要用实验证明平行于地球表面的方向存在运动。要完善光速差实验需要脱离地球环境，到远离地球的深空进行实验，从静止到高速运动状态记录整个变化过程，这样的实验结果才具有全面代表性。

　　已知地磁层保护地球不受太阳高能粒子的伤害，臭氧层隔绝了紫外线对生物的伤害，我们生活在各种隔离作用保护的地球环境中。时空运动隔离现象的重要程度与地磁层和臭氧层不相上下，它使地球不处于因公转而引入的高速运动状态，这样平静的环境才能孕育出各种生命。如果地球在没有时空运动隔离现象的时空海洋中运动，必然会遭遇时空风，这个时空运动引入的速度不仅仅来自地球绕太阳公转，同时也来自太阳系带着地球绕银河系公转，更可怕的是这个时空风的速度将来自宇宙膨胀等速度的叠加，使地球暴露在超过光速的时空风中，要么是宇宙机器设计的错误，要么是现有的理论存在缺陷。这也表明宇宙中时空运动隔离现象的重要性。正是时空运动隔离现象使光速差实验这个"绝对静止系"在限定区域大小的时空中存在。

　　如果将光速差换成声波进行实验，就不会得到声速不变的结果。前提是，如果将时空运动隔离现象引入实验，需要模拟地球所处的时空环境相同的实验条件进行声速差实验。如果使用瓶子的内部模拟地球的时空运动隔离现象，声速差实验在密闭的瓶子中进行，无论瓶子外的空气如何流动，依然会得到瓶子内声速不变的结果。如果不知道瓶子隔离的作用，那么实验将得出"声速不变"的错误结论。

4.8 运动光速差实验

运动光速差实验实质仍然是迈克尔孙-莫雷的光速差实验，实验方法与原理一样，唯一不同的是实验条件。光速差实验结果都是在平稳的地表进行实验而得出的数据。光速差实验需要稳定的实验台，振动对实验结果将有较大的影响，甚至可能导致实验的失败。光速差实验是为了证明地球在以太中高速通过。但通过上一章的介绍，我们了解了时空运动隔离现象，这种隔离现象使地球表面和延伸到一定距离的时空都处于基本静止的状态。时空运动隔离现象使地球和一定范围的时空，并不处于绕太阳公转和星际运动的状态。无论光速差实验现象存在与否，在绝对静止的实验条件下，都会得到肯定不存在光速差现象的实验结果。光速差实验也必然证明了静止的时空不存在光速差现象。

了解了时空运动隔离现象后进行光速差实验，就需要让光速差实验装置真正地运动起来，或者将实验装置放在处于绝对运动状态的环境下进行实验。在地表的交通工具上，因为很难避免颠簸，所以无法进行这种对于振动敏感的光学实验，同时地面的交通工具很难到达实验要求的运动速度，因此得不到预期实验结果，所以地面交通工具不适合运动光速差实验。

光速差实验理想的环境是飞机上的高空实验室，飞机应尽可能地在平流层或者20 000 m以上高空，以避免气流影响飞机产生振动。但飞机的高空实验室仍存在速度相对光速不够高而使实验结果不明显的问题。除飞机的高空实验室外，还可以选择在空间站进行光速差实验。空间站失重的环境是非常理想的实验环境。空间站处于高速绕地球运动的状态，其本身不能产生时空运动隔离现象，也不具备应用时空隔离原理的技术条件使空间站处于绝对静止的状态的能力。GPS、北斗等定位卫星存在时间膨胀的现象，即卫星存在因高速运动导致的时间减慢现象，这表明处于轨道的卫星必定处于绝对运动状态。处于轨道的空间站也和卫星的环境相同，虽然空间站有失重的环境，但是要进行光速差实验仍需要重新设计实验装置，并需要运载火箭将设备运到空间站，期待有条件进行实验的组织愿意进行此实验。

另一种进行运动光速差实验的环境是设计专门的探测实验卫星。卫星实验与空间站实验相比有着更加优厚的对比实验条件。探测卫星不仅可以在地球轨道进行实验，还可以在远离地球的深空进行实验，甚至在行星际时空范围内进行实验。从地球到深空的过程中，不但可验证不同时空区域的光速差，而且还可验证时空运动隔离现象与范围。图4-7为光速差深空实验卫星效果图。

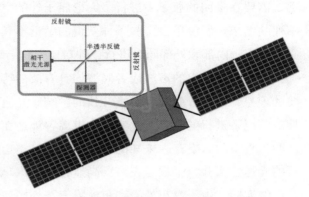

图4-7　光速差深空实验卫星效果图

科学实验就是要在多种不同实验条件下进行，同时对比实验结果，即对比运动光速差实验与地表静止状态光速差实验的结果，才是具有全面代表性的实验结果。运动光速差实验与光速差实验一样，仍然是一个残酷的实验，两种实验的对比结果决定光速差实验得出理论的深入或全新方向。

光速差实验是一个相对古老的实验，并且可能出现理论所预言的时空压缩效应，导致实验结果不明显。运动光速差实验具有补充现有实验结果的重要意义。时空中物体的绝对运动和时空运动隔离现象的验证以及时空参考系的后续应用，可以根据时空的性质设计新的实验装置。

 4.9　绝对运动波峰差实验设计与原理

到目前为止，仍未进行过有效验证物体与时空发生相对运动的实验，除了光速差实验外是否还能使用其他原理，设计新的实验装置验证物体与时空处于相对运动的状态。因此设计一个实验装置能够有效检测物体与时空是否发生相对运动是对时空本质认识的开始，同时也使时空参考系具有实际意义。时空参考系如果能投入使用，那么物体的运动状态将不再需要其他物体作为参考物。以新的原理研究设计实验装置，检测物体与时空是否处于相对运动状态是本节的目的，本实验具有极其重要和深远的意义。

光速差实验的目的是验证以太是否存在，如果将光速差实验换成声波实验，那么需要在密闭的瓶子中进行。无论瓶子外的空气如何流动，依然会得到声速不变的结果。所以单一实验条件获得的结论不具有全面的代表性，声速差实验必须在瓶子内部和外部同时进行，并对比实验结果。

运动物体发出的声波或者光波均具有波的特性，光速差实验忽略了一个重要的现象，即多普勒效应对光波长的影响。光速差实验是在不了解时空众多特性的情况下进行的实验，此实验在世界各地还在不断地进行。当今众多的实验证明，真空的时空存在未知的事物。由于时空运动隔离现象的存在，在地表进行的光速差实验，很像是在一辆高速行驶的汽车内，按照光速差的实验原理进行声波实验。由于汽车外壳和车窗隔离车外高速相对运动的气流，故车内的环境处于平静的状态，实验结果表明车内各方向声速不存在差异，进而根据实验结果得出不存在空气的结论。

根据已知的现象设计一个实验装置，并在设计的实验装置中尽可能避免未知因素对实验结果的影响。一个与时空处于相对运动的物体，一定会产生一些与时空中静止物体不同的内在体现，并呈现出不同的物理现象。一个具有一定温度的物体，具有额外能量引入的质量，物体额外的质量携带能量除了温度的形式外，也可以通过其他形式体现。物体可以以动能的方式体现，也可以具有和温度增高同样的能量和质量增量。根据运动物体与时空相对运动所产生的现象，验证物体是否与时空发生相对运动，是本实验装置的设计目的。同时实验装置和原理应尽可能简单，不引入未知时空特性可能对实验造成的结果偏差，这样的实验结果将是确定的结果。本实验是根据运动光源具有多普勒效应的本质而设计的。

可见光是一定范围频段的电磁波，电磁波微波波段的多普勒效应已经在雷达等领域被精确验证和应用，电磁波存在多普勒效应间接证明电磁波传播介质的存在。多普勒效应是波源和观测者之间发生相对运动，进而形成的观测者所观测波源的频率升高或者降低的现象。因此通过适当的方法和设备可检测出设备与时空相对运动的情况。

如果一艘宇宙飞船以很快的速度飞行，飞船所发出的光对于远处固定的观察者来说必定会造成多普勒红移或者蓝移现象。假设飞船外面有一盏绿色的灯，这里之所以选择绿色光源，是因为其波长在 532 nm 左右，且绿色光在电磁波频谱中位于红色和蓝色之间。当飞船速度到达 1/5 光速以上，将使绿色光源运动观测方向所造成的红移和蓝移的程度正好使光源的颜色发生改变。蓝移方向的频率如果合适，观测者将观测到飞船的灯发出蓝光。相反方向的观察者所观测到的光将是红色。

从两个观察者角度观察，高速运动飞船上的灯光已经不是它本来的颜色。从飞船运动的方向观测灯泡所发出的光，由于运动的原因，波长被压缩；而从飞船离开的方向观测灯泡所发出的光，波长被拉长。这是时空中光源运动对发光波长造成的影响。因为运动的飞船光源发出的光存在多普勒效应，所以波长因运动改变是不可争辩的事实。

奇特而有意思的现象是，飞船上的宇航员无论从哪个方向观测，光源都是本来的绿色，原因在于多普勒效应是光源和观测者之间发生相对运动而产生的现象，这里不考虑绝对运动侧向红移现象。当光源和观测者之间相对静止的状态下，无论光源和观测者是怎样的运动状态和速度，观测者都不会观察到多普勒效应。与波源相对静止的两个观察者距波源等距，同波源等速运动，虽然观察者观察的频率相同，但是各自到波源包含的周期数不同，如图 4-8 所示。

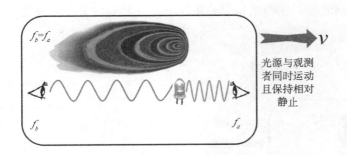

图 4-8　观察者和波源相对静止同时运动所观测的频率关系

对于声波，路边的人会听到路过的车辆鸣笛音调发生变化，但是坐在车上的人却听不到这样的变化。无论坐在喇叭的前面，还是喇叭的后面，车行驶的速度有多快，只要耳朵与喇叭不发生相对运动，车上的人听到的喇叭音调永远都是喇叭的固有音调。但是喇叭却与空气处于相对运动状态，如果是飞船则与时空处于绝对运动状态。在本书中时空是电磁波的传输介质，真空中电磁波的多普勒效应也直接证明存在未被现在所认识的特殊介质。但是多普勒效应的存在可以使本实验暂时不考虑电磁波介质是否存在等问题。本实验只考虑波长。波源与空气发生相对运动，导致波源在介质中发出的波长被压缩或者拉伸，不论是波源运动还是波的传输介质运动，从相对运动的角度观察只要波源在介质中运动或者介质发生运动，都将产生运动多普勒效应。本实验更关注的是运动导致电磁波源对观察者之间产生波峰（周期）数改变的现象。运动的电磁波波源所发出的电磁波或者介质的运动，导致波传播固定距离波峰个数发生改变，即波长被压缩或拉长现象。

由上面的原理引出的问题和现象可知，虽然同光波源一起运动的观察者观察不到红移和蓝移现象，但是运动的波源与不运动的波源本质差别是波的传输介质发生了相对运动。从等距离波峰数的角度观察，运动的波源与不运动的波源在等距离的介质中波峰的个数将发生变化；从静态角度观察，等距离波长不同。但是波长和频率之间的关系却产生了奇妙的现象。随波源一起运动的观察者，从运动方向观察，频率没有发生改变。虽然等距离波源的波峰数发生了变化，但频率却没有发生变化。频率是周期随时间的变化率。而随波源同时运动的观察者，虽然运动方向波源的波长在运动方向两侧发生了改变，但是波源发出波的周期每秒通过观察者的次数却没有改变。与波源保持相对静止的观察者从波源运动的方向两侧观测波源，在距离相等的条件下，波源到两个观测者之间的波峰数不同（图4-9）。

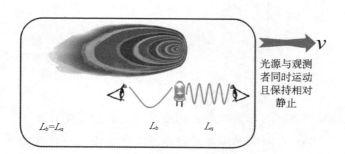

图4-9 观察者和波源相对静止，同时运动距波源等距离的波峰个数不同示意图

同波源一起运动和静止的观察者观察波源，两者之间的本质区别是观察者到波源之间等距离的波峰数将出现差别，并随着速度的增加而增大。与波源一起运动的观察者无法从频率上的变化观测到运动波源波峰数的差别，这样的原理是当今物理理论的一部分，也是解释不存在光速差的原因，因为实验装置与地球一起运动，这是一部分学者的观点。随着对宇宙本质研究的不断深入，这些迷雾便会通过时空性质的揭晓逐渐清晰。远处观察者从垂直于运动光源的角度观测，运动的波源和静止的波源将会出现明显不同。

设计能检测与运动波源相对静止两侧波峰个数不同的实验装置，就能测出物体处于绝对运动状态，并有可能测得物体与时空的绝对运动速度，且不需要另外的相对观察者。此实验的设计目的是检测波源或波的传输介质产生运动，固定长度内波峰数（周期数）的差别。基于这样的原理则可设计专门的实验装置。

实验设备可以使用经典的衍射实验设备，也可以使用干涉仪。不论波源是否运动，运动方向和速度如何，从光源到检测仪器的频率不会发生任何变化。但是如果将检测仪器（观察者）等距离绕光源旋转，虽然运动方向的前后两端频率不发生变化，但是检测仪器绕光源旋转一周的过程中将会发生波峰从最少到最多，然后再从最多到最少的变化，如此循环。一旦设备停止不动经过检测仪器的波的频率是光源的恒定值，但是如果检测仪器绕波源旋转，那么检测器将经过因运动多普勒效应被压缩或拉长的波长，导致观测到周期性的变化。如果波源或介质和检测仪器没有发生绝对运动，就观测不到这样的周期性细微变化。

以检测波源运动方向固定半径内波峰数差别为原理的实验，叫做绝对运动波峰差实验。如果实验观测到波峰数差别随旋转周期规律性变化，则表明实验设备与波的传播介质发生了位移。本实验和光速差实验一样残酷，如果电磁波观测不到绝对运动波峰差现象，证明地球与一定范围的时空处于相对静止的状态，时空运动隔离现象的存在是导致水平方向光速差实验失败的原因。由于电磁波多普勒效应的存在，制造检测物体和时空发生相对运动的装置只是时间的问题。

绝对运动波长差实验可以使用以固定长度悬臂运转的实验装置，但要使实验结果更具有全面代表性，仍然需要对比实验。最理想的环境依然是空间环境，需要最少 3 颗卫星协同构成一个实验系统。3 颗卫星直线排布，1 颗为波源卫星，位于中心，另 2 颗为检测光源频率细微变化的检波卫星，等距离绕波源卫星公转（图 4-10）。这样的结构可以避免因探测悬臂速度导致的尺度压缩现象，也可以避免悬臂因机械运转和加工等误差而引入的不确定因素。3 颗卫星直线排布，其中 2 颗卫星绕中心卫星公转运动的目的是平衡实验卫星之间的引力导致的距离差别和抖动现象。实验系统理想的位置为绕日公转轨道，使用卫星实验平台的另一优点是系统可以使用较长的检测旋转半径，获得较长的距离。

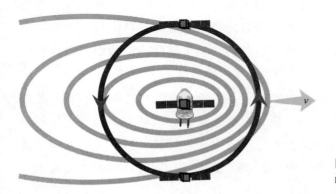

图 4-10　检测波源运动产生波峰差现象的实验装置原理效果图

　　实验装置中电磁波的传播路径是单一的路径，光速差实验中光在装置中的电磁波路径为往返路径，这是本实验装置与光速差实验装置最主要的不同。当实验装置的各个部分均处于高速运动状态，必然受到狭义相对论尺度和时间变换的影响。实验的各个部分虽然相互独立，但是本征时间相同。尺度压缩现象或者说是长度压缩现象是指一个物体沿着长度方向高速运动，从其他参考系观测，物体的长度将随着速度的增加而减小。为避免该效应使实验出现无法预计的结果，实验装置采用非物理连接。虽然尺度压缩现象对时空中的物体有效，但是没有相关研究表明两个物体之间的虚物质时空的距离会因两个物体的运动而改变。其他波和介质也没有这样的实例，如两架超音速的战机，并不会因为同时加减速而改变相互之间的距离等。

　　为得到有效的物理实验结果，需要对不同环境下多次实验的实验数据进行对比。由 3 颗或者以上卫星的空间探测器构成的绝对运动波峰差实验系统，除中心的波源装置外，检测波峰差的探测器由 2 个或以上卫星构成，其探测器均处于对置或一定角度的连续工作状态。每个探测器采集的数据均是完整的实验数据，并可与其他探测器进行实验数据的对比，使实验结果准确可靠。

　　本实验的绝对运动波峰差实验部分，其波源工作为连续状态。当波源工作在脉冲状态时，本实验装置可与空间运动光速差实验装置合并，即将两个实验合并在一个实验装置。在光速差实验模式下，由电磁波的多普勒效应可知，在波源运动方向和反方向保持相对静止的两个观察者，观察不到频率的差异，但能观察到波长在空间距离上的分布存在被压缩和拉长的现象。当波源仅发出一个周期的波时，由于观测者与波源同时运动而保持相对静止，三者的本征状态相同。运动波源两侧等距离的接收者 A 和 B 均以速度 v 向左侧运动，观察者 B 要比 A 先接收到波源所发出的波（图 4-11）。由于检波卫星处于绕中心波源卫星公转的状态，故实验可测得公转周期过程中波源发出波的传播时间数据。

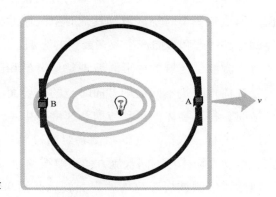

图 4-11　空间运动光速差实验

　　本实验是空间实验，因此具有较高的成本。可采用众多实验条件结合的方式降低成本。其波源的范围可从低频电磁波到 X 射线频段。一个实验装置的设计和实验，可获得各个电磁波频段运动与时空的相关特性研究。除本实验的实验目的外，还可将空间精确时钟同步、高稳定宽频波源、空间通信技术等现有相关技术进一步提升。

　　地球是一颗行星，它与一定范围内的时空都在行星时空运动隔离条件下，所以地球与一定范围内的时空保持静止，在地表所进行的实验是在静止的环境下进行的，所以测量不到与时空的相对运动。检测物体与时空是否发生相对运动，最为有效的方法是在各种运动的环境下进行实验，并对比实验结果。在此也期待有能力的组织和机构能够进行此类实验。只有经得起百般对比实验验证的模型才是可行的模型，同时也期待着新的实验原理能揭示更多宇宙的奥秘。

时空运动隔离现象对探测器轨道的影响

宇宙中时空引入的运动是极为普遍的现象，这种时空运动的现象使宇宙不断处于发展变化的状态。时空的运动更像是海洋中的海水，时时刻刻处于流动的状态。绝对运动是时空中的物体和时空发生相对运动。用相对的方法处理可将物体视为静止状态，则时空则处于运动状态。由于将物体视为静止参考点，时空则从物质中流过。不同运动方向的时空相遇会形成时空激波层的交界面。物体从一个时空区域经过时空激波层后便进入其他时空区域。处于时空中绝对运动的物体，如果时空改变了流动的方向，将直接影响物体的惯性运动状态和方向。所以从一个时空区域到其他时空区域的物体，经过时空交汇界面后将对物体的运动状态和方向产生或多或少的影响。

时空激波层区域的弓形激波现象是恒星和部分行星都存在时空运动隔离现象的外在体现，是不同运动方向时空的交界面。所以物体经过时空激波层的时空区域时，将对物体的运动方向和速度产生一定的影响。这种现象与一条河流的入海口一样，入海口处的水流将对通过船只的速度和方向产生一定的影响，时空中运动的物体与不同水流方向中航行的船只有着相似的情形。

地球时空激波层距离地球表面较远，约 90 000 km，且因太阳时空的流动作用而被拉长，并不是一个不变的距离。地球表面不存在这样的时空交汇区域，但是深空航天器却面临着穿越地球时空激波层或者太阳时空激波层的情况。当深空飞船穿越时空交界面的时空激波层时，不同方向流动的时空将对行星际探测器的轨道产生一定的影响。探测器在进入星际轨道之前必须进行多次动态调整。按照标准模型计算的行星际轨道探测器在进入星际轨道时总会出现一些误差，这样的误差并非偶然，而是时空相对运动（流动）导致时空中绝对运动物体的运动状态和惯性方向发生改变。

时空相对运动的另一个体现是，穿越时空交界面时空激波层区域时，深空飞船会产生无法预计的轨道误差，无人航天器自动导航系统一般会迅速地估计这种误差，然后自动修正误差。正是这种修正机制，导致很难发现这是时空的运动导致的误差。这样产生轨道误差的现象体现了时空中物体运动的本质，也是对时空量子模型的印证。

旅行者号探测器是美国1977年发射的行星际系列探测器。该探测器分别命名为旅行者1号和旅行者2号，两颗探测器对太阳系的行星进行探索后，随自身的惯性飞向银河系深处。恒星是释放时空的巨大天体，太阳也不例外，太阳系太阳释放的时空必然存在与来自银河系其他区域时空的时空交汇处。就像小河流汇入大河流的交汇口一样，恒星释放的时空和星系时空的交汇界面叫做恒星时空激波层。旅行者号探测器在深空中运动与小船在河流中航行一样，唯一的区别是真空的时空中运动的物体并没有阻力。小河流中的船由交汇口进入大河流时，必然会受到大河水流流向的影响，最明显的体现是速度和方向的改变。而时空中运动的物体，如果遇到时空流向的突然变化，物体的惯性运动方向和速度也必然受到影响。旅行者1号和旅行者2号穿越太阳的激波层后如果速度或方向发生改变那么也就证明了时空部分特性和模型的正确性。

旅行者号探测飞船经过了30余年的时空旅行后，于2012年到达太阳时空激波层边缘，在穿过太阳弓形激波区域后美国宇航局观测到旅行者号探测器速度下降的变化（图4-12）。因此也有人猜测是引力的影响等，我们都知道引力的特点是随着与距离平方成反比的机制减弱，离得越远引力的作用力就越小。超过第三宇宙速度的旅行者号，为什么在穿越太阳弓形激波后引力突然发挥起较大的作用？这种现象表明不是引力在起主导作用。但为什么旅行者号在穿越太阳弓形激波后发生了速度急剧的改变？

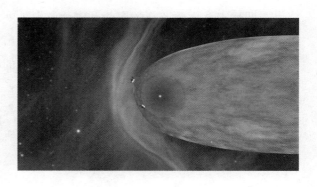

图4-12　位于太阳时空激波层弓形激波区域边缘的旅行者号探测飞船（图片来自NASA）

从图 4-12 中可以清楚地看出，太阳系释放的时空在银河系时空的流动作用下迎面被压缩尾部拉长。旅行者 1 号和 2 号，位于时空激波层的顶端而不是尾端。太阳系激波层的顶端来自银河系中心向银河系外方向流动时空的影响，更像是一颗拉着尾巴的彗星，彗星的头部指向银河系中心。旅行者 1 号和 2 号，在穿越太阳系激波层时遇到了从银河系中心方向迎面吹来的时空风，在银河系中心方向逆时空风的作用下，旅行者 1 号和 2 号的惯性速度受到运动方向反向时空流动的影响导致惯性速度减慢，这是物体与时空发生绝对运动状态现象的体现和必然结果。由于太阳系释放的时空来自太阳方向，故旅行者 1 号和 2 号在太阳系的时空远离太阳过程的运动可以理解为顺水推舟，但穿过太阳系的时空边界后则是逆水行舟。从地球方向观测旅行者 1 号和 2 号，由于时空流向的改变，导致其速度和惯性方向发生改变。时空流动方向改变是影响物体惯性运动的必然结果。如果旅行者号探测飞船位于激波层的尾端，那么在逐渐穿越激波层的过程中，速度不会锐减反而将逐渐加速。

旅行者 1 号和 2 号穿越激波层后速度改变的现象证明了时空中运动的相关特性，并验证了时空中运动模型的正确性。

4.11 展望和总结

本章深入探讨了已知的红移和蓝移现象，引入时空和运动机制后，结合实际现象引出不被当前模型所包含的频移机制。频移机制的引入可以更深入地分析天体光谱的一些复杂现象。时空和运动的相关实验世界各地仍在不断进行，主要还是以迈克尔孙－莫雷的光速差实验为主。到底是什么原因导致了无法测到光速差，现有的解释是时空压缩效应，但是不是时空压缩的原因导致的最终结果，期待本章后两节新的实验和实验装置能实现，并期待实验的结果。但是通过现有的实验结果和自然的现象分析，可得出众多的现象是时空存在和作用的必然结果。重要的结论是地球与一定范围内的时空并不体现出因公转带来的影响，这个结论可能是很多人难以理解的事实。

虽然从太空角度来看地球，其处于公转的高速运动状态，但是在地球上的我们并不处于这种运动中，这是大自然的自然机制在使用无形的屏障保护着地球。这种保护导致光速差这一在地表没有与时空（以太）处于相对运动环境下进行的实验，必定是失败的。本章提出模型的同时，也提出新的实验原理和装置。世界各种研究机构不断重复水平方向静止状态的光速差实验，却没有在运动中或深空进行实验，也没有进行运动光速差的对比实验。我们不能停留在已有的解释和理论上，必须要突破当前理论的限制并提出新的实验和更合理的模型，才能认识更多时空的本质并逐渐深入研究。众多实验和现有现象是时空运动隔离现象有力的证据，也是时空存在的结论，以及相关特性的揭秘。但是仍需要继续研究时空中运动的更多本质和现象及其原理，期待早日将时空中运动的本质实用化。

第五章
时空和天体

　　本章将使用前几章中得出的时空相关性质和结论，从行星到黑洞，以全新的角度和观点分析已知和未知现象的本质。透过时空的部分本质和现象再次观察天文物理中无法解释的现象，答案将变得清晰。时空本质的引入使已知和未知的天文现象具有明确的模型描述。处于时空中的天体必然和时空存在着各种相互关联的内在因素和外在表现。引入时空特性使当今天体物理学的很多未解之谜和现象得到合理的解释，除此之外，相信不久的将来还能推动探索未知领域的进程。

 **5.1　恒星**

　　恒星是拥有巨大质量的炙热的等离子球体，其能量来自核心不断进行的核聚变反应，也是宇宙中源源不断大量释放实物质中存储能量的天体。离地球最近的恒星是太阳，从古至今一直发光发热永恒不变。恒星的巨大质量产生的强大引力将自身的物质压向核心，在恒星核心高压和高温的条件下发生聚变反应，并释放出大量的能量。恒星的能量来源是自身的氢元素聚变为氦元素的过程中释放的能量，由于是原子核级别的反应，释放的能量远大于任何化学反应，所以恒星也需要原料。恒星释放能量的同时也在不断消耗自身的原料，因此，恒星必然有燃料用完熄灭的时刻。恒星与地球上生物的生命周期类似，也有诞生、

活跃和灭亡的时刻，当然，也有个别恒星"愤怒"爆发的时刻。

恒星按照质量大小和发光的明亮程度，或者按照光谱可被划分为很多类，这里不详细进行探讨，感兴趣的读者可以查阅相关资料。这里分析的核心现象是不管什么种类的恒星都时刻进行着核聚变反应。恒星在进行核反应释放能量的同时，还有什么不被当前所了解的现象，以及恒星和时空的关系。恒星的核聚变反应，氢原子核聚变为氦原子核的过程中将导致一部分物质消失，释放物质中存储的能量。恒星内核进行的聚变反应不断释放物质中存储的能量，并以电磁波形式源源不断地向周围时空释放。

第二章深入详细地分析了质能变换过程的本质。恒星的核聚变反应在核心区域不断进行，核聚变产生的伽马射线辐射被内部的物质吸收转换为恒星的内能，内能在恒星引力的作用下通过对流的形式被带到恒星的表层，以包含可见光在内的各个频段的电磁波的形式向宇宙时空辐射。但是通过电磁波辐射的能量估计只有恒星核聚变释放总能量的99%或者更少，这里仅仅是估计或是猜测，不能准确测量太阳每秒所减少的质量和辐射能量的准确数值并计算效率。除电磁能量之外的能量，则由构成时空流动具有的能量携带。宇宙中所有的实物质都是由大量时空量子聚集存储能量继而体现出的事物，构成恒星主要成分的氢原子以及所有元素的基本粒子也不例外。根据第二章找回的物质不灭定律，实物质释放能量后，其质量因素失去能量后转换为虚物质时空。时空是物质失去能量的物质形式，物质释放能量后的短暂时间内依然是高密度时空扭曲的状态，高密度的时空量子推动时空散开成为平滑时空，同时释放能量。所以恒星不仅是一个电磁能量的辐射天体，还是向外释放时空的天体。核聚变除了产生新的原子核以及物质转换为能量和时空外，还会生成或释放一些基本粒子，例如：中微子、太阳带电离子风等。

太阳核心的核聚变反应所释放的热能通过对流形式向外传递。恒星核心释放的伽马射线光子等能量，需要经过上万年时间，才能从恒星的核心到达表面并以各种频率电磁波的形式辐射到宇宙时空中。恒星核心核聚变反应释放能量的同时也源源不断地释放着时空，时空对于物质来说是透明接近无阻力的状态，从恒星核心释放的时空则不需要像恒星的内能一样，需要经过对流状态并经过上万年漫长的时间到达恒星表面。恒星只要有时空的释放，时空就会较快地通过恒星的物质向恒星外释放。时空从恒星的核心被消失物质的质量转换形成,并以由快到慢的速度向外释放。从核心释放时空的速度,相对于其他时空参考系的视像运动状态可能只有几分之一光速,但是时空对于实物质是无阻力的流体介质,恒星核心聚变反应释放的时空其中一部分很快经过恒星的物质,向恒星周围的时空流动(图5-1)。由于恒星释放时空的一些其他因素相互作用以及时空的一些特性,恒星并不是向球体周围均匀地释放时空。

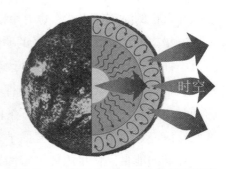

图 5-1 恒星热对流能量传递和时空释放示意图

由于质能转换误差现象的存在,恒星核心核聚变反应释放电磁波能量的效率并不能到达100%,像恒星这类大质量的天体其核聚变反应的效率会远低于现有资料中的数据(约99%)。质能转换误差的1%或者更多能量的质量部分,在核聚变反应时以时空形式从核心释放。由于核聚变释放的全部能量基本上被伽马射线光子携带并转换为内能,故这部分能量依然以恒星的内能形式存在,在未传递到恒星表层的时候并没有被恒星释放。这部分内能的能量依然携带质量,对流的过程中,质量和能量被逐渐带到恒星表面,通过温度差驱动的对流传递和降低能量的过程中,这部分质量逐渐以时空形式释放。时空的特性是质量,其流动需要能量驱动,恒星热辐射释放的时空与核反应释放时空存在相同的现象。热辐射释放时空,其能量释放效率小于100%,故仍需要极少的能量作为时空推动的动力。这部分能量损失也是能量转换误差的一部分。

恒星释放时空分为两个阶段,一个主要来自核心的时空,这部分时空是质能转换误差质量部分释放的时空,这部分能量损失导致核反应在自然条件下总趋势不可逆;另一个时空释放在恒星表层以下的区域,通过热辐射形式损失能量的同时释放时空,是主要的时空释放区域。恒星表层释放的时空使恒星表面一定距离区域内时空释放激增,导致恒星表面的区域存在时空激流或小区域激波形式能量的释放。

时空相对于可见物质而言是完全透明无阻力的状态,对于处于极端复杂条件下的恒星内部,时空的流动将受到一定的影响,这些影响来自引力场、强磁场等因素。由于恒星内部的时空处于极高温度的环境中,在极端条件下能量在时空中传递,其相互作用或多或少将影响时空的流动。恒星内部存在着强磁场,磁场是时空传递能量的一种形式，强磁场也会影响时空从恒星内部向恒星外流动，这与地磁层的情况类似。恒星复杂磁场的区域位于赤道区域，该区域磁力线结构复杂，时空流动受阻较大，时空透过磁力线薄弱的区域释放。恒星磁极磁力线垂直于表面，磁力线分布简单，两极释放的时空相比于赤道较多。虽然恒星的内在条件会影响时空从恒星内部到外部的流动，但是相对于光子能量而言，时空依然是相当快地通过恒星的物质到达恒星外。

恒星内部错综复杂的因素阻碍从恒星内部到恒星外部时空的释放，时空离开恒星表面时将会是"挣脱缰绳"的野马，远离恒星而去。此时有不是十分激烈的时空相互流动的小激流，这会使很多恒星表面外一段距离的时空内呈现出释放较低频的电磁波的现象，类似于激波层现象。恒星表层一定范围内的低频电磁波也会将能量作用到这个区域的粒子，使其温度升高。

恒星不仅是宇宙中电磁波形式能量的主要来源，还是主要的时空释放源。恒星释放的时空导致产生很多的现象。这些现象在没有时空机制的情况下很难解释其形成原因，甚至处于谜团的状态。下面将继续分析恒星释放的时空产生的相关现象。

5.2 恒星时空风

恒星是宇宙中源源不断释放电磁能量和时空的天体。恒星在释放电磁波辐射的同时，内部源源不断地进行着核聚变反应，多数恒星内部的核聚变是将两个氢原子核转变为一个氦原子核，聚变反应是将物质中存储的能量释放。当氢燃料耗尽后会进行更重原子核的聚变。在聚变反应的过程中，反应前两个氢原子核的质量总和大于反应后生成的一个氦原子核和释放的其他亚原子粒子的总质量。实物质质量减少部分的质量因素转换为虚物质时空，同时大量的时空携带能量从原子核的变换过程中被释放。恒星内部进行的聚变反应也是源源不断将物质转换为时空的反应。物质释放能量生成的时空不能聚集在恒星的内部，导致时空推开周围的时空向恒星外流动散开。物质转换为时空，而时空对于实物质而言是透明的状态。这使恒星内部不断进行核反应的同时，有大量的时空通过恒星的物质从恒星释放到星系的时空，最后成为宇宙的时空。恒星不断向外释放大量时空形成恒星时空风。恒星释放时空风的现象会引起很多天文物理现象和众多关联现象，在不包含时空本质的其他理论模型中，这些天文物理的现象很难从本质被合理地解释。

时空风从恒星源源不断地释放，由于球体状恒星释放的时空风从远离恒星的地方观测也呈球状向外流动，看起来就像在宇宙中吹起了一个时空泡。时空泡的边缘为时空激流的区域。时空风随着半径的增加速度也逐渐降低。这种随着距离减慢的现象类似于以固定速度吹气球，随着气球体积的增大，气球增大的速度也随之减慢。时空流动的速度在聚变反应时接近光速，随着距离的增加速度逐渐降低，最后时空与星系时空会合在一起。

太阳释放的时空风使太阳系的行星处于时空流动中。地球存在弓形激波，具有时空运动隔离现象。地球的时空运动隔离现象隔离因太阳释放时空流动引起的绝对运动。地球时空激波层在太阳的时空风中被拉长（图5-2）。因为时空是场的承载介质，时空的流动导致时空中的磁场分布改变，并随着时空的流动运动。强烈的时空风流动会导致行星时空中磁场外层磁力线剥离磁场源，地球磁场在本身释放的时空中的磁力线会重新分布，断开的磁力线会重新连接，形成磁重联现象。

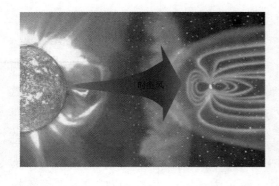

图5-2　太阳释放的时空风导致地球的磁层在时空风中被拉长

恒星释放的时空和星系时空交汇的界面叫做恒星时空激波层。如果恒星外部的星际时空不发生流动，恒星吹出时空的时空激波层将是圆的球体，实际上恒星所处的星系时空不可能是静止的状态，时空在星系中也表现为由星系内部向星系边缘流动。星系时空的流动使得恒星吹出的时空泡边缘的时空激波层在星系时空中被拉长。通过时空泡被拉长的反方向可以得知星系时空风的流动方向。这与地球的时空激波层在太阳时空风运动的作用下被拉长的情况相同。

恒星吹出的时空风起到保护恒星系统的时空不受外部时空相对运动影响的作用，这种隔离机制在前面章节已经详细分析。恒星的时空风隔离开恒星系统内部和星系时空所产生的相对运动。恒星时空隔离现象是指恒星释放恒星物质中的能量，使恒星消失的物质质量以等质量时空的形式释放到宇宙时空，同时保护恒星系统中的时空和天体，免受银河系或星系外来时空引起绝对运动状态的影响。

与其他恒星一样，太阳是银河系中一颗普通的恒星，太阳释放电磁能量的同时也向外吹拂着大量的时空风。时空风是指具有极低质量能量的时空从太阳释放并吹向星系时空。以太阳光释放的电磁能量计算，太阳每秒大约有 4.5×10^9 kg 实物质转换为虚物质时空，所以太阳每秒钟要向太阳外至少喷射出 4.5×10^9 kg 质量的时空。虽然太阳在太阳系中心看似静止不动，但是太阳每秒钟释放出的大量的时空从太阳表面被喷射出来，由于时空的运动导致太阳系内的天体与太阳系的时空产生了相对运动，故太阳系内的任何天体在太阳系时空区域内都处于绝对运动的状态。

太阳核心释放出的时空和对流层等离子最终从太阳表面释放出来。太阳核心外部的对流层物质处于时空流动引起的绝对运动状态。这种运动状态类似于处于风口的物体，虽然物体和风口之间没有发生距离的变化，但是物体与风口之间的空气却处于高速的相对运动状态。当今模拟风口吹出的高速气流的装置为风洞，使用风洞吹出高速气流与物体产生的相对运动的原理和方式来测试物体的空气动力学。如果在风口放置一个相当于地球的气球，由于时空运动隔离现象的存在，地球激波层外与太阳系时空处于高速运动的状态，地球内部的环境与气球内部一样是静止的环境。风洞与太阳释放时空现象不同的是，太阳释放时空的速度可以到达光速的几分之一或者更高。所有的恒星都释放时空风，因质量不同，恒星释放时空风的速度也会有所不同。质量小的恒星，内部的核聚变反应速度较慢，电磁辐射的频段偏向黄色，时空的释放能力也相对较弱，恒星在星系中时空运动隔离的范围也较小。质量大的恒星，内部核聚变反应速度比质量小的恒星快得多，电磁辐射的频段偏向蓝色，释放的能量比小质量恒星大得多，吹出的时空与小质量的相比也强烈得多，且恒星时空运动隔离的范围比小质量恒星大很多。

恒星通过表面释放的时空（不是均匀的释放），在两极较多，在赤道附近由于磁场等的阻碍导致时空在某些区域突然释放增多和减少，恒星周期的演变使时空的释放也呈现周期性变化，并会导致一系列关联的天文现象。时空释放在恒星某些区域的突然增多，会连带处于其中的磁场和等离子被一同加速而带离恒星表面。这种时空的增多导致时空与时空作用，产生一定特征连续谱射电的时变特性，这些射电以时空流动为能量源。

恒星释放的电磁波能量不是稳定不变，而是随着恒星的活动而变化，同时导致时空的释放也随着所释放电磁波的变化而变化。活跃的恒星在耀斑区域猛烈地释放时空，导致一系列的射电现象。如太阳时空的非均匀释放，导致耀斑区域出现复杂的射电现象；时空流动的激增导致太阳射电谱某个频段亮度的激增；太阳时空的不均匀变化流动，使太阳射电谱发生复杂变化。

恒星吹出的时空风是宇宙中很多现象本质的内在因素，接下来对此将做分析。

恒星冕层能量的来源

多数恒星都有一层稀薄的大气层叫做冕层。恒星表面的温度都在数千摄氏度，而外层的冕层大气温度却高达 100 万摄氏度。恒星核心温度达千万摄氏度，由内向外温度应该逐渐降低。恒星的外大气层却出现了温度反而高出恒星表面的现象，并且高出恒星表面温度百万倍，接近核心温度的十几分之一，这是一种难以解释的现象。太阳是宇宙中一颗普通的恒星，具有其他恒星所具有的现象，太阳表面的外层也有一层稀薄的大气层叫做日冕层。为什么冕层能出现如此高的温度？恒星冕层的高温及其能量来源，一直以来都是物理界热门的话题。

在时空的本质概念引入之前，冕层的能量来源问题无法解释。因为宇宙中除了已知的电磁能量外，没有其他像电磁能那样的能量，可直接将能量作用于粒子而使其能量增加。如果不引入时空的本质概念，就只能解释为电磁波在给日冕层的元素加热，但是却无法解释电磁波的来源。如果仅仅是电磁波加热日冕层，太阳表面辐射的电磁能不足以将冕层加温到百万摄氏度，太阳表面温度应和日冕层相同。温度是物质内能的表现，是无数粒子做自由随机运动所致。

从单个粒子角度分析，内能在物质中是单个粒子携带额外能量的动能体现。粒子的运动是指粒子与时空发生了相对位移，在时空中处于绝对运动状态，并因粒子的绝对运动而具有额外的能量。就像湍急河流中航行的船一样，河岸相当于太阳表面，河里的船逆流而上。虽然船与河岸相对运动很小，如太阳表面与日冕层粒子看似处于固定的距离，但是湍急的水流使船和水之间处于高速航行的状态。船相当于日冕层的粒子，水流则是时空。时空的运动使日冕层的粒子处于高速运动的状态，这种运动使其具有极高的额外动能，直接导致日冕层达到百万摄氏度的高温。这一高温现象不仅仅是时空绝对运动单一机制所致。太阳表面的物质也处于和时空相对运动的状态，日冕层的高温现象是多种因素共同作用所致。

　　从相对运动的角度观察分析粒子在时空中的运动情况有两种，一种情况是，时空不动而粒子在时空中运动。常见的如一杯热水，杯里的热水在时空中杂乱无序地运动，体现内能。另一种情况是，物质中所有的粒子都在朝定向运动，且相互保持相对静止，但与时空处于相对高速运动状态。如行驶的汽车和飞机等，都是沿一定方向运动并具有额外能量的体现形式。从相对运动的角度观察，第二种运动有两个静止参考物，一是将时空作为静止参考物，二是将物质作为静止参考物。以时空为静止参考物比较容易理解，如飞行的飞机等。如果将物质作为静止参考物，那么时空在物质中沿一定方向运动。如同步卫星、空间站等。如果将同步卫星视为静止参考物，那么时空则以同步卫星绕地公转的速度在同步卫星的物质中流过。物质和时空相对速度的高低也决定内动能的高低。粒子具有的动能体现是，粒子在时空中与时空相对运动的速度。太阳核心外到太阳系边缘的所有物质，都处于因时空流动导致的绝对运动状态。恒星的冕层则属于第二种情况，即冕层的粒子之间基本保持相对静止，因时空的流动向太阳核心方向运动。冕层的粒子是静止的参考物，由于时空的流动，冕层的粒子处于高速绝对运动状态，这些粒子呈现出因定向运动而具有额外能量。这种情况与加速器中的粒子所具有的能量相同，不同的是日冕层的离子是时空流动使其高速运动。时空运动使物质具有额外能量，同时也会向外辐射电磁波，电磁波的释放也会向其他粒子传递能量，使冕层的物质相互加热。

　　从相对运动的角度观察，恒星内部和表层不断吹出的时空风，使恒星的物质不断向恒星的核心方向运动。从太空观测缓慢视像运动的太阳物质，实际上处于高速绝对运动的状态。从地球相对观测显示，太阳附近的等离子虽然运动速度不高，但是这些带电粒子和太阳附近的时空却处于高速的运动状态，太阳的探测器也探测到太阳表面附近具有极高的速度。冕层的粒子则在太阳的引力与时空风作用下朝太阳核心方向运动。由于太阳吹出的时空风速度极高，冕层的粒子在时空风和太阳的引力作用下处于平衡的位置。由于时空引起的绝对运动状态的存在，从地球观测太阳，以相对运动的方式处理这种现象并不妥当。

　　冕层的粒子是处于高温等离子态的物质。由于不断有新的物质的粒子从太阳表面逃逸，导致冕层的物质不断从太阳表面向冕层外层运动。太阳释放的时空离开太阳表面后，其流动受到物质的相互运动影响而急剧减少，时空向宇宙时空的相对运动速度急剧增加，导致时空从太阳表面释放一定距离后会形成激波或激流区域。恒星冕层等离子的惯性运动方向指向时空的源头。冕层的等离子很像在湍急河流中逆向行驶的船，而河流则是高速时空，船在湍急河流中的动力来自恒星的引力。冕层的粒子相当于河流中无数航行着的船，这些粒子难免发生碰撞，碰撞会使粒子改变运动方向，同时释放出能量。处于高速运动状态的粒子由于具有极高的动能，也会向外辐射能量。当冕层高速运动的离子脱离引力平衡区域后，以本身具有的惯性和动能，在时空中顺流高速离开恒星并向恒星时空边缘运动，这些被时空风从恒星带走的带电粒子叫做太阳风。

　　太阳的日冕层不仅仅是一种元素，从时空引起的运动使粒子具有能量的角度分析，原子量大的粒子会比原子量小的更重，相同的运动速度下，质量大的粒子具有更多的能量。对日冕层的观测显示，时空并不是均匀地从太阳释放。恒星是释放时空的天体，所有的恒星会因众多的内在因素的影响，其表面的时空是非均匀的释放。时空离开恒星表面也会呈现出不是十分激烈的时空相互流动的小激流和湍流，时空的相互流动会使时空自身的能量以射电的形式释放，导致很多恒星表面外一段距离的时空释放出低频到微波波段的电磁波，而不是能量极高的射线。时空激流中的磁场也会随着激流的波动而震荡，形成能量释放的现象，并将能量作用在该区域的等离子。这种电磁波释放导致冕层的物质，除因时空高速流动呈现出的动能能量外，电磁波会对冕层的等离子再次加热，赋予日冕层的粒子更高的能量。时空的流动导致激波层的电磁波不会加热太阳表面的物质，最终导致冕层呈现出极高的温度。由于时空从恒星内部释放，故冕层的低频电磁波因时空的流动基本无法回到恒星表面，时空的流动连同冕层的高能粒子一起被带离恒星。

具有冕层的恒星，其活动周期使时空释放呈现出周期性的变化。在太阳磁场的共同作用下冕层也体现出周期性的变化。时空释放的强烈程度决定恒星冕层范围，冕层的能量也会呈现出周期的变化。耀斑现象会导致冕层时空流动的突变，冕层喷发区域时空与时空的流动使时空释放的电磁波在太阳射电频段体现为特殊的射电爆发现象。

所有恒星的表面都不会吹出均匀稳定的时空风。恒星释放的时空风强度决定冕层在恒星周围的分布情况。恒星吹出较高速时空风的表面区域，其表面物质直接被高速向恒星外流动的时空风带离恒星表面，并不会形成时空风和引力平衡的冕层区域，呈现出冕层的区域均是恒星吹出时空风薄弱的区域。

恒星吹出时空风的强弱呈现出冕层的分布情况。大于太阳数倍质量的恒星，其内部进行的核聚变要比小质量的恒星大得多。大质量的恒星辐射电磁波偏向蓝光光谱，会释放更强烈的时空风，将表面逃逸出的等离子直接加速带到恒星外的时空，导致不存在明显的冕层现象。小质量的恒星或者耗尽燃料的恒星，聚变反应较缓慢，释放时空风的速度并不高且平缓。所以只有小质量或者内部核聚变反应相对较弱的恒星才会具有明显的冕层。

与多数恒星一样，太阳的磁轴区域的时空要比赤道区域的时空释放得更多更快，导致磁轴方向太阳两极区域释放的时空更加的猛烈，这种急速的时空流动是暂暗能量状态，导致高能射线（X射线、紫外线）高于恒星的其他区域。两极更快的时空风直接带走表层逃逸出的物质，故太阳和很多恒星的两极不会出现冕层。对太阳冕层观测的照片见图5-3。

图5-3 日冕层观测显示太阳释放时空吹拂日冕层形成（图片来自NASA）

太阳冕层的照片证明太阳两极吹出的时空风更加猛烈，直接将太阳表面逃逸出的粒子加速抛向恒星外。图片中冕层呈现出细线状，细线是冕层物质在引力的作用下被太阳磁场约束在磁力线上呈现出的现象，这种现象与具有铁磁性的粉末在磁铁周围体现的现象一样。除太阳两极外的区域均存在引力的平衡区域。恒星的冕层现象证实了时空流动的机制和解释冕层能量来源的时空量子模型的正确性。

5.4　太阳风

太阳风在当今的天文物理中是指由太阳上层大气喷射出的带电粒子流。如果在其他恒星，叫做恒星风。这些粒子流是构成太阳的物质，由日冕层喷发出来。太阳是银河系中一颗普通的恒星，太阳在不断进行着核聚变反应，也在不断地释放着物质中存储的能量，同时释放时空，太阳核心释放的时空使太阳向星际时空吹出时空风。时空风使得冕层的粒子处于极高速的运动状态，高速运动的粒子具有的能量以极高温度的形式呈现。冕层的物质受到太阳磁场的束缚，一旦磁力线呈现出敞开状态便会形成耀斑或者日珥，并呈现出比较复杂的物质喷发现象。处于地球轨道的探测卫星观测到太阳释放带电粒子激增形成喷发的现象。

太阳是离地球最近的恒星，但是人类对其近距离探索的探测器却很少。太阳风中的等离子由于时空流动被加速，观测到的和实际测量的速度并不会一致。测量日冕层的带电粒子，实际的速度将非常高。不使用时空流动特性的模型将很难解释观测和实测速度的差异。

具有内能的粒子从太阳表面逃逸出来后，冕层的物质被电磁波和时空流动同时作用并再次获得能量，太阳的引力将日冕物质吸引过来，表面看似不动的物质实际处于与时空的高速相对运动状态。太阳表面不断逃逸出的新粒子，从表面向日冕外层运动，运动的过程中时空的速度会随着远离太阳而减慢，但粒子被时空加速而具有的动能并不会减弱，一旦粒子的速度达到了脱离太阳的引力平衡区域，这些粒子从日冕外层便会保持所具有的惯性，与恒星释放的时空一同向远离太阳的宇宙深空而去。

太阳风中的等离子密度较低，地球附近每平方厘米几个到几十个不等，速度随太阳活动变化而变化，平均值约为 400 km/s。太阳风与星际等物质存在交汇的区域，也是太阳风的末端，称为日球顶层，这个范围内被认为是太阳系。由于星系的时空风或从星系内向星系外流动的物质，使太阳风和太阳的时空风不是一个正球体，故太阳时空中的等离子和太阳释放的时空范围，更像是一颗拖着尾巴的彗星。由于到达这个区域的无人探测飞船稀少，故很难确定这个范围的具体数值。

5.5 太阳光谱和临边效应

　　太阳核聚变释放的能量，使太阳表面物质以电磁波形式向宇宙的时空中辐射。太阳释放电磁波的同时，构成太阳的物质会吸收一系列特定频率的电磁波，形成太阳的光谱。吸收光谱的物质处于太阳的环境中，太阳表层复杂的环境，各种机制的相互作用，使不同区域的吸收光谱呈现出差异。太阳的物质已知受到太阳引力的影响、时空高速相对运动的影响和磁场等综合作用，导致太阳的光谱呈现出极为复杂的现象。所以太阳光谱是复合的频移光谱现象，即多种红移和蓝移现象相互叠加形成的现象。在复合叠加频移机制作用下，不同区域呈现的光谱不同，即使相同区域的光谱也会随着太阳的活动而不断变化。这时需要使用复合频移的方法去分析恒星包括太阳光谱，但极难得到让人满意的结果。本节内容只从整体和已知的机制去分析恒星包括太阳光谱和临边效应。

　　人类观测太阳光谱已有百年的历史。太阳是大质量的天体，有着较强的引力场，按照引力红移的现象，太阳光谱应出现引力红移，实际观测到的太阳光谱也确实存在红移的现象。但是太阳不同区域的光谱红移有的符合引力红移，有的却不符合。总体上，太阳中心区域的红移量偏小，越靠近边缘红移量越大，这个现象也叫太阳临边效应。

　　太阳是不间断释放时空的天体，时空流动使太阳的物质处于绝对运动状态，也包括太阳表层的物质。时空流动导致处于运动状态的物质特征谱线受到多普勒现象、引力红移、运动侧向红移等现象的相互叠加影响，形成复杂的光谱现象。

　　太阳释放的时空在太阳表面并不是均匀的流动，太阳活动的周期性变化和其他内在因素使太阳释放的时空在相同区域呈现增强和减弱的周期性变化。时空的不均匀释放在太阳耀斑和太阳黑子上的体现更为明显。时空的不均匀流动会使处于远处的观测者和太阳之间的绝对路径发生变化。这样的变化会使在地球的观测方向形成时变多普勒现象。光谱的多普勒红移和蓝移只有在时空突然改变流速的情况下出现。多数情况下主要以红移现象为主。

太阳是球体,从地球方向观测太阳,实际看到的是太阳半个球体所发出的光。从地球观测太阳发光盘的中心,观测点、太阳表面和太阳中心3点呈一线。从地球观测太阳发光盘的边缘,观测点、太阳表面和太阳中心3点不在一条直线。从地球观测太阳发光盘的边缘,观测到的是太阳表面发出的太阳球体切向方向的光线。从地球方向观测太阳发光盘的中心到发光盘边缘,实质是观测太阳发出垂直于太阳表面的光线到切向光线的过渡(图5-4)。

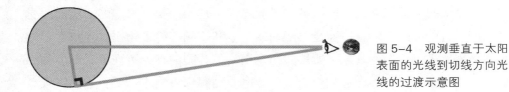

图5-4 观测垂直于太阳表面的光线到切线方向光线的过渡示意图

太阳是不断高速释放时空的天体,太阳表面的物质处于太阳释放时空方向的时空流动中,太阳表面任何一点的物质其运动方向总体上均是指向时空流动的源方向,多数情况指向太阳的核心。绝大多数情况下太阳表面的物质处于垂直于表面的运动状态。太阳核心释放的时空使太阳的物质处于绝对运动状态,从地球方向观测,从太阳发光盘的中心向发光盘的边缘过渡,实质观测的是太阳物质的运动方向所发出的光到太阳表面物质运动侧向发光的过渡。这是总体情况,如果细分析局部,太阳表面的物质由于活动会呈现出一些不同,时空的流动方向和源方向也会存在一些变化。太阳表面的物质在太阳复杂的环境下,运动方向和运动侧向特征光谱也会呈现出差异。

观测太阳发光盘的中心,实际上是观测太阳表面的物质处于太阳时空的运动方向。观测太阳发光盘的中心,物质的运动方向和观测方向反向,与时空流动方向同向。由于绝对运动侧向红移机制不改变运动方向物质的特征谱线,故观测太阳中心的光谱不考虑绝对运动侧向红移现象。从地球观测太阳发光盘的边缘，情况与观测太阳发光盘的中心不同。实际上观测到的是太阳表面物质运动侧向方向发出的光，除受到引力红移作用外，处于太阳高速释放时空运动的状态。运动物质的特征谱线随着物质的高速运动，在运动侧向呈现出红移，运动速度越快光谱在运动侧向方向呈现的红移越大，即绝对运动侧向红移现象。从地球方向观测太阳发光盘的边缘实质看到的是太阳表面切向方向的光。这部分的光是太阳表面物质在时空中运动的侧向方向所发出的光，运动侧向方向会呈现比运动方向更大的光谱红移量，这导致了临边效应的产生（图5-5）。

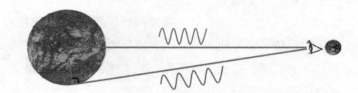

图 5-5　太阳光谱临边效应现象

太阳由于内部的核聚变反应不断地在释放时空，其表面的物质处于因时空流动引起的高速运动状态。这种运动以太阳物质和时空为参考物，太阳球体所有的物质都在向太阳核心方向运动，这种运动是由时空流动引起的。从地球观测，由于时空的流动使太阳的物质相对处于远离地球运动的状态，故时空的不稳定流动会引起相应的多普勒现象。

太阳光谱的复杂频移现象包含上述现象，也包含其他未知的现象，期待更多的研究者揭示更多太阳光谱的奥秘。

5.6 时空与射电现象

时空是具有质量的特殊介质，在能量的驱动下流动。宇宙中时空流动的能量来自电磁波转换能量的误差部分，其特点是能量密度非常小。时空基本全部由恒星释放，从释放时的较激烈流动状态到远离恒星较远的平缓状态。恒星释放的时空在时空风作用的末端，与星系时空汇合，成为星系时空。恒星释放时空作用的边缘和星系时空汇合会形成时空的湍流区域，在这个区域时空的流动形成小的涡旋，与河流的汇合具有类似的现象。星系时空是超过百光年甚至更广大区域平缓流动的时空。星系之间的中间时空区域是星系边缘，这里的时空流动接近停止。星系内的时空向星系边缘流动的过程是时空缓慢流动到基本静止的过程。但是，时空的流动具有能量，从流动到静止其具有的能量不会消失，因此存在时空缓慢流动具有的能量向其他形式能量转换的现象。时空的汇合会形成波的现象，物理学将波分为四种：机械波、电磁波、引力波（时空波动）、物质波。空无实物质的时空区域，不具备产生机械波的条件。时空是具有质量的特殊物质，时空的波动是物质的波动，但是时空的特殊性，并不会体现出物质波的现象。时空的自身作用，只能产生以其为介质的波。引力波是强烈的时空波动，星系边缘是平滑的时空区域，不具备强烈时空波动条件。从湍流到静止和从平缓流动到静止的过程，时空具有的能量会以电磁波的形式反馈作用到时空，形成特殊的时空射电现象。时空较平缓流动和形成的湍流导致释放的电磁波能量较低，这种低频电磁波的光子的能量，远低于可见光，处于热辐射较冷的温度。时空释放的电磁波会与时空中的原子和分子相互作用，形成特殊的可观测的射电天文现象。有些超精细结构谱线是研究时空中非可见光谱物质分布的有效手段。

从射电辐射的来源可将其分为两类，热辐射和非热辐射。实物质基本粒子的温度高于绝对零度，如原子、气体分子等均会产生热辐射，现在非热辐射主要指带电粒子在磁场作用下释放的电磁波。时空与时空作用产生的电磁辐射是非热辐射，由于时空相互作用的区域常常是恒星风等带电粒子作用的末端区域，是多种射电辐射的共同体现。在时空汇合或者激流区域，由于时空中往往存在一些原子、分子和磁场，时空的能量往往将直接反馈到磁场，最终作用到这些粒子，为这些基本粒子补充能量，同时这些基本粒子体现出特殊的射电特征。在大尺度的天体附近，气体和尘埃远离电磁辐射源，导致这些物质在可见光波段不可见。时空和其他形式的能量补给，使其在射电频谱处于点亮的状态。

5.6.1 时空激波现象

激波又叫冲击波，液体、气体、等离子、固体等从微观到宏观均存在这种现象。激波从形状上分为很多种，天体形成的激波均是较大时空区域的现象，并不会呈现出常规介质的多种形态。激波的含义包含有激荡和波动的意思，寓意这个区域是不稳定的区域。不稳定包括磁场的震荡、粒子的激烈变化等。在天文观测中呈现出弯曲，与"弓"的形状相似，称为弓形激波。弓形激波是天文学的一种现象，涵盖整个电磁波频谱。

现有理论对弓形激波的理解是：弓形激波层是恒星风、行星磁顶层与星际介质作用产生的现象。很多情况下也解释为带电粒子相遇产生的现象。引入时空的性质后，弓形激波现象的概念和本质成因包含时空流动的因素。地球附近存在射电弓形激波的现象，太阳以及其他恒星日球顶层的弓形激波现象，也叫做终端激波。太阳的弓形激波与地球的相比范围要大得多，由于太阳风的边界星际尘埃稀薄，故无法形成可见光波段的弓形激波。在星际尘埃较稠密区域的年轻恒星，其恒星时空风末端与星际时空流动迎面方向的时空交汇区域将形成较明显的弓形激波（图5-6）。

图5-6 哈勃望远镜拍摄的年轻恒星的弓形激波（图片来自NASA）

时空的激波由时空流动交汇形成的冲击压缩作用形成，时空的剧烈流动形成的压缩密度波是时空介质传播除电磁波外的另一种能量传输现象。时空的密度波传播是时空扭曲的波动，是呈现时空中距离变化波动的传播，这种变化常由大质量天体事件导致，也叫做引力波。比较强的介质（如带电粒子、星际尘埃等）交汇冲击形成弓形激波。若时空较弱压缩或者平缓的流动不能形成弓形激波现象，则仅形成弓形波或时空激流区域。

由于时空中某些现象导致的射电现象，均不是天体直接辐射的电磁波，这与常规介质（水、空气等）流动或者相遇形成的波类似，均会激荡起波的现象，如时空中天体磁层末端的磁力线振动等。所以这里将时空中非实体天体产生的各种射电的现象，均归为时空激波现象。

时空的流动是特殊的具有质量不具有大量能量的介质形成的压缩波。时空是除已知物质形态外的另一种物质形态，时空的激波除物质体现形态与已知不同外，其激波的基本原理相同，不同的是时空的激波与以时空为介质使时空内的物质体现出的某些现象关联。时空是电磁波的传导介质，时空激波的能量释放通过释放电磁波直接体现，涵盖所有电磁波频段，也包含物质。这里的时空激波指的是远低于光速的时空流动或喷射时空产生的激波。时空的激波导致时空中的物质和电磁波等在激波区域呈现出与常规时空区域不同的射电现象。

除时空流动的锋面形成弓形激波外，在尾部也会形成较长的时空湍流区域。尾部的湍流存在时空的小涡旋，也包含其中的磁场，这依然是能量的释放区域。天体释放时空形成时空泡的前端（弓形激波）和尾端，在时空的流动中，释放的能量、厚度、范围也不同，前端释放的能量较强，区域较小；尾端释放的能量较弱，范围被拉长至日球层的数倍直径。侧边也存在来自天体和天体外时空对流的区域，也是能量释放的区域。日球层边界的侧边和尾端，由于时空流动含有的能量极少，故释放的能量也较少。太阳风或恒星风作用的末端区域，是时空流动与其他区域时空汇合的区域，通常与带电粒子和磁场或与其自身相互作用释放的电磁波和时空释放的电磁波混合。由于时空的流向不同，时空汇合区域释放的电磁波存在定向发射的特性，导致从地球方向观测存在一定的局限性。由于这些现象均距离地球较远，故没有相关研究和观测数据。

这里将天体内部和天体外部时空汇合的区域，叫做时空激波层。天体释放时空导致天体外的时空在流动过程中绕过这个区域，其前端形成弓形激波，并存在较长的尾部。天体外时空处于较平静的状态，其时空激波层则趋于球形。前面章节分析了时空运动隔离现象。时空的引入明确了天体内部释放的时空与外部释放的时空的交汇区域，其是天体时空流动作用的边界，也是天体时空运动隔离现象作用的边界。时空激波层是不同流动方向的时空相遇交汇的界面和释放能量的区域，将天体包含在内的具有一定厚度的几何形时空。

由于行星、恒星均存在时空激波层的现象，故处于更大一级天体系统的星系，包括银河系、星云等，均释放质量更加庞大的时空，且时空处于从星系内部向星系外部流动的状态，也必定存在更为广大的时空与时空交汇的区域，将整个星系包含在内，这个区域就是星系的时空激波层。虽然叫做时空激波层，但是星系间的时空并不会像行星、恒星等有较激烈的、非球形的时空交汇区域（弓形激波）。星系的时空激波层并不激烈，但仍然叫做星系时空激波层。星系时空激波层是星系之间广大的时空区域，由于距离的限制，导致目前的科技无法到达该区域进行探测和研究。星系时空激波层在本书中首次提出，其他模型目前没有相关描述。

时空激波层按照形成机制可分为两类，一类是直接释放时空的天体在其周围形成的时空激波层，如具有熔融态内核的行星释放的时空、其中的磁层与恒星流动时空（含其中的等离子）共同作用形成的激波层，其时空激波层范围较小；进行核聚变反应，强烈释放时空的天体形成的激波层，时空激波层距离时空源天体较远，具有较大的范围。第二类是不直接释放时空的较大天体系统的时空激波层，如星系、星云等。这类天体系统释放的时空来自其内部天体释放时空的总汇，并平滑地向系统外流动，形成的是星系时空激波层。

时空激波层按照天体形成的大小范围大致可分为3类，第一类是行星时空激波层，是行星释放的时空在磁层末端与来自恒星的时空汇合产生的区域；第二类是恒星时空激波层，是恒星释放的时空在日球层末端与星系时空汇合产生的区域，也叫做终端激波；第三类是星系时空激波层，由银河系或者星云等大尺度天文结构内部释放的时空和宇宙时空汇合形成的时空交汇区域。现在通过射电望远镜对包含时空激波层在内的时空中的射电现象进行观测并研究，由于现有模型的限制，导致众多现象的成因无法解释。时空激波的区域存在磁场的震荡，这种震荡只有处于该区域才能进行探测，导致研究进展缓慢。接下来分别详细分析这几种时空激波层的机制。

5.6.2　行星时空激波层

行星时空激波层是围绕恒星公转的具有熔融态内核的天体周围形成的天文现象。行星时空激波层是行星内部核裂变反应释放的时空，与熔融态内核形成的磁场共同作用，在恒星时空范围内和恒星释放的时空相遇，形成的时空交汇区域。行星的激波层范围比较小，几十至数百米的范围，具体距离视行星所处的时空流速而定。行星的时空激波层范围反映行星内部核裂变释放时空和磁场强度大小，同时受恒星时空风的强度影响。行星时空激波层的形成是磁层和核裂变释放时空共同作用的结果，行星含有熔融的核心是必要的因素。可能还存在其他的形成机制，但是行星的磁场和行星内核能量释放的时空占主导因素。本书中的很多概念均为首次提出，并且这些现象均远离地表，在无法进行详细研究和实验的情况下，只能做比较合理的解释和推测，时空和磁场的形成机制可能在场的统一模型中进行更详细的解释。

行星按照质量可分为很多种，从小行星到巨型行星。并不是所有的行星都有时空激波层，行星时空激波层是行星产生时空运动隔离机制的外在现象，产生激波层的范围也因行星的大小而有区别。熔融态的核心表明行星在以一定速率释放能量和时空，熔融态的内核是形成较稳定磁场的因素。没有时空激波层的行星，其物质直接暴露在围绕恒星公转和恒星释放时空的高速绝对运动状态。高速流动的时空会加速行星并逐渐带走行星大气层中的物质，导致很难具有大气层或大气层逐渐消失。

具有时空激波层的行星，其朝向恒星面具有迎面吹来的时空风和太阳风，具有弓形激波现象，也是行星具有时空激波层的典型现象。太阳系内的八大行星（由于冥王星被降级为矮行星）除金星外都有明显的弓形激波。木星和土星由于巨大的体积和质量，核心将物质转换为时空的能力和磁层的范围也远大于其他行星。不仅行星具有弓形激波层，有些行星的卫星也具有弓形激波现象。地球的卫星月亮也存在弓形激波，但是范围极小，仅存在于月球表面至数万米的范围。而小行星带的小行星绝大多数不具有弓形激波，现在的观测结果也表明小质量（直径在几十到数百千米以内的天体）的天体不具有弓形激波。

地球是太阳系内的一颗行星，地球的弓形激波距离地球大约9万km，厚度大约为100~1 000 km。地球的弓形激波往往和磁层结合在一起，在太阳系中被太阳的时空风拉得很长。弓形激波和被拉长的磁层外层均是地球时空激波层的范围，从太空角度观测地球的弓形激波很像是一个吹起被拉长的气泡形状（图5-7）。美国宇航局也发射专门的探测器去研究地磁层等的特殊现象，如：磁重联现象等。

图5-7　从太空观测到的地球磁层和激波层效果图（图片来自NASA）

离开了行星时空激波层,就离开了行星时空隔离的范围,也正式离开了这颗行星的时空区域。地球在太阳系时空中就像是一个物体在高速气流中运动,会对气流形成影响。这样的空气动力学测试实验经常在风洞中进行,物体处于高速气流中会形成激波层。时空是一种具有特殊性质的流体,如果有相对运动隔离机制的行星被高速流动的时空风吹动,将会形成和空气流体类似的激波层现象。

在行星时空激波层以内以及地表进行的天文观测均为观测其他时空区域,所观测到的外部天体运动状态均为视像运动状态。地球的环境就像是在非常坚固的房子内,地球外面不停地吹着猛烈的时空风,而屋子里面却是一番平静的景像。太阳释放的时空流动导致地球在太阳系中形成的时空激波层被拉长,时空和地磁层等因素屏蔽了由太阳时空风引起的绝对运动。地球时空激波层以内为地球时空运动隔离机制内的范围,无法测量到地球和地球外时空的相对运动,如:公转、宇宙膨胀等。所以光速差实验证明了地表观测不到地球处于运动状态。

5.6.3　恒星时空激波层

恒星内部源源不断的核聚变反应释放物质中的能量,所以恒星可以源源不断地吹出时空风。恒星的时空呈球体状向外释放,时空的速度随着球体的增大逐渐减慢,最后和星系时空交汇在一起。恒星释放的时空和星系时空在汇合的区域,因能量释放而形成恒星时空激波层。

恒星时空激波层是恒星核聚变释放的时空,与星际时空汇合形成的交汇区域。恒星时空激波层将整个恒星系统的天体和时空包含在内,无论范围和强度都要比行星大得多,是恒星强烈释放的时空在星际时空中吹起的时空泡与星系时空交汇的边界,汇合的过程中释放时空流动具有的能量。所有的恒星都进行着核聚变反应,因此所有的恒星都在向恒星外部猛烈地释放着时空和包含在内的带电粒子,并且所有的恒星都具有较强的磁场,磁场和时空风使所有的恒星都具有时空激波层,恒星释放的时空是恒星弓形激波产生的主因。太阳释放时空的边界在星系时空的流动作用下,形成类似被拉长气泡的不规则几何体形状。这个几何体内部叫做日球层(图 5-8),同时是太阳风作用的区域。

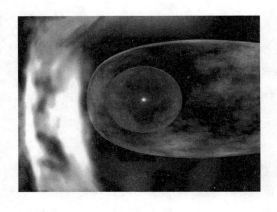

图 5-8　太阳日球层艺术效果图
（图片来自 NASA）

恒星内部的错综复杂因素阻碍时空由其内部向外部释放，时空要离开恒星表面需摆脱高温、磁场等复杂因素的束缚。时空透过光球层和以下的部分，由于存在错综复杂的扭缠磁力线，就像透过复杂的阻力较大的筛子，时空透过筛眼而形成对外部时空的冲击，使太阳表面一定距离处于激波的状态。日冕层的时空激波层完全是由恒星释放的时空所形成，并不是恒星和其他天体释放的时空的交界，来自恒星内部在恒星表面一段距离内的时空激波层也不是真正意义上的天体时空边界的激波层。

如果恒星时空激波层位于静止的宇宙时空，将是正球体的形状，但是星际时空并不是静止不变的绝对时空。宇宙中的恒星绝大部分都处于更大尺度的天体结构中，只有极少数游离在宇宙的时空中。星系中的所有恒星都会释放时空，这样就会从星系中心向外不断流动出时空，恒星的激波层处于星系时空流动状态之中。在星系时空的河流中恒星的时空激波层被拉长，与星系时空风相向会压缩恒星时空激波层，而同向则会把时空激波层拉得很长。时空激波层就像彗星头部指向太阳，而尾部背离太阳，尾部的反方向也会指向星系结构的核心区域或者时空流出的方向。太阳或者其他恒星释放的时空的流动速度随着离恒星距离的增加而减弱，最终与行星系时空交汇。恒星释放的时空和星际时空的交汇界面，隔离了星际时空和恒星内时空的相对运动。从太阳系时空观测到的宇宙变化和其他恒星天体运动均为视像运动状态。

恒星的时空激波层内部均为恒星的时空范围，如果要离开恒星系统的范围不能以离开恒星系统的最后一颗行星计算，离开恒星的时空激波层才算真正离开了恒星的时空范围。人类离开太阳系时空的探测器不多，比较著名的是美国的旅行者 1 号和 2 号探测器。当旅行者号探测器穿过时空激波层的顶部弓形激波时，地球的射电望远镜能观测到探测器对其产生扰动并释放电磁波的现象。离开太阳的时空激波层，意味着离开了太阳系的时空进入星际时空范围。

5.6.4 星系时空风和时空激波层

银河系、河外星系、星云及其他大尺度的天体结构这里统称为星系。这些天体结构内含有大量的恒星和行星等，每时每刻都有大量的天体核心进行着核聚变或裂变反应，不断释放着物质中存储的能量，同时释放时空。这种大尺度的天体结构中每时每刻都有大量的时空产生，从星系内向星系外的宇宙时空流动，形成从星系向宇宙时空吹出的星系时空风。星系释放的时空与星系外的时空会有不明显的、区域广大的交汇界面，这个交汇的界面叫做星系时空激波层。星系时空激波层是较平缓的范围较大的时空交汇区域。

星系时空风中的时空主要来源是其内部的恒星，也包括一些活动的黑洞。星系内恒星释放的时空经过恒星时空激波层的能量释放后，时空流动含有的能量降低，时空的流动减缓，在恒星的时空激波层外与星系的时空汇合成为星系时空。星系由于庞大的尺寸，时空随着距离的增加，速度和含有的能量也进一步降低，星系释放的时空推开周围的时空，最终与宇宙时空汇合，成为宇宙时空的一部分。星系释放的时空和宇宙时空的平滑过渡区域极其广大，只要有时空的相遇汇合，在这个广大的时空区域内就存在射电的现象。每个星系的大小和所拥有的恒星数目并不相同，因此每秒钟释放的总电磁和时空数量不同，时空和电磁波的释放随着星系规模的增大而增大。

星系的时空激波层不同于恒星和行星释放时空产生的激波层。星系的激波层在宇宙的时空中，并不会像多数恒星和行星因处于更高一级天体释放的时空流动状态而呈现出类似彗星的形状。星系释放时空的结果是超过万光年尺度地推开周围时空，星系释放的时空均匀地与其他星系释放时空的边缘会合或与宇宙层次范围时空会合，从缓慢流动状态减速为宇宙的绝对时空。与恒星时空风不同，星系时空风和宇宙时空是较为平滑的过渡。恒星释放的时空在与星系会合形成恒星时空激波层时已经经过了一次能量的释放，所以星系时空激波层是 3 种时空激波层中释放能量最弱的一种。星系时空激波层的特点是能量密度低，和宇宙时空交汇的过渡区域大，交汇区域释放的能量平缓且均匀一致，是微波背景辐射的一个来源。星系时空激波层外的时空将是纯粹的宇宙时空领域，也是星系时空推开宇宙时空的作用区域。

5.7 行星与时空

大质量天体的周围，如恒星、白矮星、中子星、黑洞等，基本都存在一定数量自身不进行核聚变反应绕其公转的天体，按照大小和构成等可分成很多种，如行星、小行星、矮行星、巨行星等。有些巨行星具有较大的卫星。现在关于行星的定义是围绕恒星公转、有足够的质量、近球形、公转轨道内无比它更大的天体，行星这个词在太阳系仅指八大行星。天文学并没有统一的词汇表示所有绕较大质量天体公转的天体，仅仅是如何定义行星一直是具有争议的问题。现在观测发现温度最高的行星，高达 2 000 ℃，这个温度已经可以发出与白炽灯相同色温的光。此节分析处于恒星、白矮星、中子星等大质量天体周围绕其公转的天体。这些天体具有的共同特点是，内部不进行核聚变反应，以一定速率或多或少地释放时空，并处于大质量天体释放的时空流动中。这里仅分析行星与时空相关的现象，其他的各种行星如果具有与行星相同的外在和内在因素，仍使用相同原理和机制进行分析。

行星内部不进行核聚变反应，由于形成演变过程中，较重的元素逐渐沉入核心，巨大的压力下核心的一些物质处于核裂变反应与衰变释放能量的状态，故而很多行星具有熔融态的内部结构。由于存在能量释放，故这类行星具备以一定速率释放时空的条件。按照是否释放时空，可将其分为以一定速率释放时空的行星和基本不释放时空的行星。具有熔融态内核是行星释放时空和具有较强磁场的内在因素。不具有熔融态内核或者内核正在冷却的行星，不具备释放时空的条件或处于时空释放的末期。有些巨行星的卫星，也具有与行星类似的结构磁层和时空范围。

地球是一颗比较典型的具有熔融态核心的行星，它以一定速率释放时空，其释放的时空在太阳释放时空流中被拉长的形态如图 5-9 所示。地球释放的时空维持着行星时空激波层的稳定，这个范围是地球的行星时空相对运动保护的范围，地球释放的时空在太阳系时空内吹起的时空泡使其自身不处于恒星释放

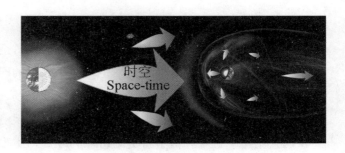

图 5-9 地球释放的时空在太阳释放时空流中被拉长的形态

时空的流动状态之中，同时保护地球的大气层不会被太阳释放的时空的流动逐渐带走，因此地球具有稳定的大气层。

行星释放的时空是导致众多现象的内在因素。地球处于时空释放的稳定期，但是总有一天地表下的时空释放会进入末期。太阳系存在熔融态内核已经冷却的其他行星。研究表明火星的内核已经冷却，导致其内核释放能量和时空的行为基本终止。火星释放的时空稀少，不能形成足够范围的时空运动隔离范围，从而使大气层暴露在太阳释放的时空流中。太阳释放的时空使火星曾具有的大气层处于绝对运动状态，这种状态与彗星喷发出的物质在太阳系中的状态相同。彗星是比较特殊的天体，由于其体积较小故不具备以一定速率释放时空的内在条件。彗星喷发的物质在恒星释放的时空流动下被加速形成彗尾，这种现象与烟囱冒出的烟随风飘散同理。火星表面以下释放时空的基本终止导致其大气层在太阳释放的时空流动作用下逐渐被带走。行星从内核释放时空到终止释放时空是一个漫长的过程。

 5.8 磁重联

磁重联是人类了解较少的神秘现象。磁重联这个词的意思是磁场的磁力线重新联接的物理现象，包含磁力线断开形成敞开的磁力线，并重新联接闭合的现象，这种现象使磁场在时空中重新分布。磁重联是具有磁场的天体在时空流动演变过程中普遍存在的现象，恒星、具有磁层的行星、某些巨型行星的卫星均存在这种现象。由于是磁场的突然变化，导致该区域磁场中带电粒子的速度突变，观测表明可将带电粒子瞬间加速到光速。磁重联现象是恒星的某个区域较大规模的物质喷发现象的主导因素。科学家一直在研究磁重联现象产生的机

制，由于观测条件和模型理解的限制进展甚微。

宇宙中磁重联是天体内部和天体磁层外层在时空流动作用下普遍存在的现象，不仅许多行星磁层的外层会发生，恒星表层的磁重联现象更是活跃。除恒星和行星外，活跃的中子星和黑洞具有极强的磁场，其周围也存在磁重联的现象，这类天体由于距离地球均较远所以更难进行观测。中子星和黑洞周围的磁重联现象相比于行星和恒星将更为特殊和壮观。磁重联是由时空多种性质引起的现象，下面分析地磁层外层和恒星的磁重联现象。

5.8.1 地磁层的磁重联现象

美国国家航空航天局 2015 年 3 月将 4 颗小卫星送入轨道，该组卫星是用于研究地球磁场的探测器，属于磁层多尺度任务（Magnetospheric Multiscale Mission，MMS），上面安装有最先进的磁场探测器，其采集速度比以往任何其他探测器快上百倍，高速的磁场探测器可以采集磁重联现象发生时的大量数据。4 个探测器在太空以金字塔形状分布飞行，这样的分布可以获取其他探测器所不能提供的三维数据，包括磁场数据和带电粒子变化等数据（图 5-10）。

行星内核释放的时空与其自身具有的磁层有着密切的关系，核心产生磁场的磁力线随着释放的时空被逐渐吹到更大的时空区域，这是形成稳定磁层的内在因素之一。行星的磁层随着其自身释放时空吹起的时空泡在恒星释放的时空流中飘荡并被拉长。由于地球是太阳系的一颗行星，具有行星典型的特征，这里仅分析行星地球具有的现象，其他恒星系统行星的类似现象与其基本相同在

图 5-10 MMS 空间天文台和地磁层的效果图（图片来自 NASA）

此不做单独分析。在太阳系中朝向太阳的地磁层将迎面吹来太阳释放的时空，使地球的磁层在吹来的时空风中被压缩，磁力线被挤压而相互靠近（图 5-11）。当太阳活动的活跃期释放的时空增多时，将使朝向太阳面磁层外层的磁力线有一定概率被吹断，从闭环形态断开形成敞开的磁力线（图 5-12）。敞开的磁力线随时空的流动被吹到远离太阳的方向，地球磁层的尾部如图 5-13 所示。

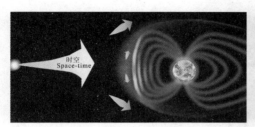

图 5-11　迎面吹来的时空压缩磁力线

图 5-12　外层磁力线在时空风的作用下被吹断呈开环状态

　　地球释放时空与恒星释放时空流动相遇形成的时空激波层尾部或磁层尾部，是时空流动湍流的区域。地球磁层外层的磁力线在恒星释放的时空中随着时空流动飘荡。背向太阳地磁层外层的磁力线在时空的流动作用下被拉长并相互靠近（图 5-14），朝向太阳面的磁层磁场方向相同的磁力线之间为同极性的磁力线，相互之间体现出斥力。处于磁层尾部的磁力线在时空的流动作用下被拉长并相互靠近，磁力线之间极性不同，相互之间体现出吸引力。当磁力线接近交叉或交叉时不同极性的磁力线进行重新联接，形成两部分独立的磁力线。其中一部分为有源磁力线（磁场能量源为地球核心），另一部分为无源磁力线。

　　磁重联有源磁力线部分仍然是地球磁层的磁场，发生磁重联后形成闭环较短的磁力线（图 5-15）。拉长的磁力线与拉长的皮筋一样，具有恢复原始状态的作用力。重联的磁力线像突然松开拉长的橡皮筋发生回弹的现象一样猛烈地收缩。地磁层外层的带电粒子，与磁力线相互作用，回弹的磁力线是能量释放的现象，快速扫过时空的磁力线导致经过区域的粒子在磁场突变的条件下被突然加速。磁力线回弹扫过区域的粒子爆炸似的加速喷射出磁力线发生重联的区域。快速回弹的磁力线弹在磁层与其存在力作用的其他磁力线，使相互作用的磁力线之间产生波动，同时将能量传递给其他磁力线（图5-16）。

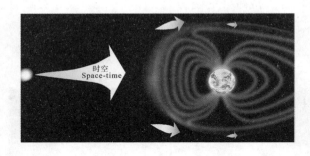

图5-13 敞开的磁力线在时空的流动下地磁层尾部运动

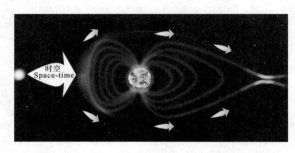

图5-14 地磁层尾部外层磁力线被拉长并相互靠近

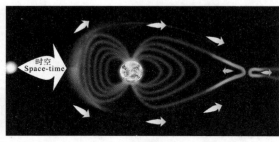

图5-15 地磁层外层因时空流动导致拉长、相互靠近的不同极性磁力线发生重新联接

图5-16 地磁层外层发生重新联接形成有源闭环磁力线急速回弹

发生重联的另一部分无源磁力线，随着恒星释放的时空的流动远离地球。这部分磁力线可能处于开源或闭环形态，伴随着地球释放的时空在太阳的时空流中形成小的湍流，类似水中的漩涡，远离地球而去。时空中断开并被其流动带走的磁力线可视为极低频电磁波，从地球无法观测到这部分磁力线。磁重联是时空强烈流动作用导致的物理现象，时空的流动导致时空中较大区域磁场分布形态的改变。地磁层尾部的外层磁力线在太阳释放的时空导致的湍流中不断被剥离，由于磁场的形成需要能量，故这部分磁力线被时空流带走导致磁场源的能量损失。

地球磁场由地核产生，其内部磁场的变化也存在磁场磁力线的重联现象，类似于太阳表面的磁重联。

5.8.2 恒星的磁重联现象

恒星是内部进行核聚变反应的同时大量释放时空的天体，表面下磁力线的活动十分活跃，其磁场比普通行星强上万倍。恒星的磁场与行星的情况一样，都是时空流动导致磁场的分布发生变化，磁力线的断开和重新联接更加频繁，释放的能量更多。由于恒星表面以下的磁场主导恒星表层的现象，故难以观测内部的磁场情况。时空是场的载体，时空的流动会拉伸和压缩磁力线。行星或者恒星的磁场在时空流动的作用下导致磁力线被拉长，场源需要向磁力线提供更多的能量。在时空流动下同等场强的磁力线，被拉长的比静态、较短的具有更多的能量。

恒星的物质处于等离子状态，电阻较低且具有较好的导电能力，这与点亮的气体放电灯（日光灯、金卤灯、氙灯等）内的物质具有相同的状态。在恒星表层磁场的作用下，处于等离子态的物质与磁场存在相互作用，等离子态的物质被束缚在磁力线周围。由于恒星表面物质自转的线速度并不相同，导致不断产生扭曲缠绕的磁力线，在时空的流动和局部湍流作用下磁力线之间的扭缠越来越严重。恒星表面下的磁力线就像沸腾的锅里煮的面条，时空的流动受到磁力线阻碍，磁力线在时空流动的作用下相互缠绕。不断发生相邻的不同极性的磁力线断开并重新联接，并释放所具有的能量。这与面锅突然剧烈沸腾，面条在液面起伏甚至溢出类似。磁力线在时空流动的作用下被拉长、断开、重新联接等现象极为普遍。由于恒星内部释放大量时空，故当时空较强地从扭缠的磁力线中流过时，会导致磁力线被吹出色球层，磁力线携带着与其相互作用的等离子物质形成耀斑和日珥。日珥多数只存在数分钟，时空的流动拉扯产生力的作用与磁力线力的作用有机会形成平衡的状态，有机会在日冕区域形成时间较长而稳定的日珥。时空的较强不均匀流动在某些区域导致磁力线断开，与磁场相互作用的等离子态物质从磁力线敞开区域被释放。时空的湍流和时空的流动导致被拉断的磁力线的区域形成较大的能量释放，继而形成太阳耀斑。断开的磁力线携带大量的物质，从磁力线敞开的区域被急速抛出恒星。开环的磁力线使时空流动的阻碍突然减弱，局部时空流动的增加导致较多的物质被加速带离恒星。

太阳是一颗普通的恒星，这里以太阳为例分析。太阳的周期性变化导致其所释放的能量和时空也呈现一定的周期。现在的科技可以清晰拍摄到太阳局部的照片。图 5-17 是太阳黑子的照片。图中显示磁力线在太阳表面黑子区域垂直分布，等离子态的物质呈现出丝状分布在磁力线周围。黑子区域是复杂磁力线扭缠的区域，并延伸到太阳表面以下一定距离。磁力线和太阳等离子态物质的相互作用使内部能量的热对流和时空释放相对于其他区域减弱，导致黑子区域比周围温度偏低。太阳黑子的大小有些能超过地球的直径，在如此大的区域，磁力线阻碍其内部的能量释放，导致能量不断聚集，该区域下聚集的能量会通过磁力线薄弱的间隙向表层传递，能量传递的同时时空的流动也通过磁力线间隙较大的区域，导致磁力线被时空流吹出表层，能量和物质随着磁力线被带出

图 5-17 太阳黑子的照片
（图片来自 NASA）

表层，形成耀斑。就像即将沸腾的水，水面下聚集的能量到达一定程度时，携带能量的气泡到达水面并破裂，其中带有大量汽化的能量。与水不同的是，耀斑的能量释放通过时空的流动将磁力线带到表层，由于存在磁力线被时空流吹断的现象，随后有机会发生磁力线的重联，表现为爆炸般的能量释放。除黑子区域和耀斑区域外，太阳表层下的同极性与反极性的磁力线在太阳的活动中不断重叠发生重新联接的现象。恒星的光球层以下磁重联是极为普通的现象。

恒星终端激波的前端和尾部，由于处于银河系的时空流动状态，存在和行星地球同样的地磁层的情况。弓形激波朝向银河系中心面（终端激波的前端），存在磁力线断开，被银河系时空吹到尾部的现象。太阳时空激波层的尾部，随着太阳系时空与银河系时空的交汇，在形成的湍流中磁场被银河系释放的时空的流动逐渐剥离。剥离的太阳磁层的磁力线，远离太阳，随着时空向银河系边缘流动。

5.9 黑洞

皮埃尔·西蒙·拉普拉斯（Pierre Simon Laplace）曾经大胆预言：当引力随质量增大时，天体将成为一个一无所有的区域，既不发光、也不发热。一个质量为太阳质量 250 倍，体积为地球大小的天体，由于其引力的作用将不允许任何光线离开。宇宙中最大质量的天体由于这样的特性不能被直接观测。广义相对论发表不久，1916 年，德国天文学家、物理学家卡尔·史瓦西（Karl Schwarzschild）从相对论场方程中得出引力坍缩，并将其描述为黑洞。当时爱因斯坦认为物质不可能如此致密，著文称这是荒谬的现象。后续的研究证明，黑洞是天体物理和宇宙中最重要的天体。但是黑洞这个词直到 20 世纪 60 年代才被提出并流行。

黑洞这个词的字面意思容易让人想象为天空中存在"黑窟窿"的天体。事实上黑洞不是宇宙时空中具有黑色的"洞"形态的天体，而是具有极大质量的特殊天体，在这个特殊天体的周围会形成一些特殊的天文现象。黑洞巨大的质量具有的强大引力将吸引其他天体，被吸引的天体一旦进入特殊的天体"黑洞"之后便消失，像掉到漆黑的深洞里一样，连光也无法逃脱，这是将这样特殊的天体叫做黑洞的部分原因。由于黑洞不发光，故人类无法通过可见光波段的望远镜直接观测到黑洞。黑洞周围和其内部的信息无法通过电磁波的形式向外传递，只能通过黑洞强大引力产生的时空扭曲现象间接观测其存在，并对相关特性进行研究。黑洞这样的性质让科学家很难研究了解其内部。一个比太阳质量大百倍甚至万倍的天体，却具有极小的体积，而且不发光。实际观测发现，有的天体在以不发光的天体为中心高速公转，光经过这个看不见的天体会产生奇异偏折的现象。地球周围不存在这样的现象，仅仅是这些现象就已经能够让很多人对黑洞产生足够的猜测和想象。隧道的入口也是洞，有人提出这个看不见的天体有可能是某种隧道，穿过这个隧道可以穿越时间。这些奇异的想法都是因为对黑洞的不了解，这种奇思妙想却是众多科幻电影和小说的构思与发展线索。但是黑洞毕竟是具有巨大质量的天体，具有强大的引力场和磁场，是由物质构成的实体天体。

太阳是较小的恒星，没有足够质量的物质成为中子星或黑洞。质量至少要比太阳大10倍才能有形成黑洞的可能，这仅仅是理论上的预言。事实上观测到宇宙存在比太阳质量大万倍的恒星，在如此大的质量条件下，也不一定会直接形成黑洞。

让很多人疑惑不解的是"黑洞"是由什么物质构成？是正物质还是反物质？由于黑洞视界的存在，黑洞的物质与构成无法直接观测探究。但是部分黑洞的形成是已知的，很多黑洞是由大质量天体坍缩形成，有些黑洞从宇宙诞生时就存在。

近年的天文观测表明，众多星系的中心都存在巨大质量的黑洞。当大质量恒星氢燃料消耗殆尽时，有可能演变为黑洞。大质量的天体具有强大的引力，使天体自身的物质在引力作用下压向天体的中心，恒星内部聚变释放的能量、时空等使其处于引力的平衡状态。当核聚变燃料耗尽，恒星内外的平衡将被打破，引力超过向外的平衡力，大质量天体自身的物质开始压向中心，物质的原子结构被打破，构成原子的亚原子粒子靠在一起，物质发生坍缩，导致体积急剧减小。另一种情况是，当天体的质量大到一定程度时物质基本粒子的结构将在强大的引力作用下直接被打破，构成物质基本粒子的原子以及亚原子结构也被拆散，在引力下物质被压缩成更致密的由质量构成的点状天体。此时天体的体积急剧缩小，形成体积趋于0的巨大质量点，这个点叫做质点或奇点，这个质量巨大、体积趋于0的奇点型天体就是黑洞。天文学家和物理学家很关注黑洞内部的形态和物质形式。黑洞中心是致密的由质量和能量构成，这是现在所未知的一种物质形式。

  前面章节已深入了解了时空和物质的本质，携带能量的时空量子构成基本的亚原子粒子，继而构成原子，再大量聚集构成天体。物质的聚集使物质周围的引力场增强，引力使构成天体的物质更加致密，当引力使物质压缩致密达到一定程度时，构成物质的原子结构将被打破，使亚原子粒子在引力的作用下紧密地靠在一起，这时天体将发生坍缩形成中子星。中子星是由亚原子粒子构成的天体。中子星的密度就是原子核的密度，它具有更小的体积和更高的密度。当物质足够多时，天体在自身强大的引力作用下，将压碎亚原子粒子的结构，使原子粒子被拆散成携带能量的时空量子，构成亚原子粒子的时空量子在能量和引力的作用下更加紧密地靠在一起。中子星或更大质量的天体将直接坍缩为一个奇点，这个奇点就是黑洞。黑洞不同于中子星，它由中子或亚原子粒子构成。黑洞仅仅是由时空量子和能量构成的天体，不再含有实物质的亚原子粒子。黑洞大多由恒星坍缩形成或者随宇宙诞生本来就存在，目前已观测到的恒星或者天体，在黑洞形成过程中不存在大规模正物质、反物质的转换变化。由于坍缩形成黑洞的过程会产生少许的反物质，故有学者推断观测到疑似黑洞的天体可能由反物质构成。在前面的章节中提到，正物质和反物质都由时空量子和能量构成，天体黑洞仅仅由致密的携带能量的时空量子构成，所以黑洞既不是正物质构成也不是反物质构成，是由能量和时空量子构成的极为致密的物质形式，也是最简单奇特的物质形式，这种形式的物质在时空中的相对体积接近0，其巨大质量携带着巨大的能量，这种结构与诞生宇宙的太初核类似。由于黑洞的物质构成形式未被了解，故不能用正物质和反物质去定义这种极为致密的物质构成。由于构成黑洞的时空量子携带能量，黑洞的物质构成属于实物质的范畴，其构成仅仅是由庞大质量的时空和能量构成、致密、具有庞大质量、体积趋于0的特殊物质的体现。黑洞可以由大质量的恒星坍缩形成，众多银河系中心的黑洞在其形成的过程中就已经存在。

  黑洞是由高度致密实物质构成的点型天体，在极小的相对时空内聚集大量时空和能量形成的特殊天体。黑洞在现有理论中物理学家将其描述为体积为零、质量无穷大的奇点。数学里无穷表示一种极大的概念，这会让物理学家和数学家非常棘手。尽量避免无穷的概念出现在可运算的方程中，无穷将导致物理学家很难用数学去解决和计算，所以他们会想尽各种办法去避开无穷的问题。避开无穷大的问题，更像是宇宙的错误，而不是数学中的错误。科学家用避开无穷的模型理解宇宙的一部分奥秘，同时也带来新的问题，避开无穷带来的解释是否是原本宇宙本身的机制，这也是需要解决的问题。

黑洞按照活动状态可以分为两种：一种是处于静止状态的黑洞，这种类型的黑洞多处于星系的中心；另一种是有吸积盘供给能量形成喷流现象的活动状态的黑洞。

由于当前对黑洞的机制不够了解，故引出很多奇思妙想，如有人提出掉进黑洞会进入其他宇宙等，其实不然，一旦靠近或掉进黑洞视界后，构成世界的正物质的原子以及亚原子结构将在强大的引力下逐步被拆散，只剩下构成物质的时空量子和所携带的能量，最终成为天体黑洞的一部分。生命如果靠近黑洞，分子结构将在靠近黑洞的视界前就已经被拆散为原子，所以掉近黑洞与进入一颗恒星或者直接进入高温区域不会有本质上的区别。黑洞极端特殊的大质量实体的性质，导致产生众多奇特的天文现象。

5.9.1 引力透镜与视界

黑洞凭借其超大的质量产生极强的引力场，光也无法逃脱黑洞的引力。时空是由时空量子构成的具有质量的虚物质，也是一种特殊的介质。时空在引力场的作用下，质量会向引力源靠近，使得时空不再是均匀、平滑稀疏的质量分布，时空在天体周围更加密集。在引力场作用下，时空的质量靠天体由近至远呈现为从稠密逐渐稀疏的不平滑分布特性。时空是电磁波的传导介质，电磁波经过这种不平滑的时空实质上是折射率逐渐变化的区域。相当于时空质量的分布不均形成了实际的物理透镜，与现实中透镜相同的是均由有质量的物质构成，不同的是时空的透镜由虚物质构成，不可见、不与实物质和电磁波作用。时空的这种透镜现象是在大质量天体的引力场作用下形成的，随引力场分布规律分布，也叫做引力透镜，或者时空扭曲。在黑洞极端引力场条件下，强大的引力导致黑洞周围的时空更加稠密，可使时空的密度到达常规实物质的密度，导致时空呈现出极端扭曲的现象，这种扭曲与现实中的凸透镜对光的作用并无本质上的区别。现实中的透镜只能实现某一波段的电磁波透过，而时空透镜对任何在其中传播事物的扭曲均有效，包括任何波段的电磁波、引力波和实物质。

稠密的时空仅仅是质量的分布不均，时空的质量并不具有实物质中的能量，所以时空密度到达实物质的密度时也不会在时空中体现出可见物质，但是对于依赖时空传播的事物却体现出特殊的现象。当时空的密度到达或超过常规物质的密度时，电磁波在其中传播会遇到较大的折射率，当时空折射率到达一定程度时将形成一个分界面，这个分界面对任何频段的电磁波形成全反射的条件，导致天体发出的光到达这个分界面时完全会全反射回天体的时空区域，这个时空构成的全反射界面即为视界。

可以把视界想象成水与空气的分界面，这种现象与现实中使用的光纤的全反射现象等同。光纤内心的光在光纤内全反射传播。视界是黑洞内部和外部时空的边界，在视界之内是黑洞的时空领域，当黑洞内部的光试图穿过界面时将会全部反射回视界内，导致黑洞内的光无法通过这个界面辐射出黑洞，这是黑洞不发光的原因。如果有外部的光通过视界，那么光就进入了黑洞，光的能量将永远限定在视界内部，当然光就"掉进"了洞里，其实是光入射到非常奇特的天体与时空形成的传播介质结构中。一旦物体或者电磁波进入黑洞的视界，也就不能"摆脱"黑洞了。按照当今的理论和计算，黑洞的视界直径小得很难让人相信，一个相当于太阳 10 倍质量的黑洞直径只有 60 km 左右，而太阳的直径为 140 万 km。黑洞处于黑洞所形成视界的中心，这个中心叫做奇点（图 5-18）。奇点具有更小的时空相对体积，但不会是 0 的体积。

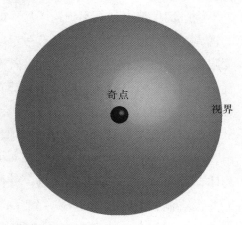

图 5-18 黑洞和视界

视界仅仅对电磁波起作用，虽然时空在引力下质量分布不均而扭曲，但是从宏观角度来讲，时空依然连续。连续的时空不影响其他时空中事物的传播，如引力场、引力波、磁场、时空的流动等。

如果黑洞内存在光黑洞的视界，将导致黑洞内部的光无法通过视界传播到黑洞视界外。我们知道从无线电到伽马射线都是电磁波的频谱范围，可见光是电磁波谱频谱范围的一个小的频率范围。无线电需要有交替变化的电场。从红外线、可见光到 X 光频段的电磁波是电子受激辐射的范围。原子核释放能量可以到达伽马射线频段。每个频段电磁波的产生均需要具有一定的产生条件。可见所有频段的电磁波均需要基本粒子的参与,这些电磁波的产生原理被广泛应用到生活中,它们的产生是比较常见的现象。除此之外,时空的流动产生的激波则不需要基本粒子的参与即可产生电磁波。上述都是产生电磁波的条件,当条件不具备时,即使具有再高的能量,也不会产生电磁波。视界到黑洞的奇点是极其强大的引力场范围,强大的引力场会使所有基本粒子的结构被瓦解,仅剩下时空量子及其所承载的能量,导致不具备以基本粒子辐射电磁波的条件。如果黑洞是平静的状态,就不存在因时空流动释放的电磁波。黑洞不发光不仅仅是因为视界,黑洞不发光的另一个原因是黑洞不具备所有发出电磁波的条件。这两个条件导致时空中存在一种极大质量的不发光的特殊天体。

  视界这个词可能多数人并不熟悉,但是每个人肯定熟悉镜子,照到镜子上的光会被镜子完全反射回来。这里可以将镜子想象成眼睛视野的一个分界,如果不绕过镜子就永远看不到镜子后面的事物,因此可以将镜子叫做视觉的分界的视界。平时见到的镜子都是有一定厚度的物体,黑洞的视界可以理解为一面无限薄的单向镜子。在电影里面经常看见,墙上安装有一面特殊的镜子,透过镜子可以观察屋里的人,而屋里人却看不到镜子另一面的观察者,这就是单向镜子。这里可以将观察者所在的屋子想象成黑洞内部,而被观察者是黑洞外部。黑洞的视界与这面镜子有些类似,由于不发光,进入视界的光又无法传出,视界看起来可能完全是黑色。一个不发光且照进去的光也不会反射出来的物体,看起来是完全黑色的事物。就像在一张纸上用炭黑涂的一个圆,虽然纸上并没有洞,但在视觉上与一个看不到深度的"洞"完全一样。天体黑洞不是真的洞,但是具有"洞"的特征,这也是将这个特殊天体叫做黑洞的一个原因。

  黑洞的体积极小,质量巨大,它的的引力也十分强大。在黑洞强大的引力下,时空弯曲使传播的光线扭曲,导致黑洞后面的光改变其传播路径,偏折到黑洞前面,观测者可以观测到黑洞后面的情况,真正能到达黑洞视界的光非常有限。光经过黑洞的引力透镜情况见图 5-19。

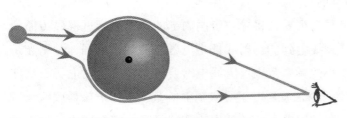

图 5-19   光经过黑洞形成引力透镜效果图

5.9.2 黑洞辐射

黑洞的强大引力使电磁波无法从黑洞视界内辐射出来，因此无法从光学上直接获得黑洞内部的信息。当今的物理学因质能方程对物质、能量和质量的认识限制了对黑洞本质的理解。如果将能量与质量理解为相同的事物，则黑洞无法释放电磁波能量而损失质量，认为黑洞可以无限地吸取物质和宇宙时空中的能量而无限的增大。用质量就是能量的理论研究黑洞将遇到不可逾越的门槛。

本书第二章解析和重新定义了物质、质量和能量之间的关系。质量和能量是两个不同事物的属性，质量是能量的载体，质量与可携带的能量存在一定的关系。黑洞不直接辐射可见光范围的电磁波，通过其他间接形式的能量传递，使黑洞损失能量的同时损失质量。因为黑洞与宇宙的时空紧密连接在一起，导致存在其他形式的信息从黑洞中向外传递，所以黑洞一定存在某种形式的辐射，这种辐射为黑洞辐射。

宇宙时空中的任何实物质都可以掉进黑洞，包括光也无法从黑洞中向外传播。假如黑洞有足够的能量，就会吞噬时空，其实不然。虽然宇宙中黑洞不发光，但黑洞周围存在着强大的引力和磁场，黑洞仍可以通过时空、引力和磁场向外部的时空进行能量的输出，黑洞的引力和磁场以及其他不可见的方式使黑洞的奇点损失能量，黑洞因此失去质量，黑洞不会无限的增大。不断失去能量的黑洞将不能束缚自身的时空量子，黑洞需要释放时空减少其质量，但这是一个极其缓慢的过程，远没有恒星释放电磁波损失能量和质量的速度快。

黑洞是宇宙中具有极大质量的天体，任何天体的辐射按照实物质的构成可分为两种形式：辐射质量和辐射单纯的能量。实际中单纯的能量并不能存在，必须以各种形式间接体现。单纯的能量必须有载体，时空量子是宇宙中唯一的能量载体。时空量子携带能量在宇宙中的远距离强能量传递方式多数以其构成的电磁波形式存在。通过引力形式损失能量也是一种能量传递的方式。天体辐射电磁形式能量的同时也必然伴随着大量的时空释放。电磁辐射是长距离的能量传递形式，黑洞不辐射电磁波，其他不可见的能量传递方式仍是黑洞释放能量的形式。磁场和引力同样可以在物体之间进行能量的传递。一旦黑洞向外传递能量，与此同时将释放时空从而减少奇点的质量。

黑洞辐射在时空量子模型中的定义为：黑洞向视界外传递能量，奇点质量减少并释放时空的现象。能量和质量辐射同时进行,即黑洞向外传递能量同时释放时空,奇点损失能量和质量的现象为黑洞辐射。

黑洞为宇宙最高质量级别的天体,其有两种状态:活动状态和静止状态。这两种状态的黑洞其辐射形式、强度和现象不同。下面分别分析这两种形式的黑洞及其辐射。

5.9.2.1 静止状态黑洞的黑洞辐射

静止状态黑洞的黑洞辐射情况相对简单,因为静止状态的黑洞不向外辐射电磁波,也不吞噬实物质。静止状态的黑洞多存在于星系的中心,为星系的旋转提供一定的动力。但是宇宙时空中也有一些孤立存在的静止状态黑洞,这种黑洞只能通过它所产生的引力透镜间接观测它的存在。

宇宙时空中远离星系孤立的静止状态黑洞,没有吸积盘结构,不向外辐射能量,基本不通过磁场和引力而损失能量和质量。静止状态的黑洞处于内部能量和质量的平衡状态。同时这种游离在宇宙时空中孤立的黑洞寿命相当长,将会达到宇宙寿命的级别。

基本每个星系的中心都存在超大质量的黑洞,如银河系、河外星系、星云等。银河系的结构中也存在一定数量的黑洞,这些黑洞多数都处于静止的状态。银河系中心的静止状态黑洞的强大引力维持着银河系的结构,使银河系盘状结构围绕中心旋转,黑洞在银河系这种大尺度的天文结构中起着极其重要的作用。银河系在围绕黑洞公转中使黑洞通过引力损失奇点的能量。更为明显的是高速绕黑洞旋转的双天体或多天体结构,时空扭曲的能量一部分转换为极低频的电磁辐射(后续章节会分析引力波的现象),也包含极低频引力波使其损失内部奇点的能量。黑洞通过引力使奇点能量渐渐减少,同时奇点将无法束缚构成奇点的质量而使其缓慢地释放时空,使黑洞的质量逐渐减少。黑洞、时空都由时空量子构成,区别是黑洞奇点的时空量子携带有极高的能量。黑洞释放的时空不会受到视界的影响,奇点释放的时空从视界内到达视界,透过视界向宇宙释放时空。所以静止状态的黑洞缓慢损失能量,同时缓慢释放时空来维持内部由极高密度特殊实物质构成的奇点能量与质量的平衡。静止状态的黑洞辐射可通过引力缓慢释放时空和极低频电磁能量,这个过程并不会像恒星一样发出剧烈的光芒。从远处观测静止状态的黑洞辐射释放出的电磁辐射,电磁辐射的频率极低,淹没于宇宙的各种电磁噪声中。

5.9.2.2 活动状态黑洞的黑洞辐射

宇宙中存在一种极为壮观的天文现象，它就是有能量补给的活动状态的黑洞。天文观测能观测到有一些吸积盘的中心以接近光速向外猛烈喷射物质流，喷流的中心以及处于喷流中的物质会释放出强烈的射线，这种喷流有的蔓延达数百光年以上。名为 Centaurus A（NGC 5128）的中心是一颗具有喷流的活动状态黑洞（图 5-20）。

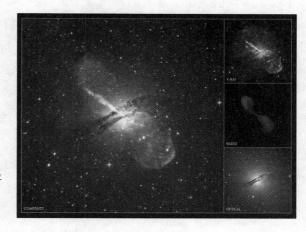

图 5-20 NGC 5128 的中心存在一颗活动状态的黑洞（图片自于 NASA）

在黑洞强大的引力作用下，为什么会有物质以极高的速度被活动状态的黑洞喷射出来，并且还是以接近光的速度？使用当前的理论无法解释。那么活动状态的黑洞内部到底发生了什么，使得物质能以接近光速从黑洞中逃逸出来？这样的现象在不使用时空量子模型和揭示时空本质以前是无法解释的现象。

分析图 5-20 可以得出结论，黑洞的喷流在时空中具有流体的现象和性质，时空的流动使黑洞喷流的方向逐渐改变。从照片上端的喷流可以看出，时空在向偏右后侧方向流动，导致喷流方向改变。黑洞的喷流在远离黑洞的过程中逐渐减速，具有的能量也逐渐降低。图 5-20 证明时空具有流体的性质，同时时空可以携带时空中的实物质运动。

时空属性的引入使黑洞的状态和黑洞辐射的机制更加明确。活动状态的黑洞是剧烈向外喷射黑洞辐射的天体。活动状态的黑洞是高速旋转的大质量质点型天体，其高速自转会连带周围的时空与其一起旋转，导致黑洞周围的物质在靠近黑洞的过程中形成吸积盘结构，吸积盘的旋转方向体现出黑洞奇点物质自旋的方向。高速旋转的黑洞，由于其强大的引力和磁场，导致时空也随之一起旋转。这与波轮洗衣机的工作方式相同，旋涡带着旋涡中的物质旋转。

活动状态的黑洞吞噬着吸积盘的实物质，吸积盘的物质在黑洞的引力作用下逐渐靠近并进入黑洞的视界。黑洞视界附近强大的引力拆散了构成实物质基本粒子的结构。吸积盘的物质与所处的时空处于绝对运动的状态，被拆散的基本粒子会辐射生命中最后的光芒成为携带能量的时空量子，少量时空量子携带着能量经过视界后掉落到黑洞的奇点。常规基本粒子构成的物质，其自身包含的能量不能将全部的质量压缩到奇点的状态，奇点质量密度和能量密度均远超实物质。压缩物质将全部质量维持在奇点的高致密状态需要更多的能量。因此被黑洞吸入的实物质只有很小部分的质量成为奇点，剩余部分的质量因不具有足够的能量成为奇点，黑洞将无法压缩到奇点的质量部分以时空的形式喷射出黑洞。

活动状态的黑洞吞噬实物质的现象，很像电学中的升压电路。升压电路是电压从低到高转换的过程，因此需要消耗掉一部分电能才能获得比电源电压高的电势差。黑洞吞噬实物质使实物质中的时空量子从基本粒子能量状态，转换为黑洞奇点高能量状态，这一过程用势能的例子更容易理解。在不使用外部能量的情况下，将 1 m³ 水提升到一定的高度，如何实现？方法是用一部分水具有的势能去提高剩余水的势能。即放掉一部分水来驱动水轮发电机，发电机用获得的电能再驱动水泵，将其中的一部分水提升到高处。这个过程中损失的一部分水，使小部分水提升到高能量状态。黑洞吞噬实物质也是这样的原理。

黑洞吞噬实物质相当于用实物质的自身能量压缩实物质本身。实物质的全部能量被实物质中的小部分时空量子携带，达到黑洞奇点单位质量携带能量的级别。实物质中剩余的大部分不具有能量的质量被黑洞释放返回时空，结果导致黑洞以时空喷流的形式将构成实物质剩余无能量的质量部分喷射出黑洞，仅有极小部分质量携带实物质中的能量成为奇点的一部分。被黑洞喷射出的时空体现为时空喷流的现象，时空喷流是时空的高速流动，是质量携带能量的体现，依然具有极高的能量，这导致黑洞也将损失一部分能量。

黑洞无法束缚多余的被实物质引入黑洞的质量，不能成为奇点的质量从黑洞旋转结构的中心被喷射出黑洞，从而形成黑洞时空喷流现象。黑洞的旋转轴与台风的风眼相同，都是平静无风的，时空从平静的区域被释放出黑洞。大量的时空释放导致产生喷射时空的现象。高速旋转黑洞的两极时空喷流与其他天体导致的时空湍流具有的能量相比，黑洞的喷流是极其剧烈的黑洞辐射。有些活动状态的黑洞，从吸积盘吞噬大量的实物质，导致黑洞喷射出大量的时空，被喷射出的时空能接近光速的状态。黑洞视界内的时空在奇点的自旋下绕奇点运动，视界内的时空是超过物质密度的质量，这使黑洞喷射出的时空流含有极高的能量和质量密度。黑洞喷射的时空流携带的是暗能量形式的能量，暗能量包括暂暗能量和缓暗能量。奇点喷射出的时空为暂暗能量的状态，随着时空流远离黑洞的过程中转变为缓暗能量形式。原子能反应释放的暂暗能量的时空其质量极少，而黑洞释放暂暗能量状态的时空数量庞大。被压缩和高速流动的时空具有极高的能量，携带大量能量的时空远离黑洞的过程中逐渐降低密度成为平滑的时空，这个过程导致时空喷流中具有的能量转换为其他的能量或物质形式。

　　黑洞奇点喷射出的时空流离开视界后，由于时空的密度超过实物质，时空流中的一部分时空有机会重新形成实物质的各种基本粒子，也包含反物质的基本粒子。黑洞喷射出的时空重新形成的实物质的质量远小于被黑洞吞噬的实物质的质量。黑洞喷射的时空流中重新形成的实物质被高速流动的时空携带远离黑洞。这些重新形成的基本粒子因时空的流动被加速到极高的速度，与时空处于高速相对运动状态的基本粒子具有极高能量，同时处于激发向外辐射电磁波的状态。时空流中的物质会将体现的能量级别以较强的电磁波形式释放，导致黑洞喷流中的物质辐射的电磁波处于高能射线频段。处于喷流中的物质被加热的方式和发光机制和恒星冕层相同，但是黑洞喷流中形成的实物质基本粒子具有更高的能量状态，黑洞的喷流相当于使用时空流动原理的超级加速器，与现有加速器不同的是黑洞加速的时空可将致密的时空直接转换为基本粒子。黑洞喷流是时空与时空的剧烈运动，时空与时空的作用导致时空中直接形成电磁波，时空激波层区域时空的能量是缓暗能量，以释放微波为主。黑洞附近的喷流是暂暗能量状态，其时空喷流可与时空作用直接产生高能射线，也包含部分微波到可见光波段的电磁波。时空喷流在时空流动中逐渐减速，其释放的电磁波能量也随之减弱。减速过程是时空中能量降低的过程，时空流动的能量逐渐转换为频段较低的电磁波。活动状态黑洞的黑洞辐射包含时空、实物质（正物质和反物质）和电磁波。如果将恒星视为宇宙中的白炽灯，黑洞则是宇宙中高能射线的激光器。所以，活动状态的黑洞不能再被视为一个不向外辐射的封闭天体，但在宇宙中比其他任何天体的辐射都更加剧烈和明显，单位时间释放的总能量、能量强度与质量远超过任何恒星。

活动状态黑洞的时空喷流可达数百光年甚至更远。如果从侧面观测黑洞的喷流，喷流中物质的基本粒子，在远离黑洞的过程中辐射出的电磁波，涵盖伽马射线到低频电磁波的各个波段。喷流中的粒子在接近黑洞的喷流中辐射出 X 射线，到远离黑洞辐射出低频电磁波的规律变化。黑洞不断喷射出的时空，使喷流中的粒子不断获得能量的补给，导致基本粒子持续发出高能量的电磁波，否则喷流将不会持续处于辐射能量的状态。NGC 5128 图片中的黑洞从地球方向观测处于侧向。如果处于黑洞喷流的轴向方向，在地球外层将观测到有强大且持续的伽马射线或者 X 射线源。天文观测也显示出在一些星系内存在持续稳定的射线源，这些射线源的天体可能是处于活动状态的黑洞。

活动状态的黑洞喷射出高能高速的时空流，其中夹杂着重新形成的实物质粒子，这表明在黑洞强大的引力下仍有粒子能逃逸出黑洞。黑洞两侧以接近光速喷射出时空，时空喷流在远离黑洞的过程中重新形成少量的粒子，并不是基本粒子从黑洞的奇点逃脱，这是观测到有物质能逃离黑洞的本质原因。活动状态的黑洞和恒星一样在宇宙中辐射时空和能量，只是方式和强度不同。活动状态的黑洞一般具有极为强大的磁场，其时空喷流中也会包含复杂的磁场，磁场在流动的时空中与周围时空存在复杂的湍流，在喷流的周围会形成复杂的磁重联现象。

黑洞与恒星的区别是黑洞不直接辐射电磁波，活动状态的黑洞直接通过喷射时空流的方式辐射质量和能量，其辐射的质量和能量远超过普通恒星单位时间的数值，而电磁波和基本粒子是黑洞辐射喷射时空，间接转换体现的能量形式。

5.9.3 一些关于黑洞疑问的解释

黑洞在宇宙中无情地吞噬着周围的天体，静止状态的黑洞不向外辐射电磁波，就连进入黑洞的电磁波也无法逃脱。活动状态的黑洞会在宇宙中不断地吞噬天体，吸收实物质的能量，将多余的质量以时空喷流的形式从黑洞释放。

按照当今质量就是能量的理论，凡是经过黑洞附近的质量和能量将无一幸免，黑洞所吞噬的物质越来越多，最终将吞噬宇宙中的一切，只剩下黑洞。现在对撞机的能量日益增强，或许在不久的将来能够模拟奇点能量级别的对撞实验，创造微型黑洞。很多人对这样的实验表示担心和恐慌。人类创造的微型黑洞是否会吞噬地球，微型黑洞是否会无限地扩张，甚至将整个宇宙都吞噬掉，最终形成宇宙末日？这在宇宙的机制中和时空量子模型中都是不现实的现象。

前面的章节分析和认识了质量和能量是两个不同事物的属性。如果加速器加速粒子对撞能量到达一定等级，那么有一定可能实现黑洞奇点能量级别的事件。但是形成黑洞需要有最小的质量，以当前理论依据计算最小为10倍太阳质量。如果加速器成功模拟出奇点能量和物质密度级别的微型黑洞，由于不具备黑洞奇点的最小临界质量，故模拟形成的黑洞将很快因失去能量而消失。即使使用太阳系所有天体的质量也不具备达到最小黑洞临界质量的能力。从另一个角度分析，时空是无限的质量，如果有足够的能量也可创造黑洞的奇点。但是集太阳系所有天体的物质中的能量也无法满足形成最小黑洞所需。

以地球视角观测，黑洞具有的时空相对体积很小，即使有光照进黑洞那也是很少量的电磁波，光波频段只是电磁波的一个小范围的频段。电磁波是宇宙传递能量的一种方式，黑洞要束缚住电磁波能量就需要压缩时空，增加黑洞质量。进入黑洞视界的电磁波导致增加的质量微乎其微，远没有黑洞通过引力和磁场损失的能量和质量大。静态状态的黑洞一直都在释放黑洞内部的能量并损失质量，能量减少将导致黑洞缓慢地释放时空，减少质量。

活动状态的黑洞吞噬着周围的实物质，并不断地增加奇点质量。由于黑洞压缩拆散实物质需要能量，而黑洞吞噬的普通实物质中所包含的能量不足以将所吞噬物质的全部质量压缩到奇点状态，导致黑洞吞噬一定物质后必须释放掉物质中绝大部分质量，同时这部分质量还会带走一定的能量，形成黑洞两端的时空喷流。无论黑洞是吞噬宇宙的实物质还是时空，都需要更多的能量支撑。活动状态的黑洞并不能获得足够的能量吞噬时空甚至整个宇宙。

无论是静止状态的黑洞还是活动状态的黑洞，都不具备吞噬宇宙中所有实物质和时空的能力。由此引出了另一个结论：宇宙将永远地膨胀下去。

5.10 天体坍缩和伽马射线暴

伽马射线是波长非常短的电磁波，具有极高的能量。在地球外层的探测卫星，一天会观测到数次能量极高、时间极短的伽马射线脉冲现象，这种伽马射线脉冲被叫做伽马射线暴发，简称伽马射线暴。伽马射线脉冲如何产生？当今科学界认为是大质量天体坍缩或者暴发所致，但并没有合理的模型解释。天体暴发或者坍缩如何产生伽马射线暴？在这一节里将分析伽马射线暴，以及时空的性质如何导致伽马射线暴的产生。

5.10.1 伽马射线暴的发现

20 世纪 60 年代，美国发射了船帆座卫星，卫星上安装有监测伽马射线的仪器设备，用于监视苏联进行核实验时所产生的大量伽马射线。1967 年，这颗卫星发现来自宇宙时空的伽马射线突然增强随即又快速减弱的现象，每天大约可以观测到一到两次，总强度可以超过全天伽马射线的总和，而且不是来自地球方向，而是宇宙时空。由于当时保密的原因，关于伽马射线暴的首批观测资料直到 1973 年才公开发表，同时很快得到了苏联 Konus 卫星的证实。

伽马射线短时间突然增多的现象后来叫做伽马射线暴。伽马射线暴是一种让天文学家和物理学家感到困惑的现象。宇宙的时空中一些伽马射线源会突然出现几秒钟然后消失。这种伽马射线暴发释放能量的功率非常高，一次伽马射线暴的能量相当于全天观测到的所有伽马射线源能量的总和。此后，不断有高能射线天文卫星加入对伽马射线暴监视和观测的行列，基本上每天都能观测到一到两次。

伽马射线暴短至数百微秒长则数十分钟，会在暴发的短时间内释放出巨大能量。如果与太阳每秒释放的能量相比，伽马射线暴几分钟内释放的能量相当于太阳终生释放能量的总和甚至更多。伽马射线暴的单个光子能量通常是典型太阳光光子能量的几十万倍。数十年来，对伽马射线暴的本质和机制了解得还不是很清楚，不了解的原因应归结为对电磁波的传播介质——时空本质的认识不够深入，以及对电磁波传播介质直接产生电磁波的机制不了解。

5.10.2 天体坍缩和伽马射线暴的形成

当今主流的观点认为伽马射线暴的成因与中子星的形成有关，有学者推断是黑洞形成的证据。中子星和黑洞的形成导致伽马射线暴，是很现实的猜测和推断。只有中子星和黑洞等大质量天体在形成过程中存在暴发和坍缩的现象，同时存在能量急剧释放的过程，只有这样大质量的天体释放的能量才能达到伽马射线暴的能量等级。中子星暴发和黑洞形成的过程中，其细节过程如何导致释放的能量成为伽玛射线暴，并没有详细的模型解释。

伽马射线暴也可以叫做伽马射线脉冲，伽马射线是比可见光波短得多的电磁波。光脉冲平时很常见，过节燃放的鞭炮在空气中爆炸的一瞬间，会产生很强烈的响声和闪光。如果在真空中燃放鞭炮则只能看见闪光，真空不传播声音，或者说在真空中燃放鞭炮将产生一个光的脉冲。这个光的脉冲就是一次能量急剧释放的过程。如果暴发释放的电磁波不包含可见光，仅有伽马射线，这样的现象即为伽马射线暴。

宇宙中存在一种超大质量的天体，当天体质量大到一定程度，其核心在引力的作用下将启动核聚变反应，使它成为恒星。如果天体的质量继续增大，强大的引力将打破物质原子核的结构，使构成原子的亚原子粒子紧密地靠在一起。原子除原子核和电子所占的空间外，剩余的空间都是空无的时空，原子结构基本是空无的时空。当构成天体的原子结构被打破后，体积急剧减小，这时天体发生坍缩。大质量恒星演变的末期也会因耗尽燃料而导致坍缩，构成物质原子的基本粒子只占原子时空中微乎其微的时空，当物质被拆散成亚原子粒子时，这些亚原子粒子急速地向天体的核心掉落，同时维持亚原子粒子结构的能量被释放（现有模型中称为胶子等）。原子的时空会因为基本粒子都聚集到天体的核心，原子核结构中的时空与原子的时空，在天体坍缩的过程中被急剧释放。天体急剧释放的时空会向远离天体核心的方向流动，这样的流动是时空波动变化的流动，确切地讲叫做时空脉冲。时空脉冲是极度扭曲的时空波动，是时空非平滑的波动。时空脉冲在从天体内部向外急剧释放的过程中，天体外部还没掉落到天体核心的物质，受到核心释放的时空急速流动的加速，外层的物质被时空加速抛向宇宙时空，这时一颗超新星就爆发了。超新星外部的物质被抛向宇宙时空，仅仅剩下一颗由亚原子粒子紧密靠在一起构成的致密核心，这个核心叫做中子星。

天体的质量超过一定数目的中子质量，这个坍缩的结果会完全不同。当一个天体质量超过太阳几十倍，引力的作用导致核心具有巨大的压力。中子星的形成会打破原子的结构，使构成物质的亚原子粒子紧密地靠在一起。当具有比形成中子星所需恒星质量大数倍的恒星或者其他天体，其核心的压力和能量更加巨大。在强大的引力下亚原子粒子的结构将再次被打破，被拆散的亚原子粒子将仅剩下携带能量的时空量子紧密地靠在一起。亚原子粒子结构被打破时将再次发生坍缩，形成由大量能量和时空量子构成的相对体积趋于零的天体，这个天体核心的质点在物理学中叫做奇点。大于形成中子星数倍质量的恒星或者天体，由于核心强大的引力并不需要启动核聚变反应，故可能直接形成坍缩现象，天体的大量物质直接坍缩为奇点。坍缩的过程中将释放时间更短包含能量更强大的时空脉冲。

本书第二章节分析了正物质与反物质相遇会发生湮灭。湮灭是被束缚在物质中的时空量子从致密向平滑时空过渡的一个过程，这个过程会产生细微的时空脉冲，导致时空脉冲的能量转换为伽马射线，同时需要极少的能量推动时空脉冲平滑流动。天体坍缩释放的时空脉动尺度和能量很大，天体坍缩的过程凝聚了一个天体几分之一物质所携带的能量，使形成的时空脉冲从天体内部向天体外部释放。这种释放时空的质量和能量远超过太阳的总质量。

时空的脉冲是时空波动在时空中的传播，时空的波动与时空激波层类似，不同的是时空脉冲具有更高的能量，时空波动的一部分能量会转换为强电磁波，从而削弱时空波动具有的能量。这使宇宙时空中的强时空脉冲不能远距离传播，强时空脉冲为暂暗能量状态的能量，时空脉冲从时空量子携带能量相互靠近的状态，向时空量子仅携带微量能量平缓流动的暗能量状态变化，向平滑的时空过渡。时空脉冲在传播转换为平滑时空的过程中将能量转换为电磁波形式，这个形式的能量与原子能暂暗能量形式释放的电磁波相同，时空波动的能量转换为高能伽马射线。原子核级别的反应释放有限个数的伽马射线光子，而天体坍缩释放的时空波动转换为伽马射线光子的数量极为庞大，从而形成伽马射线暴。

时空脉冲在时空中传播也是引力引起波动的正式叫法，时空脉冲是时空密度变化的波动，体现为时空扭曲波动的现象，时空脉冲或者时空波动的特性是引力波的特性，后面会详细探讨引力波。

5.10.3 伽马射线暴的能量强度

伽马射线暴的形成是指大质量天体物质结构被打破，释放能量的同时实物质转化为时空，瞬间释放时空脉冲，时空中携带的能量释放并转换为高能电磁能量的过程。时空脉冲的能量转换为能量强大的伽马射线。时空波动传递散开的过程中使具有的能量转换为电磁波，同时时空波动的能量逐渐减弱使转换的电磁波能量也逐渐减弱，直到时空波动不具备转换为电磁波的能量，此时微弱的时空波动在宇宙的时空中传播。

时空是由时空量子所构成的海洋，是电磁波的传播介质，时空具有与流体类似的性质。天体坍缩释放的时空脉冲在时空中传播，可将平滑的时空视为平静的湖面，天体坍缩释放的时空波动则是向湖面中投进一块石头，导致湖面形成剧烈的水波，也叫做涟漪。在石头落入水中的地方不会只形成水面的一个波纹，而是不断形成很多同心圆波纹，从中心向外传播。其中第一个水波纹强度最强，随后的一系列水波纹的强度逐渐降低，波长却逐渐增长。如果将石头扔进泥浆，形成的波纹传播不远就会消失，同时石头导致波纹的能量也会转换为泥浆的内能。石头的动能最终转换为泥浆的内能，并在泥浆中传播，最后仅剩下极微弱的不平滑的波动在泥浆表面传播。

时空的脉冲与水波不同，水波纹可以在水面传播很远，而强时空脉冲并不会传播得很远。时空脉冲在时空中传播，会直接将能量转为以时空为介质、长距离的能量传递形式，即电磁波。时空脉冲很像石头落入泥浆而形成的波动，而泥浆的内能则是时空中的电磁波。大质量天体坍缩所释放的强时空脉冲并不会一次将能量完全转化为高能伽马射线。时空脉冲在传播震荡的过程中，逐渐转为平滑的时空。伽马射线暴的能量强度也会随着时空脉冲能量的降低而逐渐降低，同时持续时间也会更长。当天体坍缩释放的时空波动，能量低到不足以转换为伽马射线暴时，范围也会从伽马射线向微波波段过渡，短时间的微波脉冲在现有模型中也叫做快速射电暴。时空波动与射线暴的能量转换关系见图 5-21。

核弹爆炸同样使物质转换成时空，但是人类目前所制造的原子弹或氢弹所释放的能量远小于天体坍缩，时空释放产生的伽马射线暴强度要低很多。时空的波动在减弱转换为低能量电磁波的过程中，解释了核爆炸产生伽马射线的同

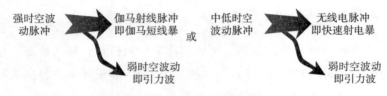

图 5-21　时空波动与射线暴的能量转换关系

时伴随着电磁脉冲（微波脉冲）产生的机制和本质原因。除时空量子模型外，核爆炸的电磁脉冲是难以解释的现象。

时空脉冲逐渐减弱的过程，与实际观测中发现的事实吻合，即：很多情况下存在多个峰值，并且每个峰值所携带的能量和时间都不相同。伽马射线暴符合时间持续越短能量越强，持续时间越长能量越低的规律。流体时空波动的能量（时空波动转换为流体中的传播能量，即电磁波）表明时空量子理论模型能更直接地揭示宇宙运行的实质和规律。

5.11　时空波动和引力波

引力波是爱因斯坦广义相对论的一个预言，其他内容所描述的现象均被实验验证，只剩下引力波没有被验证。所以世界各国的科学家都试图寻找引力波，并验证引力波预言的正确性。广义相对论在理论上证明，平直时空的张量在微弱的扰动下，应用场方程可导出时空微扰的张量以四维波的形式传播。这些公式推导都预言引力波的存在，这与19世纪麦克斯韦用他的麦克斯韦方程组预言电磁波的存在十分相似。不同的是，从电磁理论建立到赫兹从实验上观测到电磁波，只间隔不到30年的时间。与电磁相互作用相比，引力相互作用强度十分微弱，产生较强引力波的引力波源距地球都十分遥远，按照当今的理论计算，传播到地球的引力波强度相当于在100 km的长度上引起10^{-14} m的变化，这种变化比原子核的直径还要小。2016年初，LIGO引力波天文台宣布观测到了引力波。

广义相对论预言下的引力波来自宇宙中具有强引力场的天体，近半个世纪以来的天体物理学研究表明，宇宙中引力辐射引起的现象在天体系统中非常常见，其中目前可期待观测到的引力波源包括银河系内的双星系统，如：白矮星、中子星或黑洞等致密星体组成的双星系统，以及河外星系内的超大质量天体黑洞的合并、天体的引力坍缩、大爆炸留下的引力波背景辐射等。观测引力波的意义不仅在于对广义相对论理论的验证，引力波现象的存在，也提供了一个观测宇宙的新方法。如今观测天文学从可见光天文学扩展到全频段电磁波天文学。全频段电磁波的观测，极大地扩展了目前人类的视野。传统的观测天文学完全依靠可见电磁辐射方式的探测。引力波天文学则标志着观测手段超越了电磁相互作用的观测范畴。

引力波是指大质量天体引力下引起的时空弯曲、不平滑，时空不平滑弯曲的曲率以波的形式从引力波源向外传播引起时空波动，这种波会以引力辐射的形式传递能量（图 5-22）。引力波也叫时空涟漪，这里为了方便理解在本书中也叫做时空波动。前面章节分析了大质量天体坍缩，质量因素并没有消失，所以远距离观测不到天体坍缩引起的引力变化。引力波不是引力的作用机制，也不是引力的传播机制，这几个不同的物理概念经常容易混淆。

图 5-22　想象的引力波
　　　　（图片来自 NASA）

在地月系统中，月亮绕地球公转时也会极其缓慢地向地月系统外部辐射能量，地球和月球的质量相对于恒星和更大质量的天体要小很多。这种能量的损失变化只有经过上亿年的观测周期才会体现，因月球公转而使地月系统损失的能量也很微小，远没有核心释放的能量多。因此需在宇宙中寻找特殊的天体系统以便对此现象进行观测研究，大质量双天体系统是合适的目标。双星系统相互高速公转，或者大质量天体绕另一个更大质量的天体或者黑洞旋转，天体在高速相互公转的过程中，同样会引起系统的能量损失。这种致密双天体系统的运动更像是搅拌时空，随着天体的相互旋转向外传递着时空的波动。天体均是由大量实物质构成，实物质组成的天体周围体现出引力场，在时空中体现出时空扭曲的现象。在时空中的物体处于绝对运动状态，不论这个物体是否具有时空运动隔离现象，物体因具有的引力使时空扭曲，导致在时空中运动的物体会扰动时空，形成扰动时空形式能量的辐射，即引力波或时空波动，这种波动与船在水中行驶留下的水波现象类似。

引力波的频率一定程度上取决于动态系统的特征时间尺度。对于双星系统，两个天体相互公转的频率一定程度上可能就是引力波的频率。引力会使周围的时空扭曲，常用的引力波探测器有棒状探测器和激光干涉仪等。主要原理是测量引力波通过时，对两个相隔遥远的点之间距离产生的影响。1975 年，普林斯顿大学的拉塞尔·赫斯（Russel Hulse）和约瑟夫·泰勒（Joseph Taylor）发现了一颗编号为 PSR 1913+16 的脉冲星，这是一颗高速旋转并释放方向性很强的无线电波的中子星。这种释放定频、定向无线电波的中子星为脉冲星。脉冲星是宇宙中精确的时钟源，也是宇宙时空中的坐标标识，可以用于精确测量运动状态和用于时间的计量。经过对 PSR 1913+16 进行一段时间的测量之后，发现它具有双星系统的轨道，其伴星可能是一颗不辐射无线电波的中子星。这个伴星的质量以及双星系统的轨道参数可以大概推算得出。根据广义相对论理论，可以根据中子星质量和轨道参数估算这个双星系统的引力波辐射，这些辐射以能量的形式损耗，反映到系统中体现为运动轨道参量的细微变化。拉塞尔·赫斯和约瑟夫·泰勒对这个双星系统的轨道在 1975—1988 年进行了长时间的观测，结果与广义相对论的预言高度符合，这个事实间接证明了双星系统通过引力辐射能量。二人因此于 1993 年获诺贝尔物理学奖。

5.11.1 时空波动的特性

时空波动是指时空不平滑的现象在时空中像波一样传播，也叫做时空涟漪。时空的不平滑也叫做时空的扭曲，现实中众多的现象如双星系统的公转、天体坍缩等均会向外释放较强的时空波动。由于天体公转和天体坍缩均是具有强引力场的天体导致的现象，故现有理论将其解释为：引力会使天体周围的时空产生扭曲，随着天体的公转，这种时空的扭曲会像波一样在时空中传播，因此也叫做引力波。由于对时空波动的各种现象在现有模型中未实现统一，故出现了众多词汇。

双星系统在相互公转的过程中会损失系统中的能量，损失能量使轨道半径不断减小而相互靠近。天文学家的长期观测结果证实了这种现象的存在。时空波动以什么方式向天体系统外辐射？传递辐射的传播介质又是什么？当今物理模型中，宇宙真空的时空传递能量不需要介质，与当今的最重要发现证明真空中场的存在相互矛盾。那么时空波动和能量的传递是超距作用还是必须存在实际介质的参与，这些问题使用现有的模型难以解释，因此需要新的模型和机制去揭开这些未知事物的神秘面纱。这一节将解释时空波动（引力波）的性质和难以探测到的原因。

按照现有模型理解，可探测的引力波大致可划分为3种形式的波源：① 由于天体暴发或坍缩释放的引力波；② 大质量双星系统相互高速公转释放的引力波；③ 宇宙诞生遗留的引力波背景辐射。

时空中的实物质做周期运动，其自身的引力场会吸引时空的质量引起时空结构疏密的周期性变化。同样可解释为引力场导致时空扭曲的周期性变化。这种周期的运动使时空疏密变化向外传递能量，导致原系统的能量损失。时空结构的疏密变化也是不平滑、扭曲的体现，直接体现距离的变化。前面章节曾分析，任何实物质释放能量和能量转换为实物质，都会引起时空或多或少的波动，即时空量子构成时空的疏密变化。可以理解为时空波动是时空中传播的纵波，仅仅可以理解为纵波，实际要附加较多时空的其他特性，因此导致时空波动的特性更复杂。因引力而引起的时空波动和因物质释放能量而引起的时空波动，两者并没有本质的区别。时空是时空量子构成的极为特殊的介质，时空这种介质的疏密变化，在时空中传播，最后转为平滑时空的状态（仍存在细微的波动）。时空波动在传播过程中会将符合电磁波能量的部分转变为电磁波，电磁波也可以暂时理解为时空的横波模式（仅仅是为了便于理解，电磁波的各种模式，并不是单纯横"波"模式）。时空波动的能量在时空传播的过程中不断地减弱，直到能量接近全部转换为电磁波为止。时空的波动也逐渐到达平滑的时空状态。任何时空量子在时空中的波动只要符合转换为电磁波的能量条件，均会转换为电磁辐射这种宇宙中最普遍的长距离能量传递形式。

　　处于天体因引力损失能量形成的时空波动中，会引起从远处观测的距离变化。时空波动是构成时空的质量因疏密变化传播的条件，时空的疏密将导致以其为介质传播的电磁波，在传播过程中绝对距离的改变。按照当今理论，这样的变化应该可以被检测出来。现有理论在未引入时空本质条件下设计实验，这是导致这种形式的波动难以检测的一部分原因。时空是物质的载体也是电磁波的传输介质。处于时空波动的时空环境中，电磁波和物质均具有等效的变化情况，或者说观测者无法发现自己所处时空发生扭曲的状态。在相对论中的情况是，本征无法观测到本征的变化和所处的状态。这种情况就像是一条处于水中的鱼，跟随水的波动一起运动。鱼由水带着运动，鱼观测发现其他的景物在振动，但鱼却不知道是景物在动还是自己被承载介质携带波动。如果鱼不观测外面的景物，就不知道所处的环境状态的变化。所以，检测时空波动的设备需要有两个以上的检测参考部件。

　　当某个大质量天体发生坍缩时会释放较强的时空波动脉冲。这个时空波动脉冲将会使经过的光产生扭曲，也可以理解为时空波动是传播的引力透镜。这样的现象很像透过平静的水面看水下景象时，水面突然泛起波浪所产生的效果。时空波动具有的能量在传播过程中更趋于转换为电磁辐射，强时空波动并不会在时空中传播很遥远的距离。时空波动在时空中传播，满足电磁波能量条件的时空波动部分的能量将转换为电磁波形式的能量。这是时空波动减弱或消失的原因，当时空波动转换为电磁能量后，将难以观测。只有距离引力波源不远时，才有检测到的希望。所以观测几十亿光年外的引力波是一件十分艰难的事情。难以检测时空波动的另一个原因是来自较强时空激波层时空交汇产生的时空波动噪声的影响，极弱的时空波动会淹没在时空激波层时空相遇流动引起的噪声中。天体公转释放的时空波动是能量缓慢损失的形式，这种能量损失最终体现为低频的电磁辐射。低频的电磁波会淹没在时空产生或其他来源的低频电磁波噪声中导致难以观测。

　　处于时空中的天体因引力产生的时空扭曲，就像球体处于海绵上一样，小球具有的重力将海绵表面向下压。海绵呈现出的扭曲，可理解为时空二维层面的扭曲。具有动能的球体在一块海绵上不会运动多远便会停止。海绵是一种有特殊弹性的物体，这种弹性很像时空趋于平滑的性质。在无外部影响或者撤销外部影响的情况下趋于平滑的状态。在重力下，小球将海绵表面压得弯曲，这里可以将海绵视作时空，当处于有重力无空气的环境下，海绵只有传递内能和波动的特性。可将海绵传递热的特性视为时空中的电磁波，海绵传递的扭曲波动视作时空中的引力波。海绵的弹性波动则是海绵非平滑的能量传递形式，波动在海绵中不会传播很远，就会被海绵的结构吸收转换为内能。电磁波在时空中是远距离传播的能量形式，强时空波动存在向电磁波形式能量转换的现象，故不会远距离传播，并由电磁波承载时空波动的能量继续进行远距离的传播。天体坍缩释放时空波动，由时空波动转换为电磁波，由此得出，如果能探测到微弱的时空波动，紧随其后就会出现伽马射线暴。

本书第二章重新找回了质量守恒定律。太阳及其他恒星因释放能量使质量减少，这些减少的质量全部都以时空的形式释放到了宇宙的时空中。质量和能量是两种不同的事物，所以宇宙时空的总质量并没有因实物质释放能量而减少。大质量天体的坍缩或者暴发，宇宙的总质量都不发生变化。引力使具有能量的实物质吸引时空的质量，导致产生时空扭曲。天体坍缩或者暴发，释放天体的巨大能量，天体损失大量能量的同时损失大量的质量，导致天体出现引力的部分改变。广义相对论中引力波和电磁波具有相同的性质，天体在轨道公转形成时空波动过程中将损失能量，并转换为与公转形成的时空波动能量峰相等的电磁波。在本书模型和现实中，引力波或者时空涟漪是时空波动的现象，是宇宙中普遍存在的现象。时空趋于平滑的特性使得引力波在时空中传播转换为电磁波，随后变得十分微弱的原因为，任何强引力波都趋于将能量转换为伽玛射线暴或射电暴（图 5-23）。这也是引力波从预言到验证经过如此长时间的原因之一。

图 5-23　时空波动到伽马射线暴或射电暴的转换

时空波动传播中的能量转换导致当观测到极小的引力波时会伴随强大的伽马射线暴。比较强的时空波动多数由天体坍缩形成，坍缩天体或者天体合并释放较强的时空波动，并转换为高能电磁波强脉冲。短时的低强度时空波动并不会形成强伽马射线暴，而是形成短时强微波脉冲，这种现象也叫快速射电暴。

大质量天体公转对时空造成的扰动更像天体坍缩释放的时空脉冲，但强度上远弱于天体释放的时空脉冲。宇宙中任何天体公转均会产生时空波动，从极远的角度观测必定出现与波动性质相同的叠加特性。这种叠加特性所形成的时空波动，将不再是大到数十万米才体现出原子核量级的微小变化，它使整个宇宙处于不断扰动的引力波噪声中。这些噪声有波峰和波谷，导致宇宙中所有区域的时空环境处于混乱震颤的状态。所以，时空波动转换为电磁波是宇宙稳定演变的一个必然的内在因素。

5.11.2 引力波地面天文台

目前科学界认为引力波的传播速度应与光速相当。为了寻找引力波，科学家需要借助宇宙中极端和特殊的事件，如黑洞形成、中子星或黑洞双星系统等。因为大质量天体具有强大的引力场并可以产生相对较强的引力波信号。

20世纪60年代，美国科学家约瑟夫·韦伯（Joseph Weber）建造了铝制的棒状引力波探测器，试图用谐振原理探测引力波，后来世界各国又陆续建造了一些棒状探测器，但效果并不理想。1970年，美国加州理工学院的科学家意识到用激光干涉方法探测引力波的可能性，但是引力波探测仪器要求具有极高的灵敏度。引力波探测器的灵敏度相当于在1 000 m的长度检测到质子或中子千分之一尺度内的变化，如此高的精度对检测仪器设计和技术实现提出了极其苛刻的要求。随着20世纪90年代技术条件的逐渐成熟，1991年，麻省理工学院与加州理工学院在美国国家科学基金会的资助下，开始联合建设激光干涉引力波天文台LIGO。引力波地面天文台极容易受到地表振动的影响，因此引力波检测器的光学装置安装在结构复杂的防振台上，同时为了降低空气带来的影响，仪器的光路为极高真空的环境。

美国最新建造的激光干涉引力波天文台在华盛顿州与路易斯安那州之间，其使用了迈克尔孙干涉仪和法布里·珀罗（Fabry Pérot）干涉仪等原理。激光干涉引力波天文台的主要部分是两个长4 000 m互相垂直的长臂，长臂的末端悬挂反射镜，长臂的管道由直径1.2 m的不锈钢制成，管道内部为极高真空环境，相当于地球外层空间的真空度。大功率激光器发出的激光束在长臂的管道中来回反射大约50次，升级后将反射更多的次数使等效长臂长增加。经过几次升级后，激光来回反射更多次，等效长度更长。如果有预言的引力波传播并经过地球，则有可能使引力波天文台的干涉条纹发生位移。当前激光干涉引力波天文台仪器的灵敏度都到达了一个前所未有的高度，并不断升级。物理学家理论上肯定了引力波在宇宙中的存在，对双星系统的观测也证明引力辐射的存在。20 世纪 60 年代以来，人类不断致力于引力波探测器的制造和探测工作。起初的引力波探测器采用共振质量的方法但至今未获成功。目前主流的引力波探测器都是基于迈克尔孙干涉仪的方法，利用激光的稳定和地球的静止环境来获得高度灵敏稳定的干涉条件，从而对极度微小引力波引起的距离变化达到检测的目的。目前除了 LIGO 外（图 5-24），还包括德国的 GEO 600，日本的 TAMA，意大利的 VIRGO，澳大利亚的 AIGO 等。

图 5-24　引力波地面天文台 LIGO
　　　　（图片来自 NASA）

当前引力波干涉仪的设计原理和设计理念仍然受光在物质介质中传播现象的影响。引力波是时空的波动，探测引力波需要解决两种现象的机制，即对时空本质的认识和时空波动穿过物体产生的影响，时空波动对光在时空介质中传播的影响等。引力波的寻找间接证明当今科学界对时空是电磁波传播介质、时空是物质承载介质和时空是引力波传播介质的结论，同时也是对时空量子模型中时空是特殊介质模型正确性的肯定。

2015 年年中，升级后的 LIGO 测量到了理论上预言的引力波。2016 年年初，LIGO 对外公布发现了引力波。引力波的发现也意味着光在时空中传播存在距离的差异，也从另一个角度证明电磁波传播介质的存在。引力波的发现使物理学发展有了新的方向。

5.11.3 激光干涉空间天线（LISA）

激光干涉空间天线（Laser Interferometer Space Antenna，LISA）是一个由 NASA 和欧洲空间局（ESA）合作的引力波探测计划，于北京时间 2015 年 12 月 3 日发射升空，这是人类第一座太空引力波天文台。LISA 也是 NASA "超越爱因斯坦"（Beyond Einstein Program）项目的一部分。超越爱因斯坦是一组实验上验证广义相对论的计划，包含两个空间天文台（HTXS—X 射线天文台和 LISA）和多个以宇宙学相关观测为目的的探测器。LISA 利用激光干涉的方法精确测量信号相位，探测来自宇宙间遥远的引力波源的低频微弱引力波，对引力波天文学的理论和实验进行研究验证。广义相对论的一些实验观测以及早期的宇宙天体物理学和宇宙学研究有着重要的意义。LISA 置于太空中的原因是彻底消除地面震动噪声的干扰。现在已知的引力波源包括：银河系内的双星系统和超大质量黑洞的合并等。

LISA 由 3 个相同的探测器构成，组成边长为 500 万 km 的等边三角形（图 5-25）。LISA 采用的是与地球相同的日心轨道，即拉格朗日 L1 点。LISA 与太阳的连线，和地球与太阳连线之间的夹角为 20°，这种设计是为了尽可能减少地球引力的影响。在每个引力波探测器上都有两个完全相同的光学装置，其中包含由激光光源、光学分光器、光相位检测器等部件组成的光学仪器，以及一系列进行数字信号处理的处理器和光传感器件。由于每两个探测器之间的夹角为 60°，故每个探测器上的每个光学仪器都会和相邻的航天器上的光学仪器相互干涉。激光经过两个探测器之间的距离要约需 16 s。在每个干涉仪后面安置有一个作为"测试质量"的合金立方体（75% 金和 25% 铂），其中一个表面被打磨成光滑的平面镜用来反射激光。理论上如果有引力波扫过测试质量，其位移的微小改变会引起干涉仪检测的信号变化，即激光相位的改变。从这种相位变化可推算出引力波现象的存在。在实际设计中，这种测量精度要求测试质量所处的环境高度稳定，其位置不受外界光和太阳风粒子的影响，并且 LISA 的干涉测量系统也要求具有极高的灵敏度，使真正需要的引力波信号不至于淹没在激光信号噪声等干扰中。此外，LISA 还需要解决如何应对航天器运行对激光频率造成的多普勒效应的影响，激光长距离传输的损耗问题，等等。

第五章 时空和天体

图 5-25　激光干涉空间天线
（图片来自 www.elisascience.org）

　　LISA 是引力波长距离传播理论的希望。LISA 位于地球时空运动保护现象之外的时空区域，有一定可能存在设计中未考虑到时空因素导致的情况。太阳系中太阳是不断释放时空的天体，太阳释放时空在耀斑喷发时可能存在非均衡的情况，同时 LISA 所在轨道的环境为远离地球的时空区域，使 LISA 处于高速的绝对运动状态，高速的绝对运动状态和太阳的活动以及时空的高速流动，将是对 LISA 的一个巨大考验。

　　如果可能，LISA 除了探测太空中的低频引力波外，也是进行运动光速差实验的理想平台，希望在进行引力波的测量调试中，进行运动光速差实验，以揭开时空本质的神秘面纱。

第六章
时空和宇宙

谈及宇宙和时空，先回顾一下人类对宇宙认识的过程。中国西周时期（约公元前 1000 年），人们提出早期的盖天说，认为天穹像一口锅，倒扣在平坦的大地上。公元前 7 世纪，巴比伦人认为，天和地都是拱形的，大地被海洋所环绕，而其中央则是高山。古埃及人将宇宙想象成以天为盒盖、大地为盒盖底下的大盒子，大地的中央则是尼罗河。古印度人想象几只大象背负着圆盘形的大地，而大象则站在巨大的龟背上。公元前 7 世纪末，古希腊的泰勒斯认为，大地是浮在水面上的巨大圆盘，上面笼罩着拱形的天穹。也有一些古人认为，地球只是一只龟背上驮着的甲板，而乌龟则是站在一个托着一个乌龟的龟塔上。

最早认识到大地是球形的西方人是古希腊人。公元前 6 世纪，毕达哥拉斯从美学观念出发，认为一切立体图形中最美的是球形，天体和所居住的大地都是球形。公元 2 世纪，亚里士多德、托勒密提出地心说。这一学说认为地球在宇宙中央安然不动，月亮、太阳和星星都在以不同速度绕着地球旋转。地心说曾在欧洲流传近千年。1519—1522 年，葡萄牙的麦哲伦率领探险队完成第一次环球航行后，地球是球形的说法才最终被证实。1543 年，哥白尼提出日心说，认为太阳位于宇宙中心，而地球则是一颗沿圆轨道绕太阳公转的普通行星。伽利略用望远镜观测天空，用大量观测事实证明日心说的正确性。1687 年，牛顿提出万有引力定律，深刻揭示了行星绕太阳运动的力学原因，使日心说具有牢固的力学基础。此后逐渐建立起科学的太阳系观念。

1922 年，苏联数学家亚历山大·弗里德曼（Александр Александрович Фридман）发现，根据爱因斯坦的场方程，宇宙不一定是静态的事物，宇宙可以是膨胀的状态，也可以是振荡的状态。前者对应于开放宇宙，后者对应于闭合宇宙。1929 年，哈勃发现星系的光谱红移与星系的距离成正比，提出了著名的哈勃定律。这一发现是对宇宙膨胀模型的有力支持。20 世纪中叶，乔治·伽莫夫（George Gamow）等人提出热大爆炸宇宙模型。1965 年，微波背景辐射的发现证实伽莫夫等人的预言，大爆炸模型成为标准宇宙模型。1980 年，美国理论物理学家阿兰·哈维·古斯（Alan Harvey Guth）在热大爆炸宇宙模型的基础上又进一步提出大爆炸前期暴涨宇宙模型。近半个世纪，人们通过对河外星系的研究，不仅发现大量星系团、超星系团等更高层次的天体系统，而且使现在的视野扩展到以大约 120 亿光年为半径的宇宙深处。2014 年 5 月，科学家制作出最为完整、清晰度最高的宇宙演化电脑模型，模拟宇宙以暗物质为起点诞生并演化的过程。宇宙大爆炸学说虽经多方科学家证实为合理的，但是也并非毫无缺点，例如大爆炸理论无法解决宇宙爆炸的起因等。

过去对宇宙的研究，并没有将时空的性质和宇宙中天体的现象关联统一。本书模型中，物质与时空统一的模型建立在前人的模型基础之上，并试图打破混乱的局面。时空量子模型是从微观量子领域到宇宙级别更合理与简单的解释。宇宙一切从最基本的时空量子开始，这与复杂的自然数一样。简单的数字 1 不断地加 1 得到复杂的数字，其中又蕴含无数的奥秘。在这一章将分析宇宙和时空的奥秘，时空的特性和概念使众多难以解释的现象得到合理与简单的解释。

6.1　宇宙的构成

自人类认识和定义了宇宙以来，便一直在探索是什么构造了宇宙和宇宙的万事万物，是否有构造宇宙最基本的"砖块"。本书详细分析了质量与能量之间的关系，因此宇宙的构成仅需要两种元素，时空量子和能量。

宇宙是一座精美的建筑，时空量子是构建宇宙最基本的砖块。只有时空量子还不能构建宇宙时空中体现出的事物，还需要能将时空量子连在一起的东西。当时空量子紧密胶黏在一起，才可以逐级构筑更大更坚固的各种物质。将时空量子胶黏在一起，起着"泥"或者"胶水"作用的东西则是能量，能量将众多时空量子"黏合"关联在一起。这样就构造出坚固、各式各样的物质建筑。构建宇宙只需要一种最基本的粒子即时空量子。宇宙的演变和各种现象是时空量子携带的能量传递过程和不同体现形式。

当前的宇宙不向外部输出能量，宇宙外部也不向宇宙内部注入能量。目前研究表明，宇宙的总能量守恒不变。能量由构成宇宙时空的时空量子所承载和传递，形成宇宙的各种复杂而奇妙的现象与事物。宇宙的总质量是固定的数值，即宇宙的时空量子虽然数量庞大但是数目是一个确定的数字。宇宙的总质量不会被消灭，守恒不变。宇宙中时空量子所携带的总能量是一个固定的数值，能量可以使宇宙时空内的质量不均衡分布，比如：聚集大量质量的天体，包括恒星、黑洞等。一旦物质构成恒星，恒星便开始不断释放物质中的能量，这些构成物质质量因素的时空量子因失去能量的"黏结"而分散开，重新形成时空。

时空和能量这两种事物结合在一起便构成物质宇宙。宇宙的演变是指物质释放能量转换为时空，时空的演变体现宇宙的发展变化。宇宙的演变是能量在时空量子之间传递的过程，是实物质释放能量转换为虚物质时空的体现（图6-1）。

宇宙的构成与数学的自然数有着极其相似的特点。时空量子相当于数字的"1"，能量则相当于"0"。能量"0"必须存在于质量"1"构成的复杂数字中。"0"也必须由"1"累加构成的整数携带，否则"0"因无法被携带而无法体现所具有的意义。

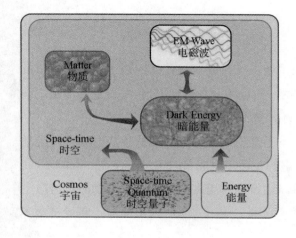

图6-1　宇宙由时空量子和能量两种事物构成

能量和质量是构建宇宙的两种因素，这两种因素通过何种机制在普朗克尺度之间传递，又蕴含着更为复杂的微观和宏观规律。从人类文明开始便有无数的科学家试图揭开构建宇宙的规律，揭开宇宙运行机制的细节，有史以来就没间断过，将来也不会停止。人类也一直在摸索和应用宇宙运行的机制中寻求发展。

6.2 宇宙的起源与演变

宇宙是如何起源的？空间和时间的本质是什么？这是从古代到现代天文学家和物理学家一直都在苦苦思索的问题。经过了哥白尼、赫歇尔、哈勃的太阳系、银河系、河外星系的宇宙探索三部曲，宇宙学已经不再是深奥抽象的哲学范畴。宇宙起源的思索和探索从来就没有停止过。宇宙是由时空构成的特殊的海洋，将时空看作海洋是因为时空并不像牛顿所认为的，时空的事物绝对静止、不发展变化、时空不但不静止，反而处于不断流动变化的状态。时空和海洋一样处于流动状态并承载其中事物的发展变化。

宇宙的起源一直处于争论之中，而当今大多数人认可的是宇宙来自一次大爆炸，但也有少数人不支持爆炸起源的观点。时空量子模型支持宇宙从极高密度的奇点快速膨胀诞生的观点。宇宙是否火光四溅的爆炸、暴涨而诞生并不重要，更确切地讲，宇宙是奇点失去能量后质量散开形成时空膨胀而来。

当今主流的观点认为，宇宙由一个太初核大爆炸而来，宇宙为什么不能由多个太初核或者致密的奇点因某种原因同时膨胀而来？时空无处不在，时空不但是物质，且具有质量，时空处于不断流动变化的状态，并主导宇宙的发展演变。现在能观测的范围是哈勃半径，哈勃半径外的时空由其他的奇点膨胀而来，最后由特殊的质量构成的介质时空连接在一起构成宇宙，这并不是不可能的事情。只要是连接在一起的时空，都属于当今宇宙的范围。

现有理论将宇宙想象为由一个奇点的太初核大爆炸膨胀形成宇宙由一个奇点爆炸演变形成，这无法说服所有的人，也有学者提出了其他模型。如果宇宙由一个奇点爆炸演变形成，就一定存在唯一的爆炸中心，从爆炸中心开始所有的星系应向远离中心的方向随着时空膨胀运动，星系相互碰撞应是罕见的现象。但现有宇宙中所有的星系处于随机向各个方向运动的状态。另外，观测发现宇宙微波背景辐射存在的空洞也是大爆炸模型暂时无法解释的现象。诞生宇宙奇点的中心可能是空无的时空区域，或因能量分布不均导致中心是星系密集的区域。宇宙大爆炸是指致密的奇点散开形成时空，同时时空带着时空中物质散开的现象。如果宇宙中存在比宇宙年龄更大的星系或天体，那么宇宙更可能不是由唯一奇点散开形成。现实的观测表明，现有模型总是存在一些不完善的地方。

宇宙起源为什么不能由多个太初核同时膨胀形成？并没有绝对的证据表明宇宙不能由多个太初核同时膨胀形成，在某种因素下这些太初核基本同时爆炸，然后由质量形成时空膨胀，时空连接在一起形成现有宇宙。或宇宙由一个太初核分裂为无数个小的太初核，同时众多的小太初核膨胀演变为当前的宇宙。多个奇点膨胀诞生宇宙的起源，支持的证据是宇宙找不到真正的中心。宇宙虽然在膨胀但是宇宙时空中所有星系相对运动方向并不一致，并且不同运动方向的星系一定存在碰撞、合并的现象，宇宙中星系大小规模不等。宇宙由多个奇点爆炸而来，这样会使每个合并的时空区域中的星系年龄出现差异，同时会存在最先爆炸而形成的宇宙的最古老星系，当前对宇宙的观测似乎更符合这样的结果。那么现有的技术并不能观测哈勃半径外的时空，如果哈勃半径外依然和现在所观测的范围相同，那么现有宇宙的范围可能大到难以想象，也表明宇宙来自多个奇点。

不论宇宙由一个奇点还是多个奇点膨胀形成，都是目前无法肯定的结论，宇宙膨胀的现象肯定了宇宙膨胀形式的起源。能量会凝聚时空，如果有足够的能量则可以使整个宇宙的时空坍缩为一个极小的奇点。赋予超过现有宇宙足够的能量，就能压缩宇宙所有的时空并形成一个太初核，也可以赋予宇宙不同范围的能量使宇宙返回多个太初核的状态。现有的研究表明宇宙时空中所有的总能量，也不能将宇宙的所有的时空压缩回太初核的状态。在没有宇宙外部注入能量的条件下，现在的宇宙也将一直膨胀下去，宇宙时空的内部能量不能再次将宇宙坍缩回初始的状态。

宇宙没有膨胀形成之前，可以是一个或者多个奇点，奇点拥有的能量将宇宙所有时空的质量都紧密聚集在一起，形成远超过黑洞状态的高密度奇点。当奇点因某种原因失去能量时，剩下当前宇宙的总能量。由于奇点失去能量便不能维持奇点的所有质量紧密的状态，这时奇点的时空量子急剧地散开膨胀产生时空，演变而致宇宙诞生（图6-2）。

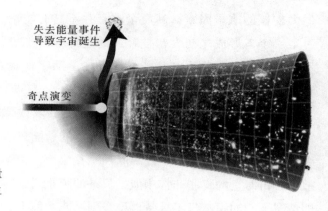

图 6-2 奇点失去能量
　　　　导致宇宙诞生

　　什么原因导致奇点失去能量我们不得而知。但是从时空量子模型角度出发，对宇宙诞生的认识更进了一步。因为知道导致宇宙那次巨大的时空膨胀的原因，也就是"大爆炸"的起因。

　　如果宇宙来自一次或者多次大爆炸，那么没诞生宇宙时太初核的状态是由能量和时空量子构成的奇点。由于某种事件导致奇点失去能量，故奇点不能维持所有质量处于致密的状态，导致奇点急剧地膨胀散开。奇点的质量因素连同能量散开，不具有能量的质量散开形成宇宙的时空。今天宇宙的演变依然是物质释放能量释放时空的过程。丰富多彩的宇宙则是物质释放能量转换为时空的中间状态。主导宇宙时空演变的力并不是无处不在的万有引力，而是实物质释放能量质量散开形成时空导致的时空膨胀。由于没有足够的能量聚集压缩时空，故时空携带着其中的实物质，推开周围时空形成时空膨胀的现象。主导宇宙时空演变的神秘力量为时空本身的特性。

　　宇宙太初核的膨胀更像是一颗炸裂的玻璃球，其碎片与炸裂玻璃球的纹理类似。在太初核失去能量碎裂后，所有的碎块均在释放时空，每个碎裂的太初核释放的时空并不像爆炸的炸弹处于光子高温的状态，而是释放空无的时空。每个太初核碎片释放的时空填充这碎片之间的虚无时空，使太初核碎片间充满时空。太初核碎片含有能量的时空散开逐渐演变为时空中的实物质，在后续的演变过程中继续释放含有的能量和时空，时空推开周围的时空，逐渐形成宇宙。由于太初核碎裂的碎片在膨胀之初释放的时空仅仅是失去能量的太初核的质量因素，其质量因素并不具有能量，故质量部分急剧散开形成时空。宇宙形成之初太初核释放的这部分时空仅仅是空无的时空，时空中并不包含任何的实物质和高能光子。在后期宇宙观测中形成空洞的时空物质分布结构。

太初核失去能量演变而来的现有宇宙，其内部所有的能量并没有再次导致宇宙坍缩的能力。严密地说，现有宇宙的总能量不能将宇宙所有的时空再次压缩回奇点。这很像将一滴或多滴油滴在水面，油逐渐散开形成油膜，油膜的扩散和宇宙时空的膨胀非常相似，只是油膜是二维时空的扩散。在没有外力干预的情况下，油膜本身不具备再聚合到一起的能力。宇宙更像是在一个或多个气球内点燃固体燃料，固体燃料燃烧转换为气体，气体使气球膨胀。宇宙和这样的现象类似，宇宙中的无数恒星燃烧实物质转换为时空，时空的增多慢慢地将宇宙的时空吹大，就像气球内的燃料燃烧释放气体吹大气球一样。当气球的燃料燃烧完后，气球中只剩下内部的气体和未燃烧的燃料以及燃烧过程中释放的能量。宇宙内部的总能量是恒定的数值，宇宙膨胀最后如果要回到起初致密的状态，需要宇宙外部的能量注入，且输入到宇宙的总能量能压缩宇宙中的所有时空及时空中的实物质。宇宙外是全新未知的领域，在没有外在因素的作用下，宇宙最终会将所有的实物质转换为时空，时空中的能量将成为其内部的背景辐射。要了解宇宙的未来，需要不断深入研究宇宙，不断更新宇宙观和时空观。当科技发展到能了解宇宙外部的全新未知的领域，才能探索导致宇宙诞生的原因。以现在物理学对宇宙的认识和掌握的科技，提出这样问题的实际意义并不大。但是时空量子模型，涉及宇宙诞生之前的因素，这是新模型带来的发展希望。

宇宙的演变是奇点到时空的演变，这个演变过程是宇宙的生命历程。宇宙的起点是奇点失去能量的时刻，宇宙演变的终点是宇宙诞生时奇点的能量在时空中分布均衡的时刻。这里不考虑外部因素的作用，当宇宙所有的能量在宇宙中分布均匀时，宇宙仅剩下时空中的背景辐射和寿命无限的粒子、黑洞、中子星等，最终的宇宙只剩下空无而寒冷的时空。人类对宇宙的探索从未停止，对宇宙的真正认识和探索或许才刚刚开始。

6.3 宇宙的膨胀

1917年，爱因斯坦为了解释物质密度不为零的静态宇宙的存在，在场方程中引入一个与度规张量成比例的项，该比例常数很小，在银河系尺度范围可忽略不计。只在宇宙尺度下，该比例常数才可能有意义，这个参数叫做宇宙常数。方程解出的宇宙处于膨胀状态，而他认为宇宙应该处于平直状态，于是就加入了一项宇宙学常数项，给出平直宇宙的结果。但随着哈勃的发现，证实宇宙处于膨胀状态，随后他去掉了这个常数项。现在的科学家重新引入宇宙学常数项，这和当初平直宇宙模型不同，宇宙学常数项代表暗能量和暗物质项，这是影响宇宙发展认识的参数。宇宙膨胀也被爱因斯坦解释为由某种负能量所导致。

观测宇宙时空的膨胀需要一个标尺，它就是光谱。因元素吸收了光线中一些特定频率的光，导致光线中特定频率的缺失而在光谱中形成了一些暗线。天文学家利用观测到的星系光谱，根据其中谱线的移动（多普勒效应）可算出电磁波频率改变的数值，得出遥远星系相对运动的速度。

哈勃发现所有遥远星系光谱中的暗线都向红色的一端移动，此现象表明遥远的星系都在远离地球。离地球越远的星系红移量越大，这些较远星系远离地球的速度也越高。宇宙的膨胀是让很多天文学家和物理学家疑惑不解的现象，许多物理学家更喜欢将宇宙的这一现象理解为时空的膨胀，而不是星系在时空中运动。由此理解可知，并不是星系真实的运动急速离开地球，而是时空中的星系被膨胀时空携带着一起运动，星系与时空并不处于时空膨胀所引入的视向运动状态。一艘在海中航行的船，如果观察不到海岸和可参考物体，不借助现代化的电子设备，这艘船很难知道自身在海中处于静止状态还是在洋流中。即使船没有在海面上行驶，洋流却可以带着船运动，这种运动方式很像时空携带时空中的物质运动。准确地说是物质构成的特殊介质带着介质中的实物质运动。时空携带着时空中的星系等物质运动，与洋流带着海洋中的船运动本质上并无区别。假如时空是一个特殊的瓶子，星系是瓶中盛装的事物，时空膨胀引入的运动是特殊的瓶子带着瓶中的物质运动，而瓶中的物质与瓶之间却没有发生运动。时空携带时空中的天体运动的现象使其他星系远离地球所在的银河系。从地球角度观测似乎地球是宇宙的中心，但事实上没有这样的中心，宇宙中几乎所有的星系都在远离彼此。宇宙的膨胀是指时空携带着时空中的物质运动，就像膨胀的气球，在每个气球上标注一个参考点，气球膨胀的过程中参考点之间都在相互远离。当很多气球一起膨胀时，确实存在一个中心的气球为所有气球膨胀的中心。这意味宇宙中存在中心的区域，由于哈勃半径的限制，目前无法观测到全貌，无法确定宇宙中所有星系的相对运动状况。宇宙的庞大可能远不止现在所观测的范围，由于长距离电磁波传播时间的限制，很难确定这样的中心，这仍需科技的进步和长期的观测研究。

美国科学家哈勃的研究揭示了动态变化的宇宙，改变了以前对宇宙的静态、稳定理解。宇宙的膨胀由时空引入的运动速度必定存在一个距离，在这个距离之外的天体相对远离地球的速度将超过光速，如果物体在时空中运动的速度超过光速，则与相对运动中光速最快的理论冲突。时空携带着时空中的物质运动却不受这样的限制。如一个人的跑步速度最快为 10 m/s，如果这个人在车上，车在公路上行驶却不受这个人跑步速度的限制。这与时空中运动速度受光速的限制，而时空的运动却不受时空中光速的限制同理。时空中光速不变，但时空的运动可以使时空中的光速相对于其他区域时空参考系光速超出相对论的范围。

宇宙的时空携带着时空中的物质运动是时空运动隔离的原理。处于时空运动隔离环境的时空中，无法通过实验直接测量时空中物体与其他时空观测得出的相对运动速度。因此爱因斯坦曾设想能有一个简单的实验来向人们演示地球在绕太阳运动，这是不切实际的想法。现在世界各地仍然在进行着更精密的测量，时空运动隔离现象是导致无法检测到水平方向地球与时空处于相对运动的本质原因，更无法检测到物体与时空在宇宙膨胀中的速度。

现有理论认为宇宙膨胀和加速膨胀要求宇宙具有负压强的暗能量。这种负压强更像现实生活中在注射器中留有一定的空气，堵住注射器的前端，向外拔出注射器的推柄，其内部的压强降低，气体膨胀。这种限定是指在外部施加的负能量，但是宇宙的膨胀不可能由外部的某种负能量导致，如果由外部因素导致，那么处于宇宙内部就没有办法知晓宇宙外部导致宇宙膨胀的原因和情况，而使现有的研究失去意义。要使研究宇宙膨胀具有意义，必定是宇宙内部的因素导致时空的膨胀。宇宙的膨胀机制就像从内部吹大气球，吹大宇宙时空这个"气球"需要有源源不断的内部时空的释放，其内部时空的增多是实物质释放能量转换为时空所致。现有模型将宇宙膨胀因素描述为"负"的能量是因为这种能量来自宇宙内部的推动力,这种负能量并不"负",而是由"正"的携带能量的物质转换而来。"负"能量是公式中参数基准点选取导致的结果。

宇宙时空中的能量总是从高的区域向低的区域传递,直至达到平衡为止。这种现象在生活中非常常见,如水往低处流、气体从高压区域流向低压区域、一杯热水冷却到常温等,都是携带更多能量的物质向携带能量少的物质传递能量,直到平衡状态。能量在一定区域均匀分布的特性是宇宙最基本的现象和规律。太阳通过释放电磁能量和时空将恒星实物质中的能量和质量释放。物质和时空相比,物质是存储极高能量的一定数量的时空。恒星通过聚变方式剧烈地释放物质中存储的能量和时空,时空则是低能量状态。普通物质只有微量通过衰变释放能量,绝大多数物质在时空中处于稳定的状态。普通物质衰变以及恒星的聚变反应向宇宙时空释放能量和时空,都从高向低传递最终到达平衡的状态。宇宙的发展变化则是由能量趋于均匀分布的特性而导致的演变过程。

恒星聚变反应是恒星的物质转化为时空并释放物质存储的能量的过程,恒星释放的时空使周围的时空增多,时空推开周围的时空达到平滑的状态。星系时空运动隔离现象是指星系内部天体释放的时空推开星系周围的时空,所以物质转换为能量的体现是时空增多,增多的时空导致时空的膨胀。在时空中观测,发现宇宙时空中的星系处于相互远离的状态。宇宙星系中化学能和衰变释放的能量与物质中所含的能量相比基本可以忽略不计,恒星释放的时空是宇宙时空主要的来源。活动状态的黑洞也会以一定速率释放时空,静止状态的黑洞其寿命大于恒星,释放时空的速度极为缓慢。黑洞不能无限地吞噬天体物质或者宇宙时空,它也在缓慢间接地向外辐射能量,是隐形能量释放的天体,所以黑洞也在缓慢释放时空。构成时空的时空量子由星系恒星和黑洞等释放,并向时空量子密度低的地方流动,每个星系的恒星都在放出时空,导致星系之间的时空增多,时空增多使星系之间的时空推开周围的时空和时空中的星系,形成时空携带着其中的星系相互远离的现象。时空的增多导致遥远星系发出的光,在传播的路径过程中距离不断增加,从地球观测其他星系的光则呈现出不同程度的多普勒红移现象。时空增多在宇宙范围内呈现的现象是对时空量子理论的证明,也是质量守恒之物质不灭定律存在的可靠证据。

宇宙的膨胀是时空的膨胀,意味着时空在增多。时空增多需要有多余的时空注入宇宙的时空，时空的增多并不是未知的事物使用"管道"将时空输入到现在的宇宙。宇宙中时空增多的方式和原理是宇宙使用能量压缩时空，并以实物质的形式在时空中体现，然后通过各种方式释放实物质的能量，时空同时也被释放，如：自然衰变、恒星的聚变反应，以引力和场的方式释放能量。黑洞通过间接的形式释放能量，使黑洞释放时空。物质在释放能量后，物质中构成质量的因素散开成为时空，物质分散形成的时空推开周围的时空，从而体现出时空的膨胀。宇宙中实物质释放能量转换为时空是宇宙膨胀的本质原因（图6-3）。

为什么爱因斯坦理论描述的宇宙膨胀的因素为"负"能量，是因为参考系的选取不同。通过前面分析可知，物质质量因素在质能变换中不会消失，也不会被销毁。时空是电磁波的传播介质，光子在当今的物理理论中不具有静质量，当今的理论将时空设置为质量"零基准"，导致光子和很多粒子在物理中的静质量假设为零。这与秤盘上没有放上被称量的物品时，电子显示屏上会显示质量为0读数的情况相同，这样的例子还有很多，如大气压强等。地球地表大气环境下的气压为一个标准大气压，常见压力表会将1个标准大气压视为0压力基准，在大气环境下显示0示数（图6-4）。真空在这样的压力表上显示为-1，基准选取不同导致在绝对的条件下出现负的示数。

宇宙时空膨胀的现象中，由于现有理论将时空视为0质量基准点，故可以很方便处理时空中质量和能量的增量变化量。如果时空不增多，那么当时空膨胀时，就会出现没有时空去补充膨胀所增多时空，需要有额外的时空进行填充，

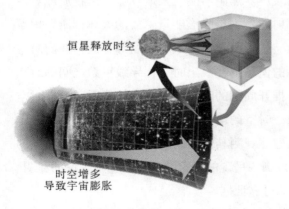

图6-3 宇宙膨胀的原理图

图6-4 真空压力表的0基准选取

从而体现为负的质量。质能变换中质量是能量的载体，其变换后视为 0 质量，所以将质能变换理解为质量消失。这是爱因斯坦理论中宇宙膨胀为负能量的原因，实际上能量并不"负"。在相对论中，将能量和质量理解为同样的事物，导致宇宙膨胀并不是"负"的能量或质量。将时空视为零质量基准，物质进行质能变换释放的时空体现为负的质量的增加，导致宇宙的膨胀。由于质能变换过程中，忽略了物质不灭定律的存在，故现有模型将宇宙膨胀归为无法解释的暗能量和暗物质的作用。暗物质和暗能量的实质是时空和时空流动的能量导致宇宙的膨胀。宇宙的膨胀是实物质释放能量的同时释放时空导致的必然结果。

6.4 宇宙的膨胀与速度

天文学家们发现，现在的宇宙不只是在膨胀，而且在以前所未有的速度膨胀，所有遥远的星系远离地球的速度越来越快。宇宙时空膨胀的速度取决于宇宙时空内实物质释放时空的速度。根据时空和物质的统一模型，宇宙时空中的任何实物质，只要存在能量释放就存在实物质减少，存在质量转换为时空的现象。宇宙中释放的能量基本都集中在星系中的恒星。一颗星系释放时空的速度取决于所有恒星释放的能量将物质转换为时空的速度。真正可统计决定恒星物质转换为时空现象的速度是星系释放出电磁能量的速率。如果实物质一部分进行了实物质到空间的转换同时释放了能量，虽然参与反应的可见物质消失，但释放了能量和时空，同时提高了周围物质的温度。如果携带这些能量的实物质不以电磁能量形式释放，那么这团物质的质量不变，这团物质温度的升高使内部粒子所具有的动能依然不会使时空释放到宇宙时空中。星系时空的膨胀速度取决于星系释放出的所有频段电磁波能量总和的速度，以及释放电磁能量过程中未转换为电磁波的暗能量部分。

时空对于电磁波是透明的传导介质，时空并不与电磁波和可见物质发生任何反应，时空构成的场，传递电磁能量，也包括物质。所以很难统计一颗星系释放的能量总和和释放速度，也不能以星系之间某处的时空为基点进行测量，必须借助时空中的天体，通过天体来确定时空膨胀速度。当今采用哈勃常数来确定宇宙时空大致的膨胀速度。时空膨胀通过被观测天体之间的红移来确定视向退行速度。但这样做得到的仅仅是从地球到被观测天体之间时空膨胀速度的平均值，并不能代表每一处时空准确的数值。一个星系释放时空的速度基本为比较恒定的数值。星系中的绝大部分恒星都处于相对稳定的核聚变状态，仅有少部分恒星处于不稳定的状态。这些不稳定的恒星在一个星系中爆发以及新的恒星所释放的时空在千亿颗恒星的基数下所造成的影响基本可以忽略不计。所以认为星系释放时空在短时间内基本是恒定的速度。从长远角度看，宇宙中所有的物质都将释放能量转变为时空，那么也意味着宇宙在逐渐地加速膨胀。

宇宙的膨胀很像在气球里放入释放能量后从固体转换为气体的物质，将气球吹大的同时固体消失。释放的能量在气球里传播，导致气球不断膨胀。这相当于以固定的气体流速从气球内部吹起，气流的速度相当于星系释放时空的速度，气球外壁则相当于星系吹起的时空范围边缘的时空激波层区域。与气球增大，气球排挤现象相同，星系释放的时空使星系之间时空增多，星系相互远离，图6-5 与气球不同的是，宇宙的时空没有气球外壁的限制。限制宇宙膨胀的力已知的有引力，引力来源于实物质的能量，要压缩时空需要满足质能方程额外的能量，这导致星系释放的时空完全不受引力的作用从而使宇宙不断地膨胀。如果将两个相同气体流速吹起的气球表面相连，从一个气球的中心看另一个气球的中心，这两个球心相互退行的速度则以哈勃常数体现。如果气球内释放时空的速度不变，那么气球膨胀的速度是逐渐变慢的过程，在大尺度的范围，这样的变化并不会很明显，反而会因多个星系的退行速度叠加出现越远的星系，退行速度越块。

图6-5 星系释放时空推开周围时空使之间距离增加

一个星系中不断有新的恒星产生，导致所有星系基本都在释放未进行聚变反应实物质中的能量。从宇宙大尺度范围观察，不断产生的新的恒星表明宇宙在加速释放实物质中的能量。新的恒星产生导致宇宙时空总时空的释放速度在增加，从大尺度体现出的现象是，宇宙在加速膨胀。

星系间退行速度完全由星系释放的时空速度决定。两个星系之间的时空膨胀速度是两个星系释放时空导致时空增多最终体现速度的叠加。从一个星系到其他邻近星系时空范围边缘的时空激波层之外会形成退行速度。星系的时空释放速度是星系核心到其时空激波层的速度。由于时空的空间是三维的事物，一个星系的周围会有众多的星系，故在大尺度内观测宇宙时空的膨胀是众多星系的时空释放平均值。这仍然需要长期的观测才能给出星系物质是加速还是以基本恒定的速度释放能量，以及宇宙膨胀速度是否变化的结论。从目前观测数据分析，星系应该以基本恒定的速度释放能量，因为哈勃常数基本维持稳定。从长远角度分析所有星系都不断有新的恒星形成，结果导致所有星系都在加速释放实物质中的能量，将物质转变为时空。只有星系演变级别的时间长短会体现出这种速度的变化，从宇宙时空的范围观测，所有星系都在逐渐加速远离，即宇宙逐渐加速膨胀。

宇宙中每个星系都在释放大量的时空，如果每个星系释放的时空速度相等，那么每个星系与其相邻的星系以固定速度 v 远离。其他星系远离的速度分别为 v，$2v$，$\cdots$，nv（图6-6）。这给观测者带来的感觉是远处的星系远离速度更快。实际上每个星系内部的恒星数量和质量的差异，导致每个星系释放时空的速度存在一定的差异。在星系数量巨大的基数下，体现宇宙总体的膨胀现象。

图6-6 观测遥远星系之间膨胀速度的原理

比喻宇宙膨胀的生动例子为单分子油膜扩散现象，不同的是油膜是二维的扩散。一滴油滴到水面上会很快扩散，且扩散会有明显的中心，当在水面同时滴入多滴油，扩散的中心就不那么突出了。观察每个油滴都在相互远离，而且离得越远的油滴，离开的速度就越快。扩散的油膜会将其他的油滴及其油膜范围从水面上推开。从油滴视角观察，如果没有水作为参考物（水的参考点相当于时空外的参考基准），就无法确定扩散是朝着哪个方向进行。油滴的扩散是损失能量的过程，油滴分子从三维到二维，是能量从密集立体到油膜平面释放的过程。油滴到油膜的过程和宇宙中星系的物质一样在膨胀的过程中减少，油膜相当于宇宙的时空。观察油滴转变为油膜，油滴释放聚集具有的能量后在水面消失，造成的假象是油滴释放能量后成为油膜，油滴是可以毁灭的事物，与现有理论中将质能变换中质量销毁的理解等同。通过观测油膜得出物质不灭定律的重要性。油滴分子和实物质的质量是不能被销毁的事物。每个油滴散开形成的油膜会有各自独立的油膜范围，这个范围是各个油滴散开形成的油膜边界，并与其他油滴散开形成的油膜产生不明显的界面，将这个交接面叫做时空激波层。时空膨胀与油膜不同的是，时空的膨胀不受时空中光速的限制。宇宙的膨胀是时空构成的三维空间流动，随时间变化，体现为宇宙时空膨胀的现象。

6.5 微波背景辐射

诞生宇宙的大爆炸模型，更多人理解为炸弹爆炸的现象，只不过宇宙诞生时更为剧烈。当炸弹爆炸后，爆炸中心区域的压力随冲击波的传播而降低，与炸弹不同的是诞生宇宙的爆炸是奇点在极短时间内急剧地散开，在奇点散开时形成时空和时空中的物质。爆炸是从高温致密到低温稀疏的变化过程，在20世纪40年代，有学者提出如果宇宙是致密奇点爆炸散开形成，那么爆炸开始时刻宇宙的所有物质处于致密的极高温度的状态，高温的物质会辐射出光子，早期的宇宙应该充满光子。宇宙的膨胀使时空中距离增大，导致宇宙爆炸时的高能光子在时空距离增大的变化中不断红移，早期的光子波长被逐渐拉长成为低强度的微波。这种低强度的微波在现有模型中被叫做微波背景辐射。

宇宙时空中高于绝对零度的物体均会向时空中辐射电磁波形式的能量，物体辐射电磁能量的能力取决于物体的温度。从另一角度理解，任何不处于绝对质量的物体均具有额外的能量，向时空辐射电磁能量从而减少所具有的额外能量。物体辐射电磁波能量的高低取决于物体额外能量的多少。同质量的物体具有的额外能量越高，辐射电磁能量的能力就越强，辐射的电磁波的频率也越高。当今所观测到的宇宙微波背景辐射的频率在 4 GHz 左右，微波背景辐射与温度为 2.7 K（开尔文）辐射的电磁波频率相同，由于与 3 K 的物体辐射的电磁波频率接近，故微波背景辐射也叫 3 K 辐射。观测结果表明，微波背景辐射在各个方向上具有极好的一致性，其差异性小于 0.3%。除微波背景辐射外的其他各个波段的电磁波强度的对比显示，故微波背景辐射超过其他所有波段电磁波背景辐射能量强度的总和。对微波背景辐射的观测结果表明，如今的宇宙时空中遥远的不同区域之间，应存在某种关联，或者某种机制使宇宙大尺度的时空区域之间仍然存在着某种联系。

根据大爆炸宇宙模型的假设，微波背景辐射似乎是很合理的事情。但是从多重角度分析，微波背景辐射也许有其他形式的来源，并不断得到补充。这便引出一系列的问题，宇宙时空中的微波背景辐射是否只来自宇宙大爆炸，是否有其他的方式补充微波背景辐射的能量？现有模型中谜团状态的暗能量是否与微波背景辐射之间存在一定的关联或者转换关系？宇宙大爆炸遗留在时空中的微波背景辐射，随着时空的膨胀其数值应逐渐降低。如今微波背景辐射的稳定性仍需长期的观测研究。宇宙膨胀是时空的膨胀，如果没有其他的某种机制补充微波背景辐射，微波背景辐射数值将不会固定不变。

当今物理界认为微波背景辐射仅仅是宇宙大爆炸剩下的能量，这里不分析这部分微波背景辐射。但现在已知的其他现象也可以产生微波背景辐射频段的电磁波，在巡天观测中发现背景辐射有细微的变化，这一变化体现出宇宙时空中物质的分布状况。其一致性和细微变化表明微波背景辐射的主要成分是一致性极好的微波，这部分微波占微波背景辐射的 99.7% 以上。图 6-7 为 WMAP 卫星拍摄的微波背景辐射。

观测表明，恒星的弓形激波区域产生微波辐射，但是对更大范围的星系激波层却没有明确的研究，这并不意味星系就不存在时空激波区域。星系是跨度上万光年的大型天体结构，从时空流动释放能量的角度分析，其激波层释放的微波能量必然是宇宙中巨大的微波来源，也必然是微波背景辐射的重要组成部分。引入时空和物质统一的模型后，更加肯定了微波背景辐射的另一个来源。

图 6-7　由 WMAP 卫星拍摄的微波背景辐射（图片来自 NASA）

微波背景辐射具有极好的同向性，微波背景辐射巡天图像也显示出物质在宇宙中的分布情况。这表明微波背景辐射含有宇宙演变中补充的成分。如果宇宙微波背景辐射完全是宇宙诞生时所遗留的，这不足以说明宇宙时空中的物质分布状况。在星系及宇宙时空的尺度下，数十亿光年外的天体结构在微波背景辐射中体现出细微的数值变化，这表明遥远的天体结构，及所在的大尺度时空区域存在极大的微波能量释放的来源。经过遥远的时空距离传播逐渐减弱的趋势在微波背景辐射的图像上体现为细微的变化，并被掩盖在银河系自身激波层区域的背景辐射中。

微波背景辐射有两种成分，第一种是宇宙诞生时所遗留的，第二种是宇宙演变过程中，某些已知或者未知的机制所不断产生的。微波背景辐射由某种机制不断补充进宇宙时空，微波背景辐射在时空量子模型中并非全部是宇宙诞生时的大爆炸所遗留的。

构成宇宙时空的虚物质密度很小，其他频段的电磁波与普通实物质之间不存在相互作用。暗能量是时空流动的能量，时空流动相互作用的区域在时空中产生电磁波释放的现象，能量较低的电磁波是背景辐射的成分。宇宙尺度范围时空流动的特点是，平均能量密度低，总数量庞大。时空是当今最主要的暗物质，是本模型中的虚物质形式的物质。时空携带的能量是暗能量的体现。时空具有的能量并不会一直保持暗能量的形式，当暗能量具备释放条件，时空流动具有的能量将以电磁波的形式在时空中释放，同时时空流动减慢或静止。时空与时空的相互作用是虚物质与虚物质的作用，在能量驱动下在不同形式的能量之间转换。时空是物质的最简单形式，时空与时空作用产生的能量转换为电磁波是最基本的以时空为介质的能量传递形式。这种相互作用释放的电磁波不包含在当今的模型中。时空与时空的相互作用所产生的电磁波，却是宇宙微波背景辐射的来源。

微波背景辐射是宇宙尺度范围的微波现象。时空的流动在现有模型中被理解为暗能量，由时空运动产生的微波背景辐射，按照主流的理论，是远离天体的时空区域所产生的射电现象，不引入时空产生电磁波的本质机制，无法解释此区域释放电磁波的来源和原理。星系是大尺度的天体结构，来自其内部的时空到达星系边缘时，时空流动释放的能量是不可忽视的巨大微波源。时空流动具有的能量当满足释放电磁波的能量条件时，最终会转换为电磁波。前面内容分析了时空和宇宙膨胀的机制，时空增多导致宇宙时空膨胀，时空的膨胀是能量所驱动而体现的流动现象。导致宇宙膨胀的暗物质其能量特点是，平均能量密度小、总能量巨大、主导宇宙的演变。时空运动所释放的微波辐射，是宇宙中最大的电磁波能量来源。

微波背景辐射的主要来源是跨度巨大的星系时空激波层。星系时空风不像恒星时空风那样剧烈，其有明显的弓形激波现象。星系时空风是平滑地向宇宙时空过渡的时空，在与其他星系时空汇合区域释放均匀性和稳定性极好的微波，这种形式的微波会使整个星系及宇宙范围内存在来自各个方向的微波。星系的时空激波层为宇宙膨胀增多的时空，不断地在补充着微波背景辐射。地球在星系的时空激波层内部，很难透过星系的时空激波层观测星系外微波背景辐射的情况。观测星系时空激波层外的微波背景辐射使微波背景辐射体现出细微的变化，这更符合微波背景辐射所含的两种成分。

星系的时空激波层范围是星系释放时空和宇宙时空的大尺度、不明显、平滑的交汇过渡区域。时空交汇导致能量释放产生电磁波。时空交汇的强度决定释放电磁波的频率，时空从高能量区域流向低能量区域的过程也将能量转换为电磁能量。微波背景辐射部分的成分来自地球所在银河系的时空激波区域。星系的时空激波区域均处于宇宙空无平滑的时空区域，释放的电磁波比行星和恒星的时空激波释放的电磁波波长要长，具有平均能量密度小、均匀一致性高、尺度极大的特点。每个星系的时空激波层的范围和尺度均非常广大，将整个星系包含在内并延伸很远。在星系时空激波层内观测，背景辐射来自各个方向，且体现出极高一致性和稳定性。

宇宙的时空不是静止不变的绝对时空，时空的流动使整个宇宙中的物质处于变化的状态。流动的时空将含有的能量随着时空流动转换为电磁波。宇宙中存在无数的星系，星系的时空风边缘释放微波辐射，导致宇宙时空中存在无处不在的微波背景辐射。不包含星系的大尺度时空区域微波背景辐射分布较低，该区域时空具有的能量偏低。微波背景辐射和星系时空风的作用密切相关，远离星系的时空由于时空风的作用微弱或者不存在，导致远离星系的空无时空区域产生的微波很少，空无的时空区域在微波背景辐射图像上呈现为冷斑。

6.6 宇宙空洞和超低温区域

研究表明宇宙中可见物质只占总物质比例很少的一部分。按照宇宙大爆炸诞生模型的假想，宇宙的可见物质应该在宇宙中均匀分布。而实际的观测表明，宇宙中的物质呈现出类似海绵纤维或者神经结构状分布，而非均匀分布。海绵是多孔结构的物质，如果将海绵的空隙对应到宇宙的时空中，微波背景辐射的图像显示表明，宇宙时空中的可见物质分布也呈现出许多空洞的结构，体现为许多的冷斑，其中有一个巨大的冷斑，表明遥远宇宙的时空中存在一个巨大空无的时空区域，这个区域的时空内无任何星系，跨度超过8亿光年。透过可见光波段观测微波背景辐射中的冷斑区域，这个区域的时空不向外辐射电磁波，不论该区域内部是否有发光的天体，至少观测不到任何的可见光。这个区域到底是什么？以人类当前掌握的宇航技术还不能到那里去实地考察，但是足够引起学者和普通人的无限遐想。似乎是空洞区域的物质被某种未知的因素给"拿走了"。从地球视角来看空洞更像是通道，一些学者因此提出宇宙空洞是通往其他"宇宙"通道等的想法。

宇宙空洞是微波背景辐射图像中能量偏低所致，体现出宇宙时空中极大尺度的区域内不含有实物质星系的现象。是什么原因导致了宇宙的一个时空区域空无？要揭秘宇宙时空结构中无实物质的现象，需要从宇宙诞生演变与时空的性质等因素去分析。

宇宙从诞生开始演变的过程是实物质释放能量和时空的过程。宇宙诞生是奇点因某种原因失去能量而散开释放时空所形成的。奇点散开后含有能量的实物质在时空中继续释放能量，同时实物质转换为时空。奇点失去能量后转换为时空的过程是宇宙的演变过程。宇宙因奇点失去能量导致诞生时时空膨胀，这与现在宇宙膨胀的现象本质并无不同。宇宙中现存的实物质表明奇点散开时能量在奇点中非均匀分布，奇点瞬时转换为时空，体现出时空中物质的分布。宇宙的演变过程是物质中能量由不均匀分布向逐渐均匀分布演变的过程。这很像节日燃放的礼花，礼花从核心炸开，形成众多的小核心，小核心燃烧直至熄灭。礼花从大核心炸开到独立的小核心都是独立的燃烧释放能量的过程。宇宙太初核炸出小奇点核心，小奇点释放时空，最后时空和时空连接在一起形成宇宙的时空。太初核因失去能量而碎裂释放时空，这种太初核的碎裂过程与炸碎的玻璃球碎裂过程类似。形成的时空中含有的未释放能量的物质逐渐演化为星系。星系的物质通过聚变和裂变释放能量和时空，释放的时空导致时空增多膨胀。宇宙的星系群分布类似炸裂的玻璃球碎片散开后每一块不规则碎片的路径，形成宇宙早期的物质分布。类似礼花炸开时中心散开的小礼花均远离核心，来自同一奇点核心小礼花的路径散落的物质，在路径上形成众多的星系。宇宙的实物质星系结构则是由众多小奇点的带有能量的时空形成的。更形象一点可以将没有形成宇宙时的奇点想象为一个满是裂痕的玻璃球，一旦所有的碎片释放时空散开，则会形成复杂星系物质分布与时空结构的后期宇宙。

形成宇宙的一个或者多个奇点的路径时空中的能量，形成的实物质总会存在时空空隙而不可能均匀分布。这样的空隙被实物质与奇点释放的时空所填充，这些被时空填充的区域不会包含任何的实物质，更不会演变形成发光发热的天体，形成时空中空无的空洞结构。星系释放的时空则继续推开时空使时空空洞的区域越来越大，空洞中心区域的时空因无时空的相对流动，时空本身释放的能量低于含有星系的时空区域，微波背景辐射能量也较少。宇宙空洞是纯粹的宇宙时空，空洞区域的时空不包含天体。

在大尺度下主导宇宙时空演变的力并不是无处不在的万有引力，而是物质释放时空导致的时空增多，时空携带着时空中实物质体现出的运动演变。时空的运动会使不同运动方向的时空出现不同流向交汇的区域，使交汇的区域呈现释放电磁波的现象。空洞区域是宇宙初期形成的不含任何星系的纯粹时空区域，它不存在因星系之间的时空激波层而释放微波背景辐射的现象。

微波背景辐射各向相异性的观测结果显示，存在着细微的差异。造成此细微差异的原因并非是宇宙最初的光子分布不均。仅从微波背景辐射的图像上分析，宇宙时空中温度较高的区域均为星系附近的时空区域，空无时空区域的背景辐射偏低。星系附近由于星系中吹出时空风的影响，星系时空风和宇宙时空交汇融合的过程中，使时空所携带的能量释放为微波背景辐射。这部分电磁波是微波背景辐射的重要来源，也是数据观测中星系周围时空背景辐射偏高的原因。空无的时空区域为宇宙绝对时空区域，时空中无释放时空的天体，因此时空接近静止的绝对时空。远离星系空无天体的时空区域，因无时空相对运动而不具备释放背景辐射的条件，所以微波背景辐射要低于靠近星系的时空区域，使微波背景辐射各向差异性观测呈现出"超低温区域"或者空洞。微波背景辐射冷斑的图像，也证明微波背景辐射来自星系时空激波层模型的正确性，同时也表明宇宙因失去能量事件诞生的模型更符合实际。

6.7 宇宙边界

　　宇宙是虚物质形式的时空，由能量压缩时空形成的实物质构成。宇宙从诞生之时起，实物质不断释放能量转变为时空，导致宇宙不间断膨胀。可以将宇宙想象为时空构成的几何体，宇宙可能是规则的球体或者不规则的时空几何体。由于哈勃半径和光速的限制，故从地球的视角无法观测到宇宙的全貌。宇宙的时空在膨胀，这种膨胀和吹起的气球非常类似。宇宙的时空必定会向没有时空的"虚无"地方运动，时空与虚无之间一定存在边界，这个边界是宇宙时空的边界，也是宇宙的边界。现在物理学也相信这种边界存在。宇宙时空向虚无没有时空的"地方"膨胀，不考虑时空中的变化，时空中的大小有3个维度，虚无没有时空的区域，也就不再有时空维度的概念，时空外的区域和维度给人留下更多的是遐想的空间。

　　宇宙可能由一个太初核演变而来，也有可能由多个太初核膨胀而来。如果存在多个太初核，那么宇宙的范围远不止哈勃半径的范围，多个太初核膨胀形成的时空使不同太初核膨胀形成的时空相互交汇连接，这可能导致宇宙的规模远超出现有模型和多数人的理解能力。可观测宇宙的时空和其他太初核膨胀的时空相互连接，导致时空是连续的时空，所谓边界并不具有太多的意义。由于电磁波传播速度的限制，其他太初核膨胀时空内的天体的光在现有可观测宇宙范围的时空内不可观测。

　　宇宙内部各种时空运动隔离现象的存在，使得天体划分出相对独立的时空区域。时空运动隔离的边界是时空激波层区域产生时空激波层内天体的时空边界。在自然条件下时空运动隔离的范围边界层从小到大依次是：行星时空激波层（含卫星或小行星等）、恒星时空激波层、星系时空激波层。当存在其他太初核的演变时，更大一个层次的时空范围是太初核释放时空的范围边界。最大层次的范围将是宇宙时空和虚无时空之间的边界。极有可能现在所能观测的宇宙仅仅是真正宇宙的冰山一角，真实的宇宙可能大到超乎想象。

宇宙的时空由时空量子构成，时空边界之外是没有时空量子的地方，没有时空量子也就不存在时空。在没有时空的地方电磁波无法传播，更没有实物质的存在。宇宙边界外似乎没有任何事物可以阻挡宇宙时空的膨胀。宇宙边界的时空也不需要推动其他的时空和时空中的天体，所以时空边界的时空将不受时空中光速的限制向虚无时空运动。时空边界的时空因向虚无时空的区域膨胀，构成时空的质量密度更低。宇宙时空的边界和边界之外是一个完全未知的事物和维度。宇宙的边界在哪里？以及宇宙边界之外到底是什么？在这里无法给出解答，也期待不久的将来随着模型的完善和科技的进步，更多宇宙的谜团能随着人类实地探索的足迹被破解。

6.8 总结

宇宙是庞大复杂的由质量和能量构成的事物。当今众多学者认为，存在一个简单的机制可以将现有的宇宙复杂模型简化。笔者通过一些被当今主流所遗漏的蛛丝马迹发现，存在用简单的机制解释复杂宇宙的可能。一个简单的单元集合成大的单元后，就会出现新的现象和机制。至少复杂现象的起始点可以是简单的事物。这很像数学中任何一个复杂的大整数，都是由 1 的整倍数构成。约 140 亿年前，一个或多个致密的，只有大量时空量子和能量构成的奇点，因失去能量导致膨胀而形成了整个宇宙的奇妙万物。时空和物质统一的模型，找到了宇宙起源的原因，这是模型认识上的巨大进步，也是对宇宙认识的飞跃。

本书引入了构造宇宙的唯一实体因素——时空量子，时空量子是构造宇宙机器唯一的实体粒子。时空量子是现有模型中的质量因素和真空概念的延伸。确切地说，时空量子模型并未引入任何新事物，仅仅是能量和质量关系的细化。时空量子的引入使很多谜一样的天文现象得到合理的解释，同时也使现有的物理模型得到合理的扩展。本书的模型使爱因斯坦的相对论的应用范围被限定在了宇宙的时空内，就像牛顿的经典物理完全不适用于亚原子领域。本书模型引入的最重要概念是时空的本质，本模型也是继续前人的探索足迹，使用更简单的机制揭示宇宙复杂现象。

第七章
大统一理论和未来

  人类文明发展的过程是对宇宙本质认识和利用不断深入的过程。物理学新的观念和模型的提出意味着无数科学家的努力付出，过程充满艰辛与无奈。一个理论是否有存在的意义，要看这个理论是否有实际应用的价值。要把自己的思想装进别人的脑袋非常困难。更关键的是，很多人即使知道自己的认知是错的，也不愿意去改变。即使不是新的事物，就是学习现有理论也是一件艰难的事情。所以将物理学中的新观念让多数人认可，那将是一件难上加难的事情。

  人或者其他高等动物接受一件新事物需要一定的时间和过程，在一定的环境下人面对某件事物会在大脑中抽象相应的观念。但是一旦这件事物发生改变，相应的观念不再适用，这时会出现各种抵制情绪，冷漠、愤怒、反驳、恐惧和沮丧等，要想让人接受已经在大脑中根深蒂固的世界观，其艰难程度可想而知。就像高层建筑的地板，有一天换成透明的玻璃，很多人不会踩上去。因为脑中已经形成了脚下必须要走坚实的路，透明的玻璃在大脑中的印象，那不是可靠的地方，虽然是非常坚固的玻璃，但是透明是不可靠的思想已经在大脑中形成了观念，很难改变。相反如果是无知无觉的婴儿，他会在玻璃地板上玩耍，因为高层跌落以及看似空无的观念还没有在婴儿的大脑中形成，所以并不会出现思想抵触的行为。

  人类不断地在更新现有的知识和对宇宙的认识，也在不断地抽象出更好的模型来解决没有解决的问题，人类历史上每次新模型的提出都在向宇宙机器运行的本质靠近。熟知狭义相对论和广义相对论的物理学家可能知道，虽然相对论让我们对宇宙这部机器运行的机制了解更进了一步，但是相对论不是完整的理论，仍然需要完善。

哥白尼认为地球绕着太阳公转，在地球外看这是事实。但是本书中要说的是在时空运动隔离现象下的地球，无所谓地球绕着谁在转，因为地球附近和地球处的时空不但是相对静止而且是绝对静止的状态，静止表明地球上的人和地球并没有处于实际观测体现的运动状态。而观测到的天体运转仅仅是从地球观测得到的影像，这与在地球上看天空和看电视是一样的道理。如果仍要使用相对的方式处理电视画面中的人，这是不恰当的理论使用方法。现在可以通过电视画面了解世界的信息和知识，也可以通过观测天空的画面来了解宇宙，分析画面隐含的机制和原理。本书的模型对很多人来说可能很难接受。为物理学做出过巨大贡献的普朗克，他的发现意味着物理学一些重大的突破，但是普朗克的发现连他自己都难以接受。如果他自己接受就意味着存在300年之久的牛顿物理学将受到威胁。

我们永远要接受一些现实，那就是牛顿力学在他所在的年代是成功的理论，牛顿的经典物理学是成功的理论。但是随着物理学的发展和对物质本质认识的不断深入，牛顿的经典力学无法应用于亚原子的量子领域。爱因斯坦的相对论，重新定义了物质和能量以及时空观，但是对宇宙的认识不能停滞不前，必须要面对一个事实，任何理论都不可能完美，不管有多么耀眼和辉煌的成就，随着时间的推移终将成为历史。虽然很多理论在新的领域不再适用，但依然是处理某些问题最为有效的方法，这样旧理论就不需要完全被替代或者消灭，只是不适用于新领域而已。在新的未知领域，需要全新的模型，物理学家需要不断放弃旧的世界观，不断地去探索发现，然后更新自己并影响世界。

本书中的理论模型是综合各种理论和以往研究中所疏忽、遗漏的细节，总结并提出的全新领域的抽象模型，是沿着前人的脚步大胆提出的新的、更合理的宇宙运行原理和机制的模型。与其他理论模型不同的是，这个理论直接从时空的本质揭示了众多当前的未知和已知现象，并将这些现象从本质的层面上联系到一起，也让大统一理论（万有理论）成为可能，同时具有实验验证的可行性。

时空量子模型对爱因斯坦方程中能量和物质的意义做了更新，对物质本质进行了新的阐述。时空量子模型是认识暗物质和暗能量以及众多物理本质更好、更现实的模型。这个模型更好地解释了宇宙常数的存在意义以及时空的本质。本书提出的模型对量子力学、物质、时空以及宇宙进行了初步的统一。只有完全统一场和更深层次的统一才能使时空量子模型有更深远和重大的意义。时空量子模型并不违背当前主流理论，反而将各种理论关联到了一起。时空量子也将量子力学和天文物理学紧密地结合在一起。自人类进入科学文明社会以来，一直探索着宇宙的奥秘，希望能找到一个包含一切现象的公式和模型，到这里是本书的最后一章，至少可以看出用时空量子描述宇宙的一切，是完全可行且合理的。时空量子模型最重要的是引入时空的本质，但是用同一个公式表达所有现象还是很困难，这仍需要更多的科学家愿意进行更多的努力以及对宇宙本质的验证实验。

时空量子的引入无疑让当今物理学又多了一个新的名词，但是却揭示了真空的时空概念，这是现在物理学努力去揭示的时空中真空的本质。同时时空的引入也使很多谜团从原理层面得到了合理解释，本书用构造宇宙最小的粒子，从质量和能量的基础开始，将整个宇宙从微观到宏观的现象联系统一在了一起，只有用时空量子才能涵盖宇宙中所有的事物，时空量子模型具有深远和重大的实际意义。

时空量子模型确切地说完全没有增加任何新事物，因为时空量子模型中只有质量和能量的概念，质量和能量的具体化，使得现有物理模型中众多事物被简化和统一。质量即时空量子，所以时空量子模型是在完全没有增加任何事物的前提下总结得出的新模型。

要描述时空量子如何构成光子，时空量子如何形成各种场并传递能量和力，等等，这不是一项简单的短时间能完成的工作。当您想用简单且通俗易懂的语言，把你所知道的物理学知识描述出来，不光要做到语言形象和生动，还要把握整体，这是一件十分艰苦、耗时费力的事情。一般的科普物理书籍都是建立在已经被了解的事情上，而本书建立在未知的领域，将已知和未知现象进行了更简单更基本的统一。

时空量子模型的内容都是前所未有的事物和观点，写作的难点在于不是写科幻小说也不是写散文，而是一切从现实与可行实验着手，不能用毫无根据的事情去解释任何神奇的现象，更不能绕过无法解决的环节或使用不可实验的更高维度去解释。可实验性是时空量子模型更加让人激动的地方。使用现有物理学中只包含有质量和能量的模型，去总揽概括物理学已知和未知的现象，这样的模型就是期盼已久的大统一理论或万有理论的雏形，时空和物质的统一。

将物理学不同的规律和现象统一起来是非常吸引人的事情。大统一理论定义的是将力场统一的理论，本书将大量的现象和规律浓缩为一个统一的时空量子来描述，并将物质和时空实现了统一。当宇宙所有事物用统一的事物表达，可以预见物理学将变得简单而令人满意，这是所有物理学家一直以来的目标。大统一不是简单的事情，不简单是因为物理学中很多分支也出现了不同的统一理论，这些理论更加复杂而且都存在着棘手的问题有待解决。这些理论并不让人十分满意，最重要的引力和时空都没有得到合理的解释，并且引力也没有完美地包含在这些理论模型中。这些理论抛开暗物质、引力等棘手的问题，使很多基本的现象也难以解释。相比这些理论时空量子模型更完美，时空量子将时空和物质进行了统一，也将宇宙的演变紧密地联系在了一起。本模型的简单在于，它可以用简单的语言进行宇宙奥秘的传递，是一个可以被大多数人理解的模型。然而时空量子和能量虽然是简单的事物，但是却蕴含着复杂的内涵。大统一理论的第一步目标是找到一个合理的模型将所有的物理现象联系起来，也是万有理论的开始。这无疑是当今物理学的重大进步。我们可以使用简单的语言描述宇宙的机制，相比只有少数人懂得的公式本模型对文明传递具有更深远的意义。

宇宙的复杂本质起源于一个简单的时空量子和其所承载的能量，即质量和能量的关系，继而体现出复杂的宇宙物质世界。正是简单的时空量子其千变万化的组合，使宇宙的现象丰富起来。这与建筑何等相似，简单的砖块，却能构成各种风格的建筑。数学亦是如此，由 1 累加构成的无穷的数字之间存在各种规律联系和奥秘。数学和世界不同的事物之间存在着惊人的相似，即都具有由简单构建复杂的特点。

当你读完本书后也许明白了暗物质和暗能量是什么，但也可能会有更多的疑问。要将大统一模型不含任何公式地解释明白也不是一件容易的事情，这包含太多的跨学科内容。时空量子模型既然解释了物质和时空的统一，就需要有统一场的模型才有意义。质量因素的时空量子实体是十分有必要的模型，时空特性的引入更贴近宇宙的真实运行机制。时空和物质的统一仅仅是开始。也许会在不久的将来对宇宙的认识提高到更深入的层次。本书中多次提到当今的时代，因为从当今也就是 21 世纪初这个时刻开始，对宇宙运行的机制和时空的本质，将有更深入的形象理解和认识，以及新的开始。不只是公式上的只适合少数人理解和掌握的知识与认识，大统一理论并不是简单的场的统一，而是将时空、物质和场等所有的事物使用统一的事物进行描述，甚至远超过万有理论的范畴。常关注科幻的读者知道，一个智慧生物的文明起点是对时空的认识与操作，包含万有的大统一理论会带来什么？笔者很难想象，但至少有一点可以知道，一旦引入可实验性，大统一理论将是人类物理学或文明等级有史以来最重要的新起点。时空量子或许将成为包含一切的理论模型的基础。

新环境和新想法往往会带来令人兴奋的结果，物理学的发展是不断在观察分析实验结果的基础上提出新的模型，然后验证，并且根据新的实验结果再提出更新理论的循序渐进的过程。

看完本书你也许对时空、物质和运动有了较深入了解和认识。你也许会提出诸如各种场的本质是什么？为什么引力场和速度会改变时间？光在引力下如何扭曲？电磁波又是什么的问题。这些疑问或许将在不久的将来，在时空量子场的大统一模型中进行详细的讲解与分析。现在你可能找到了一些问题的答案，或许可能产生了更多的疑问，也可能想了解更多宇宙本质，或许你也可以决定开始做点什么……

《时空简史：时空量子大统一模型（第一卷）》到这里就结束了，同时这也是一个新的开始，是包含宇宙所有事物的大统一理论的开始……

关键词汇和新词汇释义

真空：宇宙的时空。

光速不变：光在真空中传播的速度是恒定不变的。

希格斯场：物质是由不同场构成的理论。

弦理论：物质最小是由一个个细小的线（弦）构成，必须在高维度条件下存在的一种模型机制。

时空：宇宙之内的范围。本书中时空是由时空量子构成，不载有能量只具有质量的特殊流体物质。

湮灭：正物质和反物质相遇，物质在时空中消失，同时释放大量能量的现象。

质能方程：质量转换为能量的方程，本书更正为质量携带能量。

质量亏损：质能转换中转换为能量的质量部分。

质能转换误差：质能方程在实际应用中，测量数值小于理论数值的细微差别。

物质：本书中指具有实际质量的事物。

质量：物质多少的属性，本书中是指能量的载体。

能量：一种被质量携带，并依赖质量传递的特殊事物。

守恒：不会增多也不会减少的特性。

能量守恒：能量不会被消灭也不会被创造，只能在质量载体上传递。

质量守恒：物质的质量因素遵循守恒。质量不会被消灭也不会被创造，是能量的载体。

暗物质：当今物理学定义为一种无法观测，并且不和已知物质作用的物质。本书的理论得出暗物质为时空量子构成的时空本身。

暗能量：当今物理学定义为一种主导宇宙膨胀的能量。本书中暗物质被定义为驱动时空流动的能量。

质量粒子：即时空量子，构成物质质量因素的粒子。

暂暗能量：当今物理学未定义的一种能量形式。在本书中定义为只能极短时间存在的由时空直接传递的一种能量传递形式。

缓暗能量：当今物理学中的暗能量。本书中为时空缓慢流动具有的能量。

时空扭曲：本书中定义为时空量子不均匀构成的时空。

时空量子：构成宇宙唯一的粒子。时空量子的特性是质量，是能量的载体。

实物质：同时具有质量和能量的物质，符合质能方程质量和能量的关系。

虚物质：只具有质量，不具有能量的物质。

时空参考系：物体运动以时空为参考物的参考系。

绝对运动：物体因运动而具有额外能量的现象，即物体和时空发生了相对运动。

绝对静止：物体和时空处于相对静止的状态，一种理想状态。

视像运动：由于时空存在运动，从一个时空区域观测其他时空区域中物体的运动状态。

时空运动隔离：时空携带时空中物质运动的一种现象。

时空激波层：不同流动方向的时空交汇的区域。

运动光速差实验：在运动状态进行光速差实验。

绝对特征：一种理想的状态，处于绝对静止状态、绝对零度、不存在引力状态下物质的特征。

绝对运动侧向红移：本书提出的待实验验证的一种红移机制。高速运动而导致原子侧向方向特征谱线的红移。

恒星时空风：恒星释放时空的现象。

太阳风：太阳表面向太阳系时空释放高能带电粒子的现象。

星系时空风：从星系向宇宙空间释放的时空。

黑洞：宇宙时空中大质量不发光的特殊天体。

视界：黑洞内部和外部的分界面。本书中黑洞视界为时空构成光的单向传播界面。

黑洞辐射：当今物理学定义黑洞为以某种未知形式损失质量的行为。本书模型为黑洞损失能量释放时空减少质量的现象。

伽马射线脉冲：即伽马射线暴。

伽马射线暴：从地球外层空间观测毫秒至数小时的强伽马射线脉冲现象。

微波背景辐射：简称3K辐射，是宇宙空间中无处不存在的电磁辐射。

引力波：时空涟漪或者引力的传播波动。本书时空量子模型中细化为时空的疏密波动。

时空涟漪：时空的波动。

时空波动：时空是一种由时空量子构成的介质，时空这种特殊介质疏密变化的传播。时空疏密变化导致距离的变化。

宇宙膨胀：时空中星系之间距离增大的现象。本书中为星系实物质释放能量的同时释放时空，时空携带着时空中的物质推开时空而体现距离增大的现象。

宇宙的边界：宇宙时空的边缘。

大统一理论：当今物理学定义为统一场的理论，本书中的含义为时空、物质及场等的更简单更高度统一的理论。也有学者将这种理论称为万有理论。

敬请期待：

时空简史

时空量子大统一模型（第二卷）时空和场的统一

A Brief History of Space-time

Theoretical Model of Space-time Quantum Grand Unification

（Volume Ⅱ）Unification of Space-time and Field